Arbeitsrecht in Italien

Rodolfo Dolce • Doriana de Luca

Arbeitsrecht in Italien

Überblick über das italienische Arbeitsrecht nach den Job-Act-Regelungen für Unternehmer, Anwälte und Berater

Springer

Rodolfo Dolce
Doriana de Luca
Frankfurt, Deutschland

ISBN 978-3-658-12631-5 ISBN 978-3-658-12632-2 (eBook)
DOI 10.1007/978-3-658-12632-2

Die Deutsche Nationalbibliothek verzeichnet diese Publikation in der Deutschen Nationalbibliografie; detaillierte bibliografische Daten sind im Internet über http://dnb.d-nb.de abrufbar.

Springer Gabler

Springer Gabler ist Teil von Springer Nature
Die eingetragene Gesellschaft ist Springer Fachmedien Wiesbaden GmbH

Vorwort

Das klassische italienische Arbeitsrecht war von einem starken Statusschutz des Arbeitnehmers geprägt. Das liegt zum einen an der starken Stellung der Gewerkschaften in der Zeit des italienischen Wirtschaftsbooms in den 60er und 70er-Jahren des vorigen Jahrhunderts, an den an allen Regierungen unmittelbar oder mittelbar beteiligten Linksparteien („*compromesso storico*"), aber auch an der italienischen Mentalität. Der Arbeitsuchende suchte kein „*lavoro*", sondern einen „*posto*", also eine Stelle und keine Arbeit. Diese Stelle sollte dann eine Stelle fürs Leben sein. Die Flexibilität auf dem Arbeitsmarkt war sehr gering.

Damit soll nicht gesagt werden, dass in Italien weniger gearbeitet wird (und wurde) als in Deutschland, in der Regel ist das Gegenteil der Fall. Jeder, der im deutsch-italienischen Geschäftsverkehr tätig ist, weiß das. Italienische Angestellte verlassen selten vor 18:00/19:00 Uhr ihr Büro und wundern sich, dass die Deutschen aufgrund der flexiblen Urlaubsgewährung ständig im Urlaub sind. In Italien sind die Ferien auf den Urlaubsmonat August konzentriert.

Mit dem Vorrücken der verschiedenen Wirtschaftskrisen, die Anfang des neuen Jahrtausends Italien besonders hart getroffen haben, haben sich alle Regierungen, gleich welcher politischen Färbung, bemüht, den starken Kündigungsschutz aus dem Arbeitnehmerstatut zurückzunehmen. Befristete Verträge wurden eingeführt und alternative Modelle der Mitarbeit, die dann über Kürzel wie *cococo* oder *cocopro* den deutschen Unternehmer verwirrten, nahmen überhand. Die Arbeitslosigkeit ist dennoch gestiegen.

Es ist dann gerade der Demokratischen Partei, die sich in der historischen Nachfolge des *Partito Comunista* sieht, gelungen, entscheidende Reformen vor allem im Jahr 2015 umzusetzen, die den Weg zu einer Flexibilisierung des Arbeitsmarktes öffneten. Der ordentliche unbefristete Arbeitsvertrag soll dabei wieder der Regelfall des Beschäftigungsverhältnisses werden. Das Kündigungsschutzrecht ist vollkommen reformiert worden. Bei ungerechtfertigten Kündigungen wird dem Arbeitnehmer eine finanzielle Entschädigung im Verhältnis zu seiner Betriebszugehörigkeit gewährt.

Da aber viele Arbeitnehmer Bestandsschutz genießen, ist die Beratung für den italienischen Arbeitgeber auch schwieriger geworden. Es gilt ein Kündigungsschutzrecht für Arbeitnehmer, die vor der Reform eingestellt wurden, und ein neues geltendes Recht für die danach eingestellten.

Das soll aber keinen Unternehmer abschrecken; der vorliegende Leitfaden soll ihm helfen, sich eine Übersicht zu verschaffen. Wer dann in Italien tätig wird, wird überrascht feststellen, dass dort nicht nur „süß gelebt", sondern auch hart und erfolgreich gearbeitet wird.

Frankfurt/Main,
im Frühjahr 2016

Rodolfo Dolce / Doriana de Luca

Inhaltsverzeichnis

Die Autoren

Dr. Rodolfo Dolce ist Fachanwalt für Arbeitsrecht, vereidigter Dolmetscher und ermächtigter Übersetzer der italienischen Sprache und auch in Italien als Rechtsanwalt zugelassen. Seine Tätigkeitsschwerpunkte sind internationales Privatrecht und Wirtschaftsrecht. Neben anderen Aufgaben als Rechtsexperte ist er seit 2012 Vizepräsident der Italienischen Handelskammer für Deutschland.

Doriana de Luca studierte Rechtswissenschaften an den Universitäten Bari (I) und Kiel (D) und wurde 2001 als Avvocato bei der Rechtsanwaltskammer Bari zugelassen. Nach ihrem Master in Human Resources Management war sie mehrere Jahre als Human Resources Manager in Italien tätig. Seit 2010 ist sie bei der Rechtsanwaltskammer Stuttgart als europäische Rechtsanwältin in der Bundesrepublik Deutschland zugelassen. Ihre Schwerpunkte sind italienisches Arbeitsrecht und Familienrecht. Sie ist Mitglied der deutsch-italienischen Juristenvereinigung.

Die Kanzlei Dolce Lauda ist eine auf den deutsch-italienischen Rechtsverkehr spezialisierte Kanzlei mit Sitz in Frankfurt am Main, Stuttgart, München, Mailand und Modena. Alle Berufsträger sind zweisprachig, und die meisten haben auch beide Ausbildungen, zum deutschen und zum italienischen Rechtsanwalt, durchlaufen. Ihre Rechtsanwälte publizieren regelmäßig zu Fragen des italienischen Arbeitsrechts, Handelsrechts, Gesellschaftsrechts und allgemeinen Zivilrechts. Kontakt: www.dolce.de.

Arbeitssuche und Vermittlung 1

1.1 Personalsuche und neues Arbeitsvermittlungssystem

Seit 2003 besteht in Italien kein staatliches Monopol zur Arbeitsvermittlung mehr. Ein Arbeitgeber, der jemanden einstellen möchte, hat nun die Freiheit, sich an die *Centri per l'impiego* (*Arbeitsvermittlungsdienste*, öffentliche Einrichtungen) oder die *Agenzie per il lavoro* (private Einrichtungen) zu wenden oder direkt Anzeigen zur Personalsuche aufzugeben, vorausgesetzt, dies erfolgt nicht anonym (oder, falls er die Anonymität wahren möchte, durch eine dazu ermächtigte Agentur). Staatliche Behörden sind heute nur noch für aus dem Ausland einzustellende Nicht-EU-Bürger, für Bühnenkünstler und für Arbeitnehmer auf See zuständig.

Unter ***Centro per l'impiego*** versteht man in Italien ein Büro der jeweiligen Region, das auf Provinzebene den Arbeitsmarkt regelt. Es bietet unter Berücksichtigung des Angebots und der Nachfrage auf dem Arbeitsmarkt eine Vermittlung an; in diesem Zusammenhang werden Dienste der Beratung, Betreuung und Orientierung bei der Arbeitssuche – sowie eine Vorauswahl – angeboten. Gleichzeitig ist es berechtigt, die Einstellungen, die Änderungen und die Beendigungen der Arbeitsverhältnisse bei privaten und öffentlichen Unternehmen zu registrieren.

Das *Centro per l'impiego* hat die Aufgabe, ein Verzeichnis aller arbeitsuchenden Personen zu führen, einschließlich jener, die bereits in einem Beschäftigungsverhältnis stehen. Erforderlich für die Eintragung in das meldeamtliche Verzeichnis ist ein erwerbsfähiges Alter, das Erreichen des Endes der Schulpflicht (16 Jahre)[1] und ein Alter von unter 60 Jahren für Frauen und unter 65 für Männer. Die Eintragung in das meldeamtliche Verzeichnis ermöglicht es, Angebote der aktiven Beschäftigungspolitik wie Vorstellungsgespräche und Fortbildungskurse zu nutzen.

[1] Art 1 Abs. 622 Haushaltsgesetz 296/2006.

R. Dolce, D. de Luca, *Arbeitsrecht in Italien*, DOI 10.1007/978-3-658-12632-2_1

Ein Arbeitnehmer bleibt für die gesamte Dauer seines Arbeitslebens im Verzeichnis eingetragen, auch wenn er in einem Beschäftigungsverhältnis steht; eine Löschung erfolgt nur auf Antrag des Betroffenen, bei Erreichen des Endes des erwerbsfähigen Alters, im Todesfall und – bei nicht EU-angehörigen Arbeitnehmern – bei Ablauf der Aufenthaltsgenehmigung oder der Aufenthaltserlaubnis.

Dem *Centro per l'impiego* obliegt weiter die Führung der Arbeitskräftekartei[2], die die Grundlage des Arbeitsinformationssystems bildet und die Personendaten sowie alle Informationen enthält, die die persönlichen Fähigkeiten, die Ausbildung und alle Arbeitstätigkeiten der Arbeitnehmer und der Arbeitsuchenden zum Inhalt haben.

Die von den *Centri per l'impiego* angelegte Arbeitskräftekartei-Karte wird auf Anfrage dem Betroffenen unentgeltlich ausgehändigt. Arbeitsuchenden Personen wird eine multifunktionale elektronische Karte ausgestellt, die den Zugangscode zu der Datenbank des Informationssystems enthält.

Die Daten der in der Datenbank eingetragenen Personen können von den *Centri per l'impiego* den potentiellen Arbeitgebern übermittelt werden, ohne dass dafür die Zustimmung der Betroffenen erforderlich ist.

Mit dem D.Lgs. Nr. 297/2002 und dem D.Lgs. Nr. 276/2003 wurden erstmals private Vermittlungseinrichtungen zugelassen: die ***Agenzie per il lavoro***. Die Einführung privater Einrichtungen ist dem Drängen der Europäischen Union zu verdanken, die Italien wegen des staatlichen Monopols bei der Arbeitsvermittlung, noch bevor dies der EuGH getan hat, mehrmals mit Sanktionen belegt hat. So schafft das Gesetz ein Modell der Konkurrenz zwischen den öffentlichen Diensten und den autorisierten privaten Arbeitsvermittlern.

Die neuen *Agenzie per il lavoro*, die eine staatliche Autorisierung oder eine Akkreditierung von Seiten der Regionen erhalten und in ein dafür vorgesehenes einheitliches Register der *Agenzie per il lavoro* eingetragen werden müssen, sind beim *Ministero del Lavoro, della Salute e delle Politiche Sociali* eingerichtet und haben als Betätigungsfelder die Verteilung, Vermittlung, Suche und Auswahl von Arbeitspersonal, die Unterstützung bei der Wiedereingliederung in das Arbeitsleben sowie die Arbeitsüberlassung. Alle diese oben angeführten Tätigkeiten müssen im Rahmen eines koordinierten Systems mit der *Borsa continua nazionale del lavoro* als computergesteuertem Verbindungsinstrument zwischen den Betroffenen ausgeführt werden, um Arbeitskräfte zu vermitteln und so einen offenen und wettbewerbsfähigen Arbeitsmarkt zu garantieren.

Die ***Borsa continua nazionale del lavoro*** (BCNL – nationale Arbeitsbörse) ist ein Netzwerk mit Angeboten, Serviceleistungen, Informationen und Dokumentationen für den Arbeitsmarkt. Sie wurde mit Art. 2 des D.Lgs. Nr. 276 vom 10. September 2003 (Dekret, das die *Legge Biagi* in Kraft setzt) eingeführt und stützt sich im Wesentlichen auf ein Internetportal, durch welches ein effizientes Zusammentreffen von Angebot und Nachfrage erreicht werden soll. Das Ziel ist es, im Einklang mit der von der EU vorgegebenen Richtung die größtmögliche Effizienz und Transparenz des Arbeitsmarktes zu fördern.

---

[2] D.M. 30.10.2007.

Die Arbeitsbörse ist eine Plattform für Arbeitnehmer, Arbeitslose, Arbeitsuchende und Arbeitgeber, die die angebotenen Serviceleistungen ohne weitere Voraussetzungen frei nutzen können.

1.2 Gebot der Nichtdiskriminierung und Vorrangsrechte

In jedem Falle muss bei Personaleinstellungen, egal ob diese durch öffentliche oder durch private Körperschaften oder selbstständig erfolgen, das Prinzip der Nichtdiskriminierung eingehalten werden: Bei der Einstellung dürfen weder Kriterien der Rasse, der ethnischen Herkunft, der Religion, der gewerkschaftlichen oder politischen Einstellung, des Alters, des Geschlechts, der sexuellen Orientierung, des Gesundheitszustandes, noch das Vorliegen einer Schwangerschaft eine Rolle spielen.

Der Arbeitgeber, der Neueinstellungen beabsichtigt, muss sich zunächst an jene Personen wenden, die in der Vergangenheit mit ihm bereits in einem Beschäftigungsverhältnis standen, d. h.:

- Bereits im Unternehmen beschäftigte Teilzeitarbeiter haben bei der Einstellung von Vollzeitkräften Vorrang und umgekehrt.
- Ehemalige Angestellte, die wegen Personalkürzungsmaßnahmen entlassen wurden, haben im Falle von Neueinstellungen oder von Einstellungen wegen Veräußerung des Betriebes Vorrang.
- Befristet eingestellte Arbeitnehmer haben Vorrang im Falle von unbefristeten Einstellungen.
- Saisonarbeiter haben Vorrang im Falle einer Neueinstellung mit befristetem Vertrag.

In der Regel wendet sich der Arbeitgeber bei der Suche nach qualifiziertem Personal an eine Arbeitsvermittlungsbörse, die das gesamte Verfahren der Veröffentlichung von Anzeigen, eventueller Einstellungsgespräche usw. übernimmt. Für eine Berechnung der Kosten gibt es keine feste Regel; diese müssen mit der Agentur bei Erteilung des Auftrags vertraglich vereinbart werden.

1.3 Pflichtvermittlung

Wie dargelegt, funktioniert in Italien das Vermittlungssystem – darunter versteht man das Instrumentarium, mit dem der Staat durch öffentliche Büros, die *Centri per l'impiego*, allen arbeitslosen oder eine neue Arbeit suchenden Bürgern die gleiche Chance auf das Auffinden einer Arbeitsstelle bieten möchte – als Konkurrenzsystem zwischen privaten und öffentlichen Einrichtungen. Eine Ausnahme bildet allerdings die sog. **„gezielte Vermittlung"**, die durch das Gesetz Nr. 68/1999 geregelt wurde.

Tab. 1.1 Quote für Pflichteinstellungen nach Art. 18, Abs. 3 des Gesetzes Nr. 68/1999

Anzahl der Beschäftigten	Quote für Pflichteinstellungen
15–35 Beschäftigte	1 behinderter Arbeitnehmer
36–50 Beschäftigte	2 behinderte Arbeitnehmer
Mehr als 50 Beschäftigte	7 % behinderte Arbeitnehmer 1 Arbeitnehmer aus der Personengruppe der Witwer/n, Waisen und Flüchtlinge

Das Gesetz hebt in diesem Fall das System der freien Einstellung zum Schutz des behinderten Arbeitnehmers sowie aller anderen rechtlich besonders geschützten Arbeitnehmerkategorien auf. Es verpflichtet zur Einstellung der in den speziellen Verzeichnissen eingetragenen Arbeitnehmer. Es legt die Kriterien zur Klassifizierung einer Person als behindert oder als zugehörig zu einer sonstigen geschützten Kategorie fest (**„*categoria protetta*"**) und sieht vor, dass der Arbeitgeber die Einstellung auf der Grundlage eines Rangordnungssystems vornehmen kann. Die Pflicht zur Einstellung wird für Unternehmen, in denen Kurzarbeit eingeführt wurde oder die sich in einem Restrukturierungsverfahren befinden, vorübergehend ausgesetzt.

1.3.1 Begünstigte

Begünstigte des Gesetzes (Art. 1 und 18) sind die im Folgenden aufgeführten arbeitslosen Personen:

- Personen mit körperlichen, psychischen und geistigen Einschränkungen, welche zu einer Minderung der Arbeitsfähigkeit von über 45 % führen;
- Arbeitsinvalide, deren vom INAIL[3] bestätigte Invalidität über 33 % beträgt;
- Blinde (mit absoluter Blindheit oder mit einem Restsehvermögen von weniger als einem Zehntel auf beiden Augen, auch mit eventueller Sehhilfe) und Gehörlose;
- Kriegs-, Zivil- und Dienstinvalide;
- Waisen oder Hinterbliebene einer bei der Arbeit verstorbenen Person, diesen gleichgestellte Personen, italienische Flüchtlinge und Rückkehrer;
- Invalide infolge von Terrorismus oder organisierter Kriminalität oder deren Hinterbliebene.

---

[3] *Istituto nazionale per l'assicurazione contro gli Infortuni sul lavoro* (Staatliche Versicherung gegen Berufsunfälle).

Tab. 1.2 Anteil behinderter Arbeitnehmer

Betrieb	Vorstellung aufgrund individueller Anfrage (Auswahl durch den Arbeitgeber)	Quotenbedingte Vorstellung (Auswahl durch die Behörde)
15–35 Beschäftigte	1 behinderter Arbeitnehmer	–
36–50 Beschäftigte	1 behinderter Arbeitnehmer	1 behinderter Arbeitnehmer
Mehr als 50 Beschäftigte	60 % der behinderten Arbeitnehmer, die aufgrund der Pflichteinstellungen (s. Tab. 1.1) eingestellt werden	40 % der Arbeitnehmer

1.3.2 Arbeitgeber und Reservequoten

Die Pflichtquote für Einstellungen ist für öffentliche und private Betriebe nach der Anzahl der Betriebsangehörigen gestaffelt; die Einstellungspflicht beginnt für Arbeitgeber, wenn sie mindestens 15 Arbeitnehmer beschäftigen.

Die Reservequoten sind in Art. 3 des Gesetzes Nr. 68/1999 nach der Betriebsgröße festgelegt. Der Arbeitgeber muss auch eine bestimmte Quote an Waisen, Hinterbliebenen und diesen gleichgestellten Personen einstellen, die von Art. 18, Abs. 2 des Gesetzes festgelegt ist (siehe Tab. 1.1).

Für private Arbeitgeber, die zwischen 15 und 35 Arbeitnehmer beschäftigen, besteht die Einstellungspflicht nur für Neueinstellungen. In diesem Fall haben die Arbeitgeber ab dem Zeitpunkt der Neueinstellung zwölf Monate Zeit, um einen behinderten Arbeitnehmer einzustellen und damit ihrer gesetzlichen Verpflichtung nachzukommen.

Die Teilnahme (Art. 17) staatlicher oder privater Unternehmen an öffentlichen Ausschreibungen, vertraglichen Vereinbarungen oder Konzessionsverhältnissen mit staatlichen Behörden erfordert einen Nachweis, dass die Bestimmungen, die das Recht von Behinderten auf Arbeit regeln, eingehalten werden. Andernfalls werden sie von der Ausschreibung, der vertraglichen Vereinbarung oder dem Konzessionsverhältnis ausgeschlossen.

1.3.3 Einstellungsverfahren

Um die Vorteile des Gesetzes Nr. 68/1999 in Anspruch nehmen zu können, müssen sich arbeitslose behinderte Personen in das spezielle Verzeichnis eintragen, das von den für die Pflichtvermittlung zuständigen Behörden geführt wird. Sie werden daraufhin gemäß der Punktewertung, die sich aus den von den Regionen und Provinzen festgesetzten Kriterien ergibt, in eine einheitliche Rangliste eingetragen.

Die Arbeitgeber müssen den Einstellungsantrag innerhalb von 60 Tagen ab dem Zeitpunkt, an dem die Verpflichtung zur Einstellung von behinderten Arbeitnehmern beginnt, den „*Centri per l'impiego*" vorlegen. Die Arbeitgeber können dann eine Einstellung aufgrund individueller Anfrage („*chiamata nominativa*", Art. 7) oder aufgrund quotenbedingter Zuweisung („ *chiamata numerica*", Art. 8) beantragen (siehe Tab. 1.2).

1.3.4 Abkommen zur Eingliederung behinderter Arbeitnehmer

Um die Bedürfnisse der Betriebe mit denen behinderter Arbeitnehmer in Einklang zu bringen, sind entsprechende Abkommen (Art. 11 und 12 und die Leitlinien für den Abschluss der Abkommen vom 2.3.2001) vorgesehen. Mit Hilfe dieser Abkommen, die von den betroffenen Parteien (Arbeitnehmer, Arbeitgeber, die auf Provinzebene für die Eingliederung behinderter Arbeitnehmer zuständigen Behörden sowie Körperschaften, die die Integration ins Arbeitsleben unterstützen können) unterzeichnet werden, ist es möglich, ein auf die Einzelperson abgestimmtes Programm von Maßnahmen zu erstellen, um auf möglichst effektive Weise Hindernisse bei der Einstellung am Arbeitsplatz aus dem Weg räumen zu können. Die Abkommen verfolgen vorrangig das Ziel, so gut wie möglich – erforderlichenfalls auch in mehreren Schritten – für ein stabiles Arbeitsverhältnis zu sorgen.

1.3.5 Arbeitsverhältnisse mit behinderten Arbeitnehmern

Arbeitnehmer, die nach dem Gesetz Nr. 68/1999 (Art. 10) eingestellt wurden, werden in wirtschaftlicher und rechtlicher Hinsicht wie alle anderen Arbeitnehmer nach den Vorschriften des Gesetzes und der Kollektivverträge behandelt.

Der Arbeitgeber darf vom behinderten Arbeitnehmer keine Leistung verlangen, die mit dessen Beeinträchtigung nicht vereinbar ist. Im Falle der Verschlechterung des Gesundheitszustandes oder deutlicher Veränderungen der Arbeitsorganisation kann der Behinderte beantragen, dass überprüft wird, ob die ihm zugedachten Aufgabenbereiche mit seinem Gesundheitszustand vereinbar sind. Unter denselben Voraussetzungen kann der Arbeitgeber beantragen, dass der Gesundheitszustand des Behinderten geprüft wird, um festzustellen, ob dieser wegen seiner Einschränkungen weiterhin im Betrieb eingesetzt werden kann.

1.3.6 Sanktionen

Betriebe mit mehr als 15 Beschäftigten sind verpflichtet, jährlich bis zum 31. Januar eine zusammenfassende Übersicht über die Beschäftigungssituation ihrer Produktionsstruktur vorzulegen. Die Mitteilungspflicht entfällt in den Folgejahren, soweit sich die Mitarbeiterzahl nicht verändert haben sollte. Wer dieser Verpflichtung nicht nachkommt, muss für die verspätete Einreichung eine Verwaltungsstrafe von 635,11 Euro bezahlen, die sich für jeden weiteren Tag der Verspätung um 30,76 Euro erhöht.

1.4 Geförderte Einstellungen

Das Gesetz sieht rechtliche und steuerliche Vergünstigungen sowie finanzielle Anreize für die Schaffung neuer Arbeitsmöglichkeiten vor. Dies betrifft insbesondere die Wiedereingliederung bestimmter Kategorien von Arbeitnehmern, sich nicht mehr im Berufsleben befinden, in den Arbeitsmarkt.

Seit dem 1. Juli 2007 müssen folgende Bedingungen erfüllt sein, um die steuerlichen und rechtlichen Vergünstigungen in Anspruch nehmen zu können:

- Einhaltung der Kollektivverträge;
- Einhaltung der arbeitsrechtlichen Bestimmungen;
- rechtzeitige Online-Meldung an das „*Centro per l'impiego*“ (lokales Amt der Arbeitsverwaltung);
- durch das DURC (*Documento unico di regolarità contributiva*)[4] bescheinigte ordnungsgemäße Entrichtung der Sozialversorgungsbeiträge.

Seit dem 18. Juli 2012 sind Vergünstigungen für Einstellungen ausgeschlossen:

- wenn die Einstellung die Umsetzung einer bereits zuvor bestehenden Verpflichtung durch das Gesetz oder einen Kollektivvertrag darstellt;
- falls die Einstellung ein gesetzlich oder durch Kollektivvertrag festgelegtes Vorrangsrecht eines anderen Arbeitnehmers zur Einstellung verletzt, der aus einem unbefristeten Arbeitsverhältnis entlassen worden oder dessen befristeter Arbeitsvertrag zu Ende gegangen war;
- dann, wenn der Arbeitgeber wegen einer Krise oder einer betrieblichen Neuorganisation gerade die Aussetzung von Arbeitsverhältnissen vornimmt, mit Ausnahme der Fälle, in denen eine Einstellung, Umwandlung des Arbeitsverhältnisses oder Arbeitnehmerüberlassung entweder mit dem Ziel vorgenommen wird, Arbeitskräfte zu gewinnen, deren Fachkunde sich grundlegend von jener der suspendierten Arbeitnehmer unterscheidet, oder in einer anderen Produktionseinheit erfolgt;
- hinsichtlich jener Arbeitnehmer, die in den vorangegangenen sechs Monaten von einem Arbeitgeber entlassen wurden, dessen Eigentümerstruktur zum Zeitpunkt der Entlassung entweder grundsätzlich mit jener des sie einstellenden Arbeitgebers übereinstimmt, oder die mit diesem verbunden ist oder in einem Abhängigkeitsverhältnis steht.

---

[4] Einheitliches Dokument über die Regelmäßigkeit der Sozialversicherungsabgaben.

1.4.1 Anreize zur Wiedereinstellung

Im Folgenden werden die Vergünstigungen vorgestellt, die die Wiedereinstellung von vorübergehend oder dauerhaft aus dem Arbeitsleben ausgeschiedenen Arbeitnehmern fördern sollen. Es handelt sich dabei um

- in Mobilitätslisten eingetragene Arbeitnehmer,
- arbeitslose Arbeitnehmer,
- Kurzarbeiter.

1.4.1.1 In Mobilitätslisten eingetragene Arbeitnehmer

Betroffene Betriebe: Die Vergünstigungen gelten für Arbeitgeber, die in Mobilitätslisten eingetragene Arbeitnehmer einstellen, es sei denn, die Einstellung bezieht sich auf:

- einen Arbeitnehmer, der innerhalb der sechs vorangegangenen Monate von ebendiesem Arbeitgeber oder von einem Arbeitgeber, dessen Eigentümerstruktur entweder grundsätzlich mit jener des ihn einstellenden Unternehmens übereinstimmt, oder die mit diesem verbunden ist oder in einem Abhängigkeitsverhältnis steht, in die Mobilität entlassen wurde;
- eine Maßnahme im Zusammenhang mit der Veräußerung eines Betriebes.

Betroffene Arbeitnehmer: alle Arbeitnehmer, die in den Mobilitätslisten (s. Kap. 8) eingetragen sind.

Förderleistungen bei befristeten Arbeitsverträgen (auch in Teilzeit und mit einer Maximaldauer von 12 Monaten):

- Der vom Arbeitgeber zu leistende Beitrag an die Sozialversicherung, der ca. 30 % des Bruttogehaltes entspricht, wird für eine Maximaldauer von 12 Monaten auf 10 % reduziert und entspricht jenem, der für Auszubildende zu entrichten ist; für weitere 12 Monate wird er im Falle der Umwandlung in einen unbefristeten Vertrag geleistet.
- Zusätzlich werden von der INPS folgende Leistungen für Arbeitnehmer, die in unbefristeten Arbeitsverhältnissen mit Vollzeitarbeit stehen, gewährt:
  - 50 % der Mobilitätsentschädigung, die dem Arbeitnehmer zugestanden hätte, für maximal 12 Monate;
  - bei Arbeitnehmern mit einem Lebensalter von über 50 Jahren erhöht sich die Bezugsdauer auf 24 Monate;
  - im *Mezzogiorno*[5] erhöht sich die Bezugsdauer auf 36 Monate.

[5] Das heißt Süditalien, die Regionen Kampanien, Basilicata, Kalabrien, Abbruzzen, Molise, Apulien, Sizilien und Sardinien.

Förderleistungen bei unbefristeten Arbeitsverträgen (auch in Teilzeit):

- Der vom Arbeitgeber zu leistende Beitrag an die Sozialversicherung, der ca. 30 % des Bruttogehaltes entspricht, wird für eine Maximaldauer von 18 Monaten auf 10 % reduziert und entspricht jenem, der für Auszubildende zu entrichten ist.
- Zusätzlich werden von der INPS folgende Leistungen für Arbeitnehmer, die in unbefristeten Arbeitsverhältnissen mit Vollzeitarbeit stehen, gewährt:
  - 50 % der Mobilitätsentschädigung, die dem Arbeitnehmer zugestanden hätte, vor Erreichen eines Lebensalters von 50 Jahren, für eine Bezugsdauer von 12 Monaten;
  - bei älteren Arbeitnehmern erhöht sich die Bezugsdauer auf 24 Monate;
  - bei älteren Arbeitnehmern im *Mezzogiorno* erhöht sich die Bezugsdauer auf 36 Monate.

1.4.1.2 Arbeitslose Arbeitnehmerinnen

Betroffene Betriebe: Die Förderleistungen gelten für Betriebe, die mit einem Arbeitsvertrag ab dem 1. Januar 2013 Frauen, egal welchen Alters, einstellen.

Betroffene Arbeitnehmer: Frauen ohne regelmäßige bezahlte Beschäftigung seit mindestens:

- 6 Monaten, wenn sie entweder in Regionen wohnhaft sind, für die eine Finanzierung im Rahmen der europäischen Strukturfonds vorgesehen ist[6], oder in Gebieten, die zu diesem Zweck jährlich in einem *Decreto Ministeriale* (Ministerialerlass) benannt werden;
- 24 Monaten, unabhängig vom Wohnort.

Förderleistungen:

- Wenn die Einstellung befristet erfolgt, ist für die Dauer von 12 Monaten eine Kürzung der vom Arbeitgeber zu leistenden Beiträge um 50 % vorgesehen. Wenn der Vertrag in einen unbefristeten Vertrag umgewandelt wird, verlängert sich die Beitragsminderung bis zum 18. Monat vom Beginn der befristeten Einstellung an gerechnet.
- Wenn die Einstellung mit einem unbefristeten Vertrag erfolgt, steht eine Beitragskürzung für eine Dauer von 18 Monaten ab dem Tag der Einstellung zu.

1.4.1.3 Arbeitslose Arbeitnehmer über 50

Betroffene Betriebe: Die Förderleistungen gelten für Betriebe, die mit einem Arbeitsvertrag mit Wirkung ab dem 1. Januar 2013 Personen einstellen, die mindestens 50 Jahre alt sind.

Betroffene Arbeitnehmer: Arbeitnehmer, die mindestens 50 Jahre alt und seit mehr als 12 Monaten arbeitslos sind.

---

[6] Art. 2, Punkt 18, Buchstabe E der Verordnung (EG) Nr. 800/2008.

Förderleistungen:

- Wenn die Einstellung befristet erfolgt, ist für die Dauer von 12 Monaten eine Kürzung der vom Arbeitgeber zu leistenden Beiträge um 50 % vorgesehen. Wenn der Vertrag in einen unbefristeten Vertrag umgewandelt wird, verlängert sich die Beitragsminderung bis zum 18. Monat vom Beginn der befristeten Einstellung an gerechnet.
- Wenn die Einstellung mit einem unbefristeten Vertrag erfolgt, steht eine Beitragskürzung für eine Dauer von 18 Monaten ab dem Tag der Einstellung zu.

1.4.1.4 Bezieher von Arbeitslosengeld (NASpI)[7]

Betroffene Betriebe: Die Förderleistungen gelten für Betriebe, die mit unbefristeten Arbeitsverträgen in Vollzeitarbeit Bezieher von Arbeitslosengeld einstellen.

Betroffene Arbeitnehmer: Arbeitslose, die einen Antrag auf Arbeitslosengeld gestellt haben; es wird nicht vorausgesetzt, dass sie die Leistung schon bezogen haben müssen.

Förderleistungen: Eine Leistung an den Betrieb in Höhe von 50 % des Arbeitslosengeldes, das der Arbeitnehmer sonst bezogen hätte während der gesamten Förderungshöchstdauer (s. Kap. 8).

1.4.1.5 Arbeitnehmer in Kurzarbeit (CIGS)[8]

Betroffene Betriebe: Alle Arbeitgeber, einschließlich den Genossenschaften, die Arbeitnehmer mit unbefristeten Arbeitsverträgen in Vollzeit einstellen.

Betroffene Arbeitnehmer: Arbeitnehmer, die Kurzarbeitergeld („CIGS") für einen Zeitraum von mindestens drei Monaten – auch in unterbrochenen Zeiträumen – in Betrieben, deren Kurzarbeit mindestens seit 6 Monaten bewilligt wurde, bezogen haben.

Förderleistungen: Der vom Arbeitgeber zu leistende Beitrag an die Sozialversicherung, der ca. 30 % des Bruttogehaltes entspricht, wird für eine Maximaldauer von 18 Monaten auf 10 % reduziert und entspricht jenem, der für Auszubildende zu entrichten ist; zusätzlich werden von der INPS folgende Leistungen für Arbeitnehmer, die in unbefristeten Arbeitsverhältnissen mit Vollzeitarbeit stehen, gewährt:

- 50 % der Mobilitätsentschädigung, die dem Arbeitnehmer zugestanden hätte, vor Erreichen eines Lebensalters von 50 Jahren, für eine Bezugsdauer von 9 Monaten;
- bei älteren Arbeitnehmern erhöht sich die Bezugsdauer auf 21 Monate;
- bei älteren Arbeitnehmern im *Mezzogiorno* und in Gebieten mit besonders hoher Arbeitslosigkeit erhöht sich die Bezugsdauer auf 33 Monate.

---

[7] „***Nuova assicurazione sociale per l'impiego***", Arbeitslosenversicherung seit dem 01.05.2015.

[8] „***Cassa integrazione guadagni straordinaria***": eine Ausgleichszahlung für Arbeitnehmer, die in etwa dem Kurzarbeitergeld entspricht.

1.4.2 Schaffung neuer Arbeitsverhältnisse

1.4.2.1 Elternzeitvertretung

Betroffene Betriebe: Betriebe mit höchstens 20 Beschäftigten oder Betriebe, in denen die Mitarbeiterinnen, die vertreten werden sollen, als freie Mitarbeiterinnen beschäftigt sind.[9]

Betroffene Arbeitnehmer: Arbeitnehmer, die als Vertretung für Beschäftigte in Elternzeit eingestellt sind.

Förderleistungen: Befristete Einstellung: In diesem Fall ist eine Beitragskürzung von 50 % vorgesehen, die auch auf die Versicherungsbeiträge des INAIL angewendet wird, bis das Kind der abwesenden Arbeitnehmerin bzw. des abwesenden Arbeitnehmers das erste Lebensjahr vollendet hat.

Die Vergünstigung wird dann gewährt, wenn der abwesende Arbeitnehmer von zwei Teilzeitarbeitskräften oder einer Vollzeitarbeitskraft ersetzt wird, vorausgesetzt, dass die Summe der Arbeitszeit der eingestellten Arbeitnehmer gleich oder in jedem Fall nicht höher als die des ersetzten Arbeitnehmers ist. Im Übrigen müssen sich die Qualifikationen des eingestellten und des ersetzten Arbeitnehmers nicht entsprechen.

Diese Leistung kann bis zur Vollendung des ersten Lebensjahres des Kindes der abwesenden Arbeitnehmerin bzw. des abwesenden Arbeitnehmers und für ein Jahr nach Annahme eines Adoptiv- oder Pflegekindes in Anspruch genommen werden.

1.4.2.2 Junge Eltern mit „unsicherem" Arbeitsverhältnis

Betroffene Betriebe: Jede Art von privatem oder genossenschaftlichem Betrieb, der junge Eltern unbefristet einstellt, die bereits einen „unsicheren"[10] Arbeitsvertrag haben, sofern:

- dieser Betrieb in den sechs Monaten vor der Einstellung keine Entlassung aus objektiv gerechtfertigtem Motiv oder wegen Personalabbau vorgenommen hat, außer im Falle einer Einstellung mit dem Ziel, Arbeitskräfte mit grundlegend anderer Fachkunde zu gewinnen;
- gegenwärtig im Betrieb keine Freistellungen von der Arbeit oder Minderungen der Arbeitszeit wegen einer betrieblichen Krise, Restrukturierung, Reorganisierung oder industrieller Umstellung vorliegen.

Betroffene Arbeitnehmer: Arbeitnehmer bis zu einem Alter von 35 Jahren, Eltern minderjähriger Kinder oder Pflegekinder, die in einem der folgenden Arbeitsverhältnisse stehen: befristeter Vertrag, Leiharbeitsvertrag, Arbeit auf Abruf, Eingliederungsvertrag, koordinierte und fortwährende Mitarbeit (auch in Form eines Projekt-Arbeitsvertrags), akzessorischer Vertrag.

Förderleistungen: Die dem Betrieb zustehende Vergünstigung ist eine Leistung von bis zu 5000 Euro für jede Einstellung, bis zu einer Grenze von fünf Einstellungen für das

[9] Beispielsweise projektbezogene Tätigkeit (co.co.pro), siehe Abschn. 2.4.6.

[10] In der Regel befristete Arbeitsverträge oder projektbezogene Tätigkeiten.

einzelne Unternehmen. Die Prämie wird in monatlichen Beträgen gezahlt, die die Monatsvergütung des betroffenen Arbeitnehmers nicht übersteigen dürfen.

Bedingungen:

- Der Arbeitnehmer muss unbefristet eingestellt werden (in Vollzeit oder Teilzeit) oder sein befristeter Vertrag muss in einen unbefristeten umgewandelt werden;
- Zum Zeitpunkt der Einstellung muss der Arbeitnehmer in der *Banca dati per l'occupazione dei giovani genitori* (Datenbank für die Beschäftigung junger Eltern) eingetragen sein;
- Die Einstellung darf nicht die Erfüllung einer gesetzlichen, kollektivvertraglichen oder vertraglichen Verpflichtung darstellen.

1.4.2.3 Neue Einstellungen in unbefristete Arbeitsverhältnisse durch das Haushaltsgesetz 2015

Betroffene Betriebe: Jede Art von privatem oder genossenschaftlichem Betrieb, der neue Arbeitnehmer zwischen 1. Januar und 31. Dezember 2015 unbefristet einstellt.

Betroffene Arbeitnehmer: Der Arbeitnehmer darf in den 6 Monaten vor Einstellung in keinem unbefristeten Arbeitsverhältnis gestanden haben. In den 3 Monaten vor dem 01.01.2015 darf zwischen dem Arbeitnehmer und weder dem einstellenden Arbeitgeber noch einem mit ihm verbundenen Unternehmen ein unbefristetes Arbeitsverhältnis bestanden haben.

Förderleistungen: Beitragsfreiheit bei der Sozialversicherung (INPS) bis zu einer Höchstdauer von 36 Monaten seit Einstellung des Arbeitnehmers bis zu einem Höchstbetrag von 8060,00 € p. a.

Der Arbeitsvertrag

2

Das Arbeitsverhältnis wird in verschiedenen Arten von Rechtsquellen geregelt. Speziell und ausschließlich arbeitsrechtlicher Natur sind dabei jene, die sich mit dem Kollektivvertrag und der betrieblichen Übung befassen. Dazu kommt noch der individuelle Arbeitsvertrag.

2.1 Kollektivvertrag

Im italienischen Recht ist der *Contratto collettivo nazionale di lavoro* (CCNL) der auf nationaler Ebene abgeschlossene Vertrag, mit dem die Organisationen der Arbeitnehmervertreter und die Arbeitgebervereinigungen (oder auch einzelne Arbeitgeber) individuelle Arbeitsverhältnisse (sog. normativer Teil) und ihre gegenseitigen Beziehungen (sog. Pflichtteil) gemeinsam regeln.

Im öffentlichen Dienst wird der Kollektivvertrag zwischen den Gewerkschaftsvertretungen der Arbeitnehmer und der *Agenzia per la rappresentanza negoziale delle pubbliche amministrazioni* (ARAN) – als gesetzlicher Vertreter der öffentlichen Verwaltung bei der Vereinbarung von Kollektivverträgen – abgeschlossen.

2.1.1 Zielsetzungen

Die wesentlichen Zielsetzungen des Kollektivvertrags sind:

- den wesentlichen Inhalt der individuellen Arbeitsverträge in einer bestimmten Branche (Wirtschaft, metallverarbeitende Industrie, chemische Industrie usw.) festzulegen, und zwar sowohl unter dem **wirtschaftlichen** (Vergütung, Altersversorgung) wie auch unter dem **normativen** (Regelung der Arbeitszeit, Qualifikationen und Aufgabenbereiche, Dauerhaftigkeit des Arbeitsverhältnisses usw.) Aspekt,

R. Dolce, D. de Luca, *Arbeitsrecht in Italien*, DOI 10.1007/978-3-658-12632-2_2

- die Beziehungen (sog. **Arbeitsbeziehungen**) zwischen den Kollektivvertragspartnern zu regeln.

In Italien erfolgt der Kollektivvertragsabschluss auf zwei Hierarchiestufen, die im Allgemeinen den jeweiligen gewerkschaftlichen Organisationsstufen entsprechen.

Die erste Stufe umfasst die auf konföderaler Ebene abgeschlossenen interkonföderalen Verträge (*accordi interconfederali* – AI), die allgemeine Regeln für die produktiven Wirtschaftsbereiche (Handel, Industrie) festlegen, und die auf föderaler Ebene abgeschlossenen *contratti collettivi nazionali di lavoro* (CCNL), die die gemeinsamen Mindeststandards der wirtschaftlichen und rechtlichen Bedingungen für alle Arbeitnehmer des Wirtschaftssektors festlegen, unabhängig davon, wo diese angestellt sind. Die zweite Stufe bezieht sich auf dezentralisierte oder betriebliche Verträge, die von den peripheren gewerkschaftlichen Einrichtungen abgeschlossen werden.

2.1.2 Anwendungsbereich und Dauer

Die „erga omnes"-Wirkung – also die Allgemeinverbindlichkeit – der Tarifverträge ist in Art. 39 der Verfassung vorgesehen, der die Gewerkschaften – sofern sie auf demokratischer Basis gegründet und gemäß den vorgesehenen Modalitäten eingetragen sind – berechtigt, arbeitsrechtliche Kollektivverträge mit obligatorischer Gültigkeit für alle Angehörigen der darin angesprochenen Kategorien abzuschließen. Der ordentliche Gesetzgeber hat die Eintragung der Gewerkschaften hingegen nicht geregelt; daraus ergibt sich, dass die Vorschrift der Verfassung nach wie vor nicht anwendbar ist.

Als Folge ist der CCNL, den die Kollektivvertragsparteien heute abschließen können, lediglich ein atypischer Vertrag (Art. 1322 CC), der durch die Vorschriften über allgemeine Verträge (Art. 1321 CC) geregelt wird.

Die kollektiven Vorschriften finden daher, zumindest im Sinne des strengen Rechts, nur auf die Mitglieder der gewerkschaftlichen Vereinigungen (der Arbeitnehmer und Arbeitgeber) Anwendung, welche den Vertrag abgeschlossen haben.

Das Fehlen einer speziellen Regelung über die Allgemeinverbindlichkeit hat zu Fragen in der Anwendung geführt, deren Lösung sich historisch die Rechtsprechung zur Aufgabe gemacht hat. Beispielsweise wurde dank der Anwendung einiger Artikel des *Codice Civile* (Art. 2077 CC und Art. 2113 CC) manchen individuellen, vom Kollektivvertrag abweichenden Vertragsklauseln die Gültigkeit abgesprochen. Außerdem weitet die richterliche Praxis auf der Grundlage des Art. 36 der italienischen Verfassung, der ein Recht des Arbeitnehmers auf eine „verhältnismäßige Entlohnung" vorsieht, diese Verträge im Falle eines Rechtsstreits auch auf tariflich nicht gebundene Rechtssubjekte aus, indem sie aus den Kollektivverträgen die Grundlage für die Bestimmung des mindestens vertraglich Geschuldeten ermittelt. Dadurch wird in der Praxis eine Allgemeinverbindlichkeit der wirtschaftlichen Bedingungen erreicht.

2.1.3 Mitgliedschaft des Arbeitgebers

Der Arbeitgeber kann frei wählen, welchem Arbeitgeberverband er beitritt. Sobald er bei einem Verband Mitglied ist, muss er den für diesen gültigen Kollektivvertrag anwenden.

2.1.4 Arbeitgeber, der kein Mitglied ist

Ein Arbeitgeber, der keiner gewerkschaftlichen Vereinigung beigetreten ist, ist nicht zur Anwendung eines Kollektivvertrags verpflichtet. Deshalb gibt es hier zwei mögliche Fälle, je nachdem, ob sich der Arbeitgeber dafür entscheidet, einen bestimmten Kollektivvertrag oder gar keinen anzuwenden.

a. *Freiwillige Anwendung:* Der Arbeitgeber kann sich für die Anwendung eines bestimmten Kollektivvertrags entscheiden, indem er ihm (beispielsweise durch Unterzeichnung eines Einstellungsschreibens, das sich ausdrücklich auf diesen bezieht) beitritt. Der Beitritt kann aber auch implizit erfolgen, indem der Arbeitgeber einen bestimmten Kollektivvertrag freiwillig und beständig anwendet.
b. *Kein Beitritt*: Falls sich ein Arbeitgeber, der nicht Mitglied eines Arbeitgeberverbandes ist, gegen die Anwendung eines Kollektivvertrags entscheidet, ist er dennoch durch verfassungsrechtliche und gesetzliche Normen zur Einhaltung einiger Mindeststandards verpflichtet. Dazu gehört beispielsweise die Tatsache, dass eine Vergütung angemessen und ausreichend sein muss (Art. 36 der Verfassung) und aus diesem Grunde nicht geringer als das Mindestentgelt sein darf, sowie dass die Höhe der Bemessungsgrundlage für die Vorsorge- und Fürsorgebeiträge nicht geringer als die von Verträgen oder Kollektivverträgen festgelegte Vergütung sein darf (Gesetz Nr. 389/89).

2.1.5 Vertragsparteien, Form, Dauer und Verlängerung

Der Kollektivvertrag wird üblicherweise von den Gewerkschaften und Verbänden abgeschlossen, die die Arbeitgeber und Arbeitnehmer einer bestimmten Branche vertreten. Auf Betriebsebene kann der Kollektivvertrag auch von einem einzelnen Arbeitgeber abgeschlossen werden, der legitimiert ist, die Vertragsverhandlungen mit den betrieblichen Gewerkschaftsorganisationen oder einer – auch spontan entstandenen und nicht gewerkschaftlich organisierten – Gruppe von Arbeitnehmern zu führen.

Die *Sezioni Unite* des *Corte di Cassazione* haben klargestellt, dass auch für den CCNL, wie für Verträge generell, das Prinzip der Formfreiheit gilt.[1] Üblicherweise werden Kollektivverträge aber aus Gründen der Publizität trotzdem in Schriftform abgeschlossen.

[1] Kassationshof, Vereinigte Senate, vom 22.03.1995, Nr. 3318.

Die Gültigkeitsdauer des Vertrags wird von den abschließenden Vertragsparteien festgelegt. Der nationale Kollektivvertrag einer Berufsgruppe hat im Allgemeinen eine Gültigkeitsdauer von drei Jahren, sowohl für den normativen Teil als auch für den Teil, der die Vergütung betrifft. Bei Ablauf der Frist hat der CCNL, im Einklang mit den allgemeinen Prinzipien, keine Wirkung mehr und ist nicht mehr bindend. Auf jeden Fall behalten die Klauseln bezüglich der Vergütung auch nach Vertragsablauf weiter ihre Gültigkeit, da die dem Arbeitnehmer vertraglich geschuldeten Leistungen von verfassungsrechtlicher Relevanz sind.

Das Verfahren der Vertragsverlängerung wird drei Monate vor Vertragsablauf mit der Vorlage der sog. „*piattaforme rivendicative*" („Forderungsplattformen") eingeleitet. In den letzten drei Gültigkeitsmonaten des Vertrags und im darauf folgenden Monat haben die Kollektivparteien die Pflicht, Arbeitskampfmaßnahmen zu unterlassen.

Wenn der Vertrag abläuft, ohne dass die Kollektivparteien eine Übereinkunft für die Verlängerung gefunden haben, ist den Arbeitnehmern die sog. *indennità di vacanza contrattuale* („Entschädigung für kollektivvertragslose Zeit") geschuldet. Dabei handelt es sich um einen zusätzlichen Geldbetrag, der den Zweck hat, die Vergütung (zumindest teilweise) gegen die Auswirkungen der Inflation abzusichern.

2.1.6 Kündigung

Eine Kündigung des Arbeitgebers vom CCNL vor dessen Ablauf erfüllt den Tatbestand der Nichterfüllung eines Vertrages und stellt außerdem gewerkschaftsfeindliches Verhalten dar.

Der Arbeitgeber kann einseitig von einem CCNL zurücktreten, um einen für eine andere Berufsgruppe gestalteten Kollektivvertrag anzuwenden, wenn diese der eigenen Berufsgruppe näher ist. Dabei muss aber das stets der Grundsatz gewahrt bleiben, dass die Vergütung nicht gemindert werden darf. Die Befugnis, einen Kollektivvertrag zu kündigen, steht ausschließlich den abschließenden Vertragsparteien sowie den gewerkschaftlichen und Arbeitgeberorganisationen zu, aber nicht dem einzelnen Arbeitgeber.[2]

2.1.7 Auslegung des Vertrags

Als Vertrag gemeinschaftlichen Rechts muss der CCNL nach den Kriterien ausgelegt werden, die vom *Codice Civile* in den Artikeln 1362 ff. CC vorgegeben sind. Zur Auslegung muss man deshalb den „gemeinsamen Willen der Parteien" ermitteln und dabei Folgendes berücksichtigen:

1. Den Wortlaut der Klauseln,
2. das Verhalten der Parteien insgesamt, auch vor Abschluss des CCNL,
3. den Vertragskontext, indem die einzelnen Klauseln jeweils mit Hilfe der anderen ausgelegt werden.

[2] Kassationshof vom 19.04.2011, Nr. 8994.

2.2 Betriebsvereinbarung und Gebietskollektivvertrag (der zweiten Ebene)

2.2.1 Allgemeine Vorschriften

Die kollektivvertragliche Vereinbarung der zweiten Ebene (auf Betriebs- oder Gebietsebene) hat grundsätzlich die Funktion, den nationalen CCNL zu ergänzen, um den Bedürfnissen des einzelnen Unternehmens oder mehrerer Unternehmen in einem bestimmten Gebiet besser zu entsprechen.

Als Folge der durch das **interkonföderale Abkommen** vom 28. Juni 2011 zwischen dem Unternehmerverband CONFINDUSTRIA und den Gewerkschaften CGIL, CISL und UIL eingeführten Reform der gewerkschaftlichen Beziehungen nimmt der Abschluss des dezentralen Vertrags eine Schlüsselrolle im Bereich der Regelung von Arbeitsverhältnissen ein.

Art. 8 des Gesetzesdekrets 138/2011, konvertiert in Gesetz 148/2011, hat die neue Form der kollektivvertraglichen Vereinbarung der zweiten Ebene eingeführt, die eine Vereinbarung „mit verstärkter Wirkung" für bestimmte Gegenstände und Zwecke darstellen soll: die sogenannte kollektivvertragliche Vereinbarung des Näheren Umfeldes ("*contrattazione di prossimità*"). Sie wird im Anschluss an die allgemeine Darlegung der kollektivvertraglichen Vereinbarung der zweiten Ebene im Einzelnen unten noch erläutert.

Die Inhalte der kollektivvertraglichen Vereinbarung der zweiten Ebene werden in der Regel von den nationalen Kollektivverträgen bestimmt und auf die zweite Ebene übertragen, soweit dies das Gesetz nicht abweichend regelt. Das Gesetz weist der kollektivvertraglichen Vereinbarung der zweiten Ebene auch eine unmittelbare Zuständigkeit für bestimmte Regelungsinhalte zu (siehe unten).

Die Subjekte, die berechtigt sind, diese Kollektivverträge zu unterzeichnen, sind die Arbeitgeber, die Arbeitgeberverbände, die Vertretungen der Arbeitnehmer im Betrieb und die Gewerkschaften.

Die Betriebsvereinbarung kann vom Arbeitgeber unmittelbar unterzeichnet werden (die Mitwirkung eines Arbeitgeberverbandes ist nicht erforderlich) und von einem oder mehreren Vertretern der Arbeitnehmerschaft im Betrieb. Zur Wirksamkeit der Betriebsvereinbarung ist es jedoch erforderlich, dass ein gewerkschaftlicher Vertreter die Vereinbarung mit unterzeichnet.

Wie bei allen Typen des Kollektivvertrages überlässt das Gesetz den Parteien die Wahl der entsprechenden Form. In der Praxis ist, aus Gründen der Rechtssicherheit, die Schriftform die Regel. Auch die Dauer eines Kollektivvertrages der zweiten Ebene wird den Parteien überlassen; in der Regel wird dieser über drei Jahre abgeschlossen.

Der Kollektivvertrag der zweiten Ebene ist unstreitig *erga omnes* bindend, wenn seine Regeln den Status des Arbeitnehmers verbessern oder wenn der Vertrag Gesetzeslücken ergänzt; er ist also grundsätzlich auf alle Arbeitnehmer des Betriebs anzuwenden, gleich ob diese Gewerkschaftsmitglieder sind und/oder die Arbeitgeber Verbandsmitglieder sind. Auch wenn der Vertrag zu einer Verschlechterung der Bedingungen des Arbeitnehmers führt, ist nach Auffassung der italienischen Rechtsprechung dieser auf alle Arbeitnehmer des Betriebes anzuwenden, wenn diese gegenüber dem Vertrag untätig geblieben sind, d. h. diesen nicht angefochten und die Verschlechterungen hingenommen haben.[3]

2.2.2 Kollektivvertragliche Vereinbarungen des näheren Umfeldes

Die Besonderheit dieser im Jahre 2011 (siehe oben) eingeführten Verträge liegt darin, dass ihre Wirkung sich in jedem Fall auf alle Arbeitnehmer und Arbeitgeber des Umfeldes, für das sie abgeschlossen wurden, erstreckt. Sie können selbst Arbeitsbedingungen, die sich aus den nationalen Kollektivverträgen und aus dem Gesetz selbst ergeben, zum Nachteil der Arbeitnehmer verändern. Die Parteien dieses Tarifvertrages der zweiten Ebene, der aufgrund dieser starken Wirkung als Vertrag mit „*efficacia rafforzata*" bezeichnet wird, müssen nur die Schranken der Verfassung, des Rechts der Europäischen Union und der internationalen Vereinbarungen beachten.

Ein Kollektivvertrag des näheren Umfelds darf ausnahmslos nur folgende Materien regeln:

- Audiovisuelle Anlagen und die Einführung neuer Technologien;
- Arbeitsbereiche des Arbeitnehmers, Klassifizierung und Einstufung des Personals;
- Befristete Verträge, Kurzarbeitsverträge, Verträge mit modulierter oder flexibler Arbeitszeit, das Prinzip der Solidarität bei der Auftragsvergabe und die Fälle des Einsatzes von Arbeitnehmerüberlassung;
- Regelung der Arbeitszeiten;
- Bedingungen der Einstellung und der Regelung des Arbeitsverhältnisses, einschließlich der koordinierten und fortwährenden Projektarbeit sowie der Umsatzsteuer-Identifikationsnummern, die Umwandlung von Arbeitsverträgen und die Folgen eines Rücktritts vom Arbeitsverhältnis, mit Ausnahme der diskriminierenden Entlassung sowie der Entlassung einer Arbeitnehmerin in Zusammenhang mit ihrer Verehelichung.

Art. 8 des Gesetzes Dekret 138/2011 gibt die Ziele vor, die die Parteien beim Abschluss eines Kollektivvertrages des Näheren Umfeldes verfolgen müssen, um die abdingbare Wirkung des Vertrages entfalten zu können: Abbau der Arbeitslosigkeit, Qualität der Arbeitsverträge, Förderung der Teilnahmemöglichkeit des Arbeitnehmers am Betriebsergebnis, Bekämpfung der Schwarzarbeit, Erhöhung der Wettbewerbsfähigkeit und des Einkommens, Bewältigung von Unternehmens- und Beschäftigungskrisen und Einleitung neuer betrieblicher Tätigkeiten.

Um einen unsachgemäßen Gebrauch dieser Derogationsbefugnis zu verhindern, verlangt der Gesetzgeber einerseits, dass die vertragsabschließenden Parteien bestimmte persönliche Voraussetzungen erfüllen, und andererseits grenzt er den Gegenstand der Derogation auf einige spezielle Bereiche ein.

[3] Kassationshof vom 05.07.2002, Nr. 9764.

Bezüglich des ersten Aspekts hat der Gesetzgeber mit Hinweis auf das interkonföderale Abkommen vom 28. Juni 2011 beabsichtigt, die vertragsabschließenden Parteien auf der Grundlage ihrer Repräsentativität auszuwählen: Art. 8 Ziffer 1 dieser Regelung verleiht Betriebs- und Gebietskollektivverträgen Allgemeinverbindlichkeit, sofern es sich bei den Vertragsparteien um die repräsentativsten Vereinigungen auf nationaler oder Landesebene handelt oder diese mit den Betriebsvertretungen abgeschlossen wurden, die die Mehrheit der Arbeitnehmer vertreten und dies durch Vollmachten oder Gewerkschaftsbeiträge nachweisen können.

Sollten die Verträge des Näheren Umfeldes die nötige Mehrheit für eine Wirkung *erga omnes* nicht erreicht haben, behalten sie ihre Wirksamkeit – soweit sie von berechtigten Vertragsparteien unterzeichnet wurden – gegenüber den Arbeitnehmern, die der unterzeichnenden Gewerkschaft angehören; ihr Inhalt kann auch individualvertraglich in den einzelnen Arbeitsverträgen übernommen werden.

Art. 5 des interkonföderalen Abkommens vom 28. Juni 2011 sieht für den Fall, dass Vereinbarungen von Betriebsgewerkschaftsvertretungen abgeschlossen wurden, die Möglichkeit eines „abwählenden" Referendums vor, wenn ein solches von 30 % der Arbeitnehmer des Unternehmens oder von einer Gewerkschaft beantragt wird, die das interkonföderale Abkommen unterzeichnet hat.

Der Gesetzgeber hat in Art. 5 Absatz 2 des Abkommens abschließend jene Bereiche benannt, für die die Parteien zum Abschluss einer allgemeinverbindlichen Vereinbarung berechtigt sind.

Eine unüberschreitbare Grenze der soeben beschriebenen Vereinbarungen stellen die Einhaltung der verfassungsrechtlichen Vorschriften sowie die Verpflichtungen dar, die sich aus den gemeinschaftsrechtlichen Regelungen und den internationalen Arbeitsübereinkommen ergeben.

Der Dachverband der Arbeitgeberverbände, „*Confindustria*", hat mit den repräsentativen Gewerkschaften auf der Grundlage des Abkommens weitere sogenannte interkonföderale Vereinbarungen abgeschlossen (*Accordi interconfederali* = AI am 21. November 2012 und AI am 10. Januar 2014), die die Regelung der Verträge des Näheren Umfelds zum Inhalt haben und die von der gesetzlichen Regelung abweichen. Den Arbeitgebern bleibt es aber unbenommen, sich im Einzelfall auf die gesetzliche Regelung zu beziehen.

2.2.3 Verhältnis zwischen CCNL und anderen Quellen

Die durch das Gesetz 148/2011 eingeführten Neuerungen brachten faktisch eine Umwälzung der allgemeinen Regelungen mit sich, die das Verhältnis zwischen den arbeitsrechtlichen Quellen regelten: Gesetz, Kollektivverträge und Individualverträge.

Wenn eine Quelle der anderen in der Hierarchie untergeordnet ist, gilt die allgemeine Regel, dass die Quelle der niedrigeren Stufe jener der höheren Stufe nur dann abbedingen kann, wenn dies zum Vorteil der Arbeitnehmer ist (sog. Abbedingbarkeit *in melius*), und niemals zum Nachteil dieser.

Der CCNL hat im Verhältnis zu den allgemeinen Gesetzen niemals aufhebende Wirkung, außer in dem Fall (der in Italien erst einmal eingetreten ist), dass den Regelungen des Vertrags Gesetzesrang verliehen wurde.

Wenn zwischen den Quellen keine hierarchische Beziehung besteht (z. B. zwischen unterschiedlichen Kollektivverträgen), wird der Widerspruch nach dem Kriterium der zeitlichen Folge aufgelöst, da ein zeitlich nachfolgender Kollektivvertrag auf jeden Fall einer vorher geltenden Kollektivvertragsregelung auch dann abbedingen kann, wenn dieser zu einer Verschlechterung für den Arbeitnehmer führt.

Die Rechtsprechung hat mehrfach hervorgehoben, dass kein Recht auf zeitliche Stabilität einer vom Kollektivvertrag vorgesehenen Regelung besteht, so dass der nachfolgende CCNL sich auch gerade festigende Situationen neu regeln kann. Die einzige Beschränkung erfolgt durch die vom Arbeitnehmer bereits erworbenen Rechte (Rechte, die bereits in das Vermögen des Arbeitnehmers übergegangen sind, und zwar aufgrund einer Arbeitstätigkeit, die in der Art geleistet wurde, wie sie von den geltenden Kollektivverträgen vorgeschriebenen wird).

Schematisch gesehen werden – mit Ausnahme der oben dargelegten Möglichkeit, durch Betriebs- und Gebietskollektivverträge die gesetzlichen und kollektivvertraglichen Vorschriften abzubedingen – die Beziehungen zwischen den Quellen für das Arbeitsverhältnis folgendermaßen geregelt:

- Beziehung zwischen CCNL und Gesetz: Die Beziehung ist hierarchisch, weshalb der *CCNL* das Gesetz nur dann abbedingen kann, wenn sich dadurch die Situation der Arbeitnehmer verbessert. Allerdings gibt es ausdrücklich *ex lege* vorgesehene Fälle, in denen dasselbe Gesetz den Abschluss eines Kollektivvertrags zur Einführung von Derogationen erlaubt, die im Vergleich mit der gesetzlichen Regelung zu einer Verschlechterung der Situation führen.[4]
- Beziehung zwischen CCNL desselben Ranges: Da die Beziehung gleichrangig ist, kann der nachfolgende Vertrag den vorangegangenen auch im Sinne einer Verschlechterung abändern. Die einzige Beschränkung erfolgt durch die erworbenen (das heißt, definitiv in den Bestand der Arbeitnehmerrechte aufgenommenen) Rechte. Üblicherweise wird nur der Teil mit dem Inhalt der *piattaforme rivendicative* modifiziert und der vorher geltende Text unverändert gelassen.
- Beziehung zwischen CCNL und Betriebsvereinbarungen: Letztere regeln bestimmte Materien, die auf sie übertragen wurden, und können diese auch abweichend von den nationalen Kollektivverträgen zum Nachteil des Arbeitnehmers abändern; ausgenommen bleiben die vom Arbeitnehmer bereits erworbenen Rechte.
- Beziehung zwischen CCNL und individuellem Vertrag: Die Beziehung ist hierarchisch, weshalb der individuelle Vertrag den Kollektivvertrag nur zur Verbesserung der Situation der Arbeitnehmer abbedingen kann.

---

[4] Es sei hierzu unter anderem auf das Gesetz Nr. 223/1991 verwiesen, das beim Kollektivvertragsabschluss in Fällen schwerer betrieblicher Krisen als Alternative zu Massenentlassungen erlaubt, das von Art. 2103 CC vorgesehene Verbot der Zuweisung von Aufgaben geringerer Qualität zu umgehen .

2.3 Betriebliche Übung

Die **betriebliche Übung** besteht in einem fortwährenden und freiwilligen Verhalten eines Arbeitgebers gegenüber allen Mitarbeitern, das zu einer besseren wirtschaftlichen oder rechtlichen Behandlung des Arbeitnehmers im Verhältnis zu den Vorschriften der Kollektiv- und Individualverträge führt; dabei ist es unerheblich, ob sich der Arbeitgeber dessen bewusst ist.[5] Darüber hinaus muss auch eine bestimmte rechtsgeschäftliche Absicht vorliegen, auch für die Zukunft bestimmte Punkte des Arbeitsverhältnisses regeln zu wollen. In der betrieblichen Praxis werden im Rahmen der betrieblichen Übung Gratifikationen, Boni oder Leistungen der Alterssicherung gewährt, die über das gesetzlich vorgeschriebene Mindestmaß hinausgehen.

Die betriebliche Übung führt zu einer einseitigen Verpflichtung des Arbeitgebers, die kollektiven Charakter hat und die auf die einzelnen Arbeitsverhältnisse die gleiche Wirkung entfaltet wie eine Betriebsvereinbarung.

Mit den neu eingestellten Arbeitnehmern kann der Arbeitgeber auch von der festgestellten betrieblichen Übung abweichen; er ist nicht verpflichtet, diesen die gleichen Bedingungen, die sich aus der betrieblichen Übung ergeben, anzubieten. Schließt er aber diese nicht ausdrücklich aus, gelten sie auch für die neu eingestellten Arbeitnehmer.

Die Bedingungen der betrieblichen Übung können, auch wenn sie nicht in Schriftform vorliegen, die Vorschriften der Kollektivverträge abbedingen, soweit sie für die Arbeitnehmer günstiger sind. Die einer betrieblichen Übung nachfolgende Betriebsvereinbarung kann die Regeln der Übung zugunsten oder zulasten der Arbeitnehmer sowohl verbessern wie auch verschlechtern.

2.4 Individueller Arbeitsvertrag

Der **individuelle Arbeitsvertrag** wird zwischen einem Arbeitgeber (natürliche oder juristische Person oder mit Rechtspersönlichkeit ausgestattete Körperschaft) und einem Arbeitnehmer abgeschlossen, der notwendigerweise eine natürliche Person sein muss, damit ein Arbeitsvertrag zustande kommen kann.

In der italienischen Rechtsordnung ist der Arbeitsvertrag ein typischer (das heißt gesetzlich geregelter), zweiseitiger, synallagmatischer und notwendigerweise entgeltlicher Vertrag (Art. 2099 CC).

2.4.1 Vertragsparteien

Der Arbeitsvertrag kommt durch Konsens der Parteien (Willensübereinstimmung) zustande.

---

[5] Kassationshof vom 30.01.2012, Nr. 1273.

Die Fähigkeit, einen Arbeitsvertrag rechtswirksam abzuschließen, erlangt der Arbeitnehmer mit Erreichen des Mindestalters für die Zulassung zu einer Beschäftigung. Dieses ist seit dem 1. Januar 2007 durch die *legge finanziaria* 2007 vom 27. Dezember 2006, Nr. 296, Art. 1, Abs. 622 auf das vollendete **16. Lebensjahr** erhöht worden, unter der Voraussetzung, dass die 10 Jahre dauernde Schulpflicht absolviert wurde. Eine Ausnahme ist für einen besonderen Typus des Ausbildungsvertrages vorgesehen, der mit Jugendlichen abgeschlossen werden kann, die ihr 15. Lebensjahr vollendet haben.

In einigen Bereichen, wie beispielsweise bei der Arbeit im Haushalt gemäß Gesetz Nr. 359 vom 2. April 1958, muss ein Elternteil die Zustimmung erteilen, dass der Minderjährige die Arbeitstätigkeit ausüben darf.

Im Unterschied zum Arbeitnehmer fällt der Arbeitgeber nicht unter eine besondere Regelung, weshalb, auch hinsichtlich seiner Rechts- und Geschäftsfähigkeit, die allgemeinen Vorschriften für Verträge Anwendung finden.

2.4.2 Vertragsgegenstand

Der für den Arbeitsvertrag typische Vertragsgegenstand ist der Austausch von (geistiger oder körperlicher) Arbeit, die in abhängiger Stellung erbracht wird, mit der vom Arbeitgeber gezahlten Vergütung. Aus dem Vertrag ergeben sich deshalb zwei wechselseitige Verpflichtungen: jene des Arbeitgebers, die geschuldete Vergütung zu entrichten, und jene des unselbstständigen Arbeitnehmers, die eigene Arbeitsleistung *„in Abhängigkeit und unter der Weisung"* des Arbeitgebers zu erbringen (Art. 2094 CC).

Der Vertragsgegenstand muss neben seiner Bestimmbarkeit auch zulässig und möglich (Art. 1346 CC) sein, sonst droht die Nichtigkeit des Vertrags (Art. 1418 CC). Die aus dem Vertrag abgeleitete Arbeitsleistung darf sich also weder als (faktisch oder rechtlich) unmöglich erweisen, noch zwingenden Vorschriften, der öffentlichen Ordnung oder den guten Sitten entgegenstehen.

Die Lehre knüpft heute an die Vertragsgrundlage überwiegend die Verpflichtung des Arbeitgebers, eine sichere Arbeitsumgebung zu gewährleisten. Die Sicherheitspflicht wird so, obwohl sie gesetzlich (Art. 2087 CC; D.Lgs. Nr. 626/1994) vorgeschrieben ist, wie eine präzise vertragliche Verpflichtung des Arbeitgebers behandelt.

2.4.3 Form

Die italienische Rechtsordnung sieht keine besondere Form für den Arbeitsvertrag vor, der deshalb angesichts des allgemeinen Prinzips der Formfreiheit auch mündlich oder durch konkludente Handlungen geschlossen werden kann.

Die Schriftform kann allerdings vom Kollektivvertrag oder vom Gesetz vorgeschrieben sein. Durch Gesetz sind beispielsweise in folgenden Fällen besondere Formen vorgesehen:

- Für die Anwerbung von Seeleuten: öffentliche Beurkundung, sonst ist der Vertrag nichtig.
- Für Verträge für Luftfahrtpersonal ist die Schriftform erforderlich (Beweislast).
- Für Arbeitsverträge mit Sportlern: Schriftform, sonst ist der Vertrag nichtig.
- Für befristete Arbeitsverträge: Schriftform, sonst gilt der Vertrag unbefristet.
- Probearbeitsvertrag und Wettbewerbsabrede: Schriftform, anderenfalls gelten sie als nicht vereinbart.

Die Schriftform wird auch – mittelbar – durch andere Normen vorgeschrieben, die dem Arbeitgeber unter Androhung von Verwaltungsstrafen auferlegen, bestimmte Pflichten im Arbeitsverhältnis zu erfüllen:

- Die Pflicht, dem Arbeitnehmer gemäß D.Lgs. Nr. 152/1997 Art. 1, Gesetz Nr. 608/1996 und Gesetz Nr. 133/2008 bei seiner Einstellung ein Dokument zu übergeben, das die Personalien des Arbeitgebers und des Arbeitnehmers, den Arbeitsort, den Beginn des Arbeitsverhältnisses, die Dauer des Arbeitsverhältnisses, die Einstufung, die Qualifikation und die Aufgabenbereiche enthält. Außerdem muss in diesem Dokument, sofern nicht auf die Regelungen des angewandten Kollektivvertrags verwiesen wird, folgendes angegeben sein: die Dauer der Probezeit, die Höhe der Vergütung mit Angabe der Fälligkeit, die Dauer des Urlaubs und die Arbeitszeit.
- Die Pflicht des Arbeitgebers, über den Online-Dienst des *Ministero del Lavoro*, der seit dem 1. März 2008 die Mitteilung an die *Centri per l'impiego* ersetzt, spätestens einen Tag vor der Einstellung den Vertragsinhalt zu übermitteln.

Bei Unterlassen dieser Übermittlungen gilt der Arbeitnehmer als *irregulär Beschäftigter* im Sinne des Artikels 36-bis des Gesetzes Nr. 248/2006 und es drohen schwere verwaltungsrechtliche Sanktionen.

2.4.4 Vertragsleistung

Die konkrete Arbeitsleistung ist vertraglich festgelegt, und zwar in dem Sinne, dass der Arbeitnehmer in die Aufgabenbereiche eingesetzt werden muss, für die er eingestellt wurde und die im Anstellungsschreiben näher angegeben werden.

Die Vergütung wird in der Regel in dem für die Branche gültigen Kollektivvertrag, direkt oder indirekt, beziffert.

Art. 37 der Verfassung enthält das Verbot der Diskriminierung von weiblichen oder minderjährigen Arbeitnehmern und legt fest, dass ihnen bei gleicher Arbeit die gleiche Entlohnung wie erwachsenen männlichen Arbeitnehmern zusteht.

2.4.5 Probezeit

Der Arbeitsvertrag kann eine Probezeit vorsehen, während der jeder Vertragsteil ohne Einhaltung der Kündigungsfrist vom Vertrag zurücktreten kann.

2.4.5.1 Allgemeine Vorschriften

Das Gesetz verlangt die Schriftform; bei Fehlen derselben gilt die Probezeit als nicht vereinbart.

Der Probearbeitsvertrag muss gleichzeitig mit dem Abschluss des Arbeitsvertrags unterzeichnet werden, auf jeden Fall aber vor Ausführung desselben. Falls er erst danach geschlossen wird, ist er als nichtig anzusehen, und das Arbeitsverhältnis gilt von Anfang an unbeschränkt. Der Probearbeitsvertrag muss eine genaue Benennung der Aufgabenbereiche des Arbeitnehmers enthalten.

Vertragsgegenstand ist das Kennenlernen der beruflichen Fähigkeiten und der Persönlichkeit des Arbeitnehmers.

Der Arbeitgeber hat dafür zu sorgen, dass die Probezeit effektiv verläuft.

Während der Probezeit gilt der Vertrag mit den vollständigen Rechten und Pflichten der Parteien. Am Ende der Probezeit wird, sofern die Parteien ihren Verlauf als positiv einschätzen, die Einstellung endgültig, und der Zeitraum, in dem Leistungen erbracht wurden, wird auf die Dienstzeit angerechnet.

2.4.5.2 Kündigung

Generell gilt, dass es den Parteien während oder am Ende der Probezeit frei steht, den Vertrag zu kündigen, ohne einen Grund nennen zu müssen und ohne eine Kündigungsfrist einhalten oder eine entsprechende Entschädigung zahlen zu müssen. Wenn die Parteien allerdings eine garantierte Mindestdauer der Probezeit vereinbart haben, um die Ergebnisse der Erprobung beurteilen zu können, so darf die Kündigung erst nach Ablauf dieser Zeitspanne erfolgen.

Die Freiheit des Arbeitgebers, eine Kündigung auszusprechen, stößt jedoch auf Grenzen, die von der Rechtsprechung herausgearbeitet wurden. Die Kündigung ist rechtswidrig, wenn:

- eine Probezeit faktisch gar nicht ermöglicht wurde;
- der Arbeitnehmer die Probezeit faktisch positiv überstanden hat;
- die Kündigung auf ein rechtswidriges Motiv oder einen Grund, der nicht im Arbeitsverhältnis selbst liegt, zurückgeführt werden kann.

Es obliegt dem Arbeitnehmer, das Vorliegen eines dieser Sachverhalte zu beweisen, um die Nichtigerklärung der Kündigung zu erwirken.

2.4.5.3 Dauer

Das Gesetz legt die Höchstdauer der Probezeit mit 6 Monaten für alle Arbeiter und 3 Monaten für Angestellte ohne leitende Stellung fest. Die Kollektivverträge bestimmen die Dauer der Probezeit innerhalb dieser gesetzlichen Grenzen. Unbeschadet der gesetzlichen

Grenzen können im individuellen Arbeitsvertrag die kollektivvertraglich vorgesehenen Fristen nur vermindert oder erhöht werden, wenn die besondere Komplexität der dem Arbeitnehmer anvertrauten Aufgabenbereiche dies erfordert.

2.4.6 Nachvertragliches Wettbewerbsverbot

Ein Arbeitnehmer darf während eines laufenden Arbeitsverhältnisses keine Wettbewerbshandlung zum Nachteil seines Arbeitgebers vornehmen. Der Art. 2125 CC ermöglicht es dem Arbeitgeber darüber hinaus, sich auch noch **nach Beendigung** des Arbeitsverhältnisses durch Abschluss einer entsprechenden **Wettbewerbsabrede** mit dem Arbeitnehmer zu schützen. Darin verpflichtet sich der Arbeitgeber, dem Arbeitnehmer eine bestimmte Geldsumme zu zahlen, und der Arbeitnehmer, nach Beendigung des Arbeitsverhältnisses keinen Tätigkeiten nachzugehen, die mit jenen des Arbeitgebers in Konkurrenz stehen.

Die Wettbewerbsabrede kann sowohl bei Abschluss des Arbeitsvertrags als auch im Laufe des Arbeitsverhältnisses oder zum Zeitpunkt seiner Beendigung abgeschlossen werden. Die Wettbewerbsabrede bedarf zur Wirksamkeit der Schriftform und muss eine Gegenleistung zugunsten des Arbeitnehmers vorsehen. Falls diese Gegenleistung unangemessen gering ist oder nicht im Verhältnis zum Opfer, das der Arbeitnehmer erbringen muss, steht, ist die Klausel nichtig.

Außerdem müssen Begrenzungen sowohl des Gegenstandes wie auch der Zeit und des Ortes des Wettbewerbsverbotes angegeben werden, sonst droht auch hier die Nichtigkeitsfolge.

Die Höchstdauer der Wettbewerbsabrede beträgt laut Gesetz (Art. 2125 CC Satz 2) **fünf Jahre** für leitende Angestellte und **drei Jahre** für andere Arbeitnehmer (Angestellte im mittleren Verantwortungsbereich, „normale" Angestellte und Arbeiter). Falls eine längere Dauer oder gar keine Dauer vereinbart wird, wird die Dauer auf die gesetzliche Höchstfrist reduziert.

Die Verletzung der Wettbewerbsabrede kann zu Vertragsstrafen und Schadensersatzansprüchen führen, nicht aber zu einer Anordnung, die ausgeübte Wettbewerbstätigkeit einzustellen.

2.5 Gesetzlich geregelte Vertragsverhältnisse

2.5.1 Befristeter Vertrag

Der vom Gesetzesdekret Nr. 368/2001 (so wie zuletzt mit Gesetz Nr. 78/2014 und vom Gesetzesdekret Nr. 81/2015 geändert) geregelte befristete Vertrag ist ein Vertrag über unselbstständige Erwerbstätigkeit, in dem die Dauer und somit das Enddatum des Arbeitsverhältnisses angegeben ist.

Ursprünglich war die Angabe eines Sachgrundes (schriftlich) für die Befristung Wirksamkeitsvoraussetzung: Sachgründe konnten technischer, produktiver oder organisatorischer Natur sein. Heute ist die Angabe eines Sachgrundes nicht mehr erforderlich.

Die Befristung muss sich aus einem schriftlichen Dokument ergeben, sonst gilt der Arbeitsvertrag als unbefristet.

Absolute Höchstdauer ist 36 Monate (mit maximal 5 Verlängerungsmöglichkeiten, soweit der Arbeitnehmer einverstanden ist und die Aufgaben des Arbeitsvertrages unverändert oder vergleichbar bleiben). Sobald die Frist von 36 Monaten überschritten wird, sei es infolge eines einzigen Arbeitsvertrages oder einer Mehrzahl von Arbeitsverträgen, wandelt sich der befristete Vertrag zum Zeitpunkt der Fristüberschreitung in einen unbefristeten Vertrag um.

Bei einer Weiterführung des Arbeitsverhältnisses nach dem Zeitpunkt der Befristung, aber innerhalb der Höchstdauer, gilt zusätzlich Folgendes:

- Soweit das Arbeitsverhältnis nach Ablauf der Befristung fortgesetzt wird, ist der Arbeitgeber verpflichtet, dem Arbeitnehmer ab dem ersten bis zum zehnten Tag der Verlängerung eine um 20 % erhöhte Vergütung zu zahlen. Nach Ablauf des zehnten Tages nach dem ursprünglichen Befristungsende hat der Arbeitgeber pro Tag eine um 40 % erhöhte Vergütung zu zahlen. Sind 30 Tage nach dem ursprünglichen Befristungsende vergangen, wandelt sich der Vertrag in einen unbefristeten Vertrag um.
- Soweit die Kollektivverträge dies nicht anders regeln, darf die Anzahl der befristeten Arbeitsverhältnisse im Betrieb nicht 20 % der unbefristeten Arbeitsverhältnisse, die der Betrieb zum 1. Januar eines jeden Kalenderjahres unterhält, übersteigen. Bei Überschreitung drohen Bußgelder in Höhe von 20 % der Bruttovergütung pro Monat der Überschreitung oder 50 % der Bruttovergütung, wenn mehr als ein Arbeitnehmer davon betroffen sind.

Arbeitgeber, die bis zu 5 Arbeitnehmer beschäftigen, dürfen nur einen (1) befristeten Arbeitsvertrag abschließen.

Es gelten in bestimmten Fällen Ausnahmen von der gesetzlichen 20 %-Grenze sowie von möglichen weiteren quantitativen Beschränkungen, die sich aus den Kollektivverträgen ergeben. Folgende Einstellungen werden von der 20 %-Grenze ausgenommen:

a) Soweit neue Tätigkeiten begonnen bzw. neue Betriebszweige aufgenommen werden, für den Zeitraum, der von den Kollektivverträgen für die Einführungsphase der neuen Tätigkeiten bestimmt wird. Die Ausnahmen werden auch ohne unmittelbaren Bezug zu bestimmten Gebieten oder Branchen gewährt.
b) Bei Start-Up-Unternehmen mit innovativem Charakter gem. Art. 25, Abs. 2 und 3 des Gesetzesdekrets Nummer 179/2012, mit Änderungen konvertiert in das Gesetz Nr. 221/2012, für einen Zeitraum von vier Jahren nach Gründung der Gesellschaft bzw. für einen kürzeren Zeitraum bei einer bereits gegründeten Gesellschaft, so wie in Abs. 3 des oben genannten Art. 25 geregelt.
c) Für die Ausübung von saisonbedingten Tätigkeiten, so wie von Art. 21, Abs. 2 des Gesetzes vorgesehen;
d) Für besondere Veranstaltungen, die der Unterhaltung dienen, sowohl im Fernsehen wie auch im Rundfunkbereich;

e) Für den Ersatz von abwesenden Mitarbeitern;
f) Für Mitarbeiter, die ein höheres Lebensalter als 50 Jahre haben.

Es besteht ein Einstellungsvorrang für Arbeitnehmer, die seit über 6 Monaten in einem befristeten Arbeitsverhältnis stehen, unbefristet eingestellt zu werden. Hierauf muss schon im Einstellungsschreiben verwiesen werden.

Die Zeitabstände, die zwischen aufeinander folgenden befristeten Arbeitsverträgen eingehalten werden müssen, betragen: bis 6 Monate = 10 Tage, über 6 Monate = 20 Tage.

Werden diese Fristen nicht eingehalten, gilt Folgendes: Wird ein Arbeitnehmer, der mit einem befristeten Arbeitsvertrag mit einer Laufzeit bis zu sechs Monaten eingestellt wurde, bereits innerhalb von zehn Tagen nach Befristungsende wieder befristet eingestellt, wandelt sich der zweite befristete Vertrag in einen unbefristeten Arbeitsvertrag um. Gleiches gilt für den Arbeitnehmer mit einem befristeten Arbeitsvertrag mit einer Laufdauer von über sechs Monaten, der nach Befristungsende innerhalb von 20 Tagen wieder befristet eingestellt werden soll.

Diese Vorschriften gelten nicht für Arbeitnehmer, die Saisonarbeiten, so wie sie vom Arbeitsministerium oder in den Kollektivverträgen definiert werden, ausführen.

2.5.2 Teilzeitvertrag

2.5.2.1 Definition

Teilzeit bedeutet, dass die Arbeitszeit im Vergleich zur normalen Arbeitszeit, die eine 40-Stunden-Woche vorsieht (Vollzeit), oder zur kollektivvertraglich vorgesehenen Arbeitszeit herabgesetzt ist. Die Regelung der Teilzeitarbeit wurde erstmals mit dem D.Lgs. 61/2000 an die europäischen Vorgaben angepasst, dann durch die *Legge Biagi* (Gesetz 276/2003) abgeändert und schließlich mit Gesetzesdekret Nr. 81/2015 neu geregelt.

Die Verminderung der Arbeitszeit kann folgendermaßen gestaltet sein:

- **horizontal**: Der Arbeitnehmer arbeitet jeden Tag, aber mit – im Vergleich zum normalen Arbeitstag – gekürzter Arbeitszeit.
- **vertikal**: Der Arbeitnehmer arbeitet Vollzeit, allerdings nur einige Tage der Woche, des Monats oder des Jahres.
- **gemischt**: Hier ist eine Mischung aus den beiden genannten Formen vorgesehen.

Der befristete Arbeitsvertrag in Teilzeit hat zu Beweiszwecken schriftlich zu erfolgen.

Im Arbeitsvertrag müssen die verkürzten Arbeitszeiten genau angegeben werden (Tag, Woche, Monate, Jahr) damit der Arbeitnehmer seine Zeit organisieren und einteilen kann.

Im Rahmen der Vorgaben der Kollektivverträge kann die Arbeitszeit jedoch durch eine schriftliche Vereinbarung von flexiblen und elastischen Klauseln im Vertrag abgeändert werden, deren Anwendung dem Arbeitnehmer im Vorfeld anzukündigen ist. Der Kollektivvertrag kann für den Arbeitnehmer hierfür eine besondere Vergütung vorsehen.

Flexible Klauseln sehen die Möglichkeit vor, die zeitliche Verteilung der Arbeitsleistung abzuändern. Sie können in allen drei Arten von Teilzeitverträgen enthalten sein.

Elastische Klauseln sehen die Möglichkeit vor, die Anzahl der Arbeitsstunden im Vergleich zur ursprünglichen Vereinbarung zu erhöhen. Sie können in vertikalen oder gemischten Teilzeitverträgen aufgenommen werden.

Für den Fall, dass der für das Arbeitsverhältnis anzuwendende Kollektivvertrag keine elastischen Klauseln vorsieht, können diese schriftlich von den Arbeitsvertragsparteien vor einem Zertifizierungsausschuss (**„*commissione di certificazione*"**) vereinbart werden, der bei der öffentlichen Arbeitsverwaltung oder bei anderen öffentlichen Einrichtungen gebildet wird. Der Arbeitnehmer kann sich dabei von einem Mitglied der Gewerkschaft oder einem Rechtsanwalt oder einem Arbeitsrechtsberater vertreten lassen.

Die elastischen Klauseln müssen zu ihrer Wirksamkeit die Bedingungen und die Formvorschriften enthalten, nach denen der Arbeitgeber mit einer Vorankündigungsfrist von zwei Arbeitstagen die Verteilung der Arbeitszeiten verändern kann, sowie die Höchstdauer der Verlängerung der Arbeitszeit, die 25 % der durchschnittlichen jährlichen Teilzeitarbeit nicht übersteigen darf.

Die Arbeitszeitveränderungen führen zu einer Erhöhung des Anspruches des Arbeitnehmers in Höhe von 15 % der vereinbarten Vergütung. Die Erhöhung unterliegt sämtlichen Sozialversicherungspflichten und -abgaben.

Die Bereitschaft, flexible oder elastische Klauseln anzunehmen, muss sich aus einer besonderen schriftlichen Vereinbarung ergeben, die auch gleichzeitig mit dem Arbeitsvertrag abgeschlossen werden kann; eine eventuelle Weigerung des Arbeitnehmers erfüllt allerdings nicht den Tatbestand des gerechtfertigten Grundes für eine Entlassung.

2.5.2.2 Zusatzarbeit

Unter Beachtung der Vorschriften der Kollektivverträge hat der Arbeitgeber das Recht, innerhalb der Grenzen der gesetzlich definierten gewöhnlichen Arbeitszeit (Art. 3 Gesetzesdekret Nummer 66/2003) Überstunden anzuordnen. Als Überstunden gilt jene Arbeitszeit, die über die von den Parteien vereinbarte Arbeitszeit hinausgeht, auch bezüglich der Verteilung auf Tage, Wochen oder Monate (Art. 5, Abs. 2 des Gesetzes). Für den Fall, dass der Kollektivvertrag die Überstunden nicht regelt, darf der Arbeitgeber Überstunden nicht über eine Arbeitszeit anordnen, die 25 % der gewöhnlichen Arbeitszeit übersteigt. Für diesen Fall – d. h., wenn eine Regelung im Kollektivvertrag fehlt –, darf der Arbeitnehmer sich weigern, der Anordnung Folge zu leisten, soweit dies begründet wird (die Gründe können sich aus der Arbeit selbst, aus seiner Gesundheit, aus der Familie oder aus seiner beruflichen Fortbildung ergeben).

Die Überstundenvergütung umfasst eine Erhöhung von 15 % gegenüber der gewöhnlichen Arbeitszeit, die ebenfalls in jeder Hinsicht der Sozialversicherungspflicht unterfällt.

Dabei handelt es sich um Arbeit, die über die übliche Arbeitszeit einer Vollzeitstelle hinaus erbracht wird. Sie wird gemäß den gesetzlichen und kollektivvertraglichen Regelungen vergütet und ist nur in vertikalen und gemischten Teilzeitarbeitsverhältnissen zulässig, auch wenn diese befristet sind.

2.5.2.3 Sonderarbeit

Dabei handelt es sich um Arbeit, die über die übliche Arbeitszeit einer Vollzeitstelle hinaus erbracht wird. Sie wird gemäß den gesetzlichen und kollektivvertraglichen Regelungen vergütet und ist nur in vertikalen und gemischten Teilzeitarbeitsverhältnissen zulässig, auch wenn diese befristet sind.

Der Teilzeitbeschäftigte hat – im Verhältnis zur Anzahl der geleisteten Arbeitsstunden – das Recht auf dieselbe Vergütung pro Arbeitsstunde und auf dieselben finanziellen Leistungen bei Krankheit, Unfall, Mutterschaft wie der Vollzeitbeschäftigte und genießt auch denselben Schutz.

2.5.2.4 Umwandlung von Teilzeit auf Vollzeit und umgekehrt

Die Weigerung des Arbeitnehmers, das eigene Arbeitsverhältnis von Vollzeit in Teilzeit – und umgekehrt – zu verändern, stellt keinen betriebsbedingten Kündigungsgrund dar. Soweit dies die Parteien in einer schriftlichen Urkunde festlegen, ist die Umwandlung eines Vollzeitarbeitsverhältnisses in ein Teilzeitarbeitsverhältnis zulässig.

Das Recht des Teilzeitbeschäftigten auf Übergang von Teilzeit auf Vollzeit hat Vorrang vor Neueinstellungen von Vollzeitbeschäftigten in den Betrieben desselben Gemeindegebietes und in denselben oder gleichwertigen Aufgabenbereichen.

Der Vollzeitbeschäftigte hat das Recht auf Auskunft über das Vorhaben des Arbeitgebers, Teilzeitbeschäftigte einzustellen, um einen Antrag auf Umwandlung seines Arbeitsverhältnisses zu stellen.

Ein an Krebs erkrankter Arbeitnehmer hat das Recht auf Umwandlung seines Arbeitsverhältnisses von Vollzeit auf Teilzeit.

Das Teilzeitarbeitsverhältnis muss wieder in ein Vollzeitarbeitsverhältnis zurückgewandelt werden, wenn der Arbeitnehmer dies verlangt.

Auf Antrag des Arbeitnehmers, der mit einem Kind, das nicht älter als 13 Jahre alt ist, oder einem schwerbehinderten Kind gemäß Art. 3 des Gesetzes Nr. 104/1992 zusammenlebt, hat dieser Vorrang bei der Umwandlung eines Vollzeitarbeitsverhältnisses in ein Teilzeitarbeitsverhältnis.

Der Arbeitnehmer ist einmalig befugt, anstelle seines Anspruches auf Erziehungsurlaub bzw. in dem Maße, in dem ihm Erziehungsurlaub noch zusteht, die Umwandlung seines Vollzeitarbeitsverhältnisses in ein Teilzeitarbeitsverhältnis zu verlangen, soweit dies nicht zu einer Verringerung der Arbeitszeit von über 50 % führt (Abschnitt V des Gesetzesdekrets vom 26. März 2001, Nr. 151). Der Arbeitgeber muss innerhalb von 15 Tagen seit Geltendmachung dem Antrag stattgeben und das Arbeitsverhältnis umwandeln.

2.5.3 Arbeit auf Abruf

Der Vertrag zur Arbeit auf Abruf begründet ein abhängiges Arbeitsverhältnis, mit dem sich der Arbeitnehmer einem Arbeitgeber in festgelegten Zeiträumen der Woche, des Monats oder des Jahres zur Verfügung stellt. Das Hauptmerkmal dabei ist, dass sich

Phasen, in denen keine Arbeitsleistung erbracht wird und in denen der Arbeitnehmer auf Abruf wartet (die sog. Bereitschaft), mit Phasen, in denen effektiv gearbeitet wird, abwechseln.

Auf Grundlage der Verpflichtung, dem Abruf nachzukommen, lassen sich daher zwei unterschiedliche Arten von Arbeit auf Abruf ausmachen:

- Wenn der Arbeitnehmer sich verpflichtet, zur Verfügung zu stehen, spricht man von Bereitschaftsgarantie, die zu einem Recht auf Vergütung für den gesamten Zeitraum der Abrufbereitschaft führt (die Höhe der monatlichen Vergütung für diesen Bereitschaftsdienst wird von den Kollektivverträgen festgesetzt).
- Wenn der Arbeitnehmer sich nicht dazu verpflichtet, spricht man von Arbeit ohne Bereitschaftsgarantie und ohne Vergütung für den Zeitraum der Bereitschaft.

Anwendung
Ein Vertrag zur Arbeit auf Abruf kann in folgenden Fällen geschlossen werden:

- Von jedem beliebigen Arbeitnehmer: für die Erbringung von Arbeitsleistungen in unterbrochenen oder wechselnden Zeiträumen, gemäß den in den Kollektivverträgen festgehaltenen Voraussetzungen; ist auf das betreffende Arbeitsverhältnis ein Kollektivvertrag anzuwenden, der die „Arbeit auf Abruf" nicht regelt, gilt das vom Arbeitsministerium erlassene Dekret hierzu.
- Unabhängig vom Tätigkeitsbereich:
  - Arbeitnehmer im Alter von **unter 24 Jahren,**
  - Arbeitnehmer im Alter von **über 55 Jahren**.

Ein Vertrag über „Arbeit auf Abruf" kann nicht von der öffentlichen Verwaltung abgeschlossen werden.

Verbote
In folgenden Fällen ist die Arbeit auf Abruf verboten:

- Als Ersatz für Arbeitnehmer, die von ihrem Streikrecht Gebrauch machen;
- Wenn in den vorangegangenen sechs Monaten Massenentlassungen vorgenommen wurden oder eine Suspendierung oder Verkürzung der Arbeitstätigkeit durch Kurzarbeit im Gange ist, ausgenommen abweichende betriebliche Vereinbarungen mit den Gewerkschaften oder den innerbetrieblichen Arbeitnehmervertretern[6];
- Von Betrieben, die die Risikoabschätzung gemäß den Gesundheits- und Arbeitssicherungsvorschriften nicht vorgenommen haben.

[6] Sogenannte RSU und RSA, *Rappresentanza Sindacale Unitaria* und *Rappresentanza Sindacale d'Azienda.*

Höchstdauer

Mit Ausnahme der Arbeitsbereiche Tourismus, öffentlicher Dienst und Unterhaltung ist der „Arbeit auf Abruf"-Vertrag für jeden einzelnen Arbeitnehmer mit demselben Arbeitgeber nur bis zu einer Gesamtzahl von 400 Arbeitstagen im Verlauf von drei Kalenderjahren zulässig. Wird diese Höchstdauer überschritten, wandelt sich der „Arbeit auf Abruf"-Vertrag in ein unbefristetes Arbeitsverhältnis in Vollzeit um.

Formen und Mitteilungspflichten

Der „Arbeit auf Abruf"-Vertrag ist schriftlich abzufassen, um Beweis über folgende Inhalte führen zu können:

- Dauer und Tatbestand, der, subjektiv und objektiv, die Voraussetzungen des Art. 13 für den Abschluss eines solchen Vertrages erfüllt;
- Ort und Art und Weise der Verfügbarkeit des Arbeitnehmers, zu der er sich verpflichtet hat, sowie Dauer der Vorankündigungsfrist für den Abruf, die einen Tag nicht unterschreiten darf;
- Wirtschaftliche und rechtliche Einordnung des Arbeitnehmers in Bezug auf die zu erfüllende Tätigkeit sowie Höhe der Bereitschaftsentschädigung, soweit vorgesehen;
- Form und Modalitäten, durch die der Arbeitgeber berechtigt wird, die Ausführung der Arbeitsleistung zu verlangen, sowie die Bewertungskriterien der Leistung;
- Fristen und Modalitäten der Zahlung der Vergütung und der Bereitschaftsentschädigung;
- Notwendige Sicherheitsmaßnahmen, die sich aus der Art der Tätigkeit, die im Vertrag geschuldet wird, ergeben.

Grundsatz der Nichtdiskriminierung

Der Arbeitnehmer, der „Arbeit auf Abruf" leistet, darf in den Zeitabschnitten, in denen er arbeitet, wirtschaftlich und rechtlich nicht schlechter als ein Arbeitnehmer der gleichen Stufe behandelt werden, soweit die ausgeführten Tätigkeiten gleich sind.

Die Vergütung, die rechtliche Einordnung und die sozialversicherungsrechtliche Behandlung des Arbeitnehmers in „Arbeit auf Abruf" muss im Verhältnis zu der tatsächlichen ausgeführten Tätigkeit stehen, insbesondere hinsichtlich der Höhe der Gesamtvergütung, den einzelnen Bestandteilen, dem Urlaubsanspruch, den Ansprüchen bei Arbeitsunfähigkeit und Betriebsunfall sowie dem Mutterschutz und dem Erziehungsurlaub.

2.5.4 Arbeitnehmerüberlassung

Der Arbeitnehmerüberlassungsvertrag ist ein Vertrag, mit dem eine zugelassene Agentur (gemäß Gesetzesdekret Nr. 276/2003) einem Entleiher einen oder mehrere ihrer Arbeitnehmer zur Verfügung stellt, die während der gesamten Dauer der Entsendung ihre Tätigkeit im Interesse und unter der Weisung und Kontrolle des Entleihers erbringen. Der Vertrag kann sowohl befristet wie auch unbefristet abgeschlossen werden.

Soweit sich in den Kollektivverträgen, die auf den Betrieb des Entleihers Anwendung finden, nichts anderes ergibt, darf die Anzahl der entliehenen Arbeitnehmer auf der Grundlage eines unbefristeten Arbeitnehmerüberlassungsvertrages nicht 20 % der Zahl der Arbeitnehmer überschreiten, die am 1. Januar des jeweiligen Jahres, in dem der Vertrag abgeschlossen wurde, unbefristet im Betrieb beschäftigt waren.

Es dürfen nur jene Arbeitnehmer unbefristet entliehen werden, die ihrerseits einen unbefristeten Arbeitsvertrag mit der verleihenden Agentur abgeschlossen haben.

Die Anzahl der Arbeitnehmer, die unbefristet entliehen werden können, wird von den Kollektivverträgen geregelt, die auf den Betrieb des Entleihers Anwendung finden.

Verbote

Der Arbeitnehmerüberlassungsvertrag ist in folgenden Fällen unzulässig:

- Für den Ersatz von Arbeitnehmern, die ihr Streikrecht ausüben;
- In produzierenden Betrieben, die in einem Zeitraum von sechs Monaten vor dem beabsichtigten Abschluss des Vertrages Massenentlassungen durchgeführt haben;
- In produzierenden Betrieben, die zu einer provisorischen Aufhebung der Arbeit oder einer Form von Kurzarbeit (*riduzione dell'orario in regime di cassa integrazione guadagni*) zugelassen wurden, und die die Arbeitnehmer betreffen, die die gleichen Funktionen ausüben wie jene, die Gegenstand des Arbeitnehmerüberlassungsvertrages werden sollen;
- Für Arbeitgeber, die die Risikobewertung in Ausführung der Vorschriften über den Gesundheitsschutz und die Sicherheit der Arbeitnehmer nicht vorgenommen haben.

Form des Arbeitnehmerüberlassungsvertrages

Der Arbeitnehmerüberlassungsvertrag ist schriftlich abzufassen und muss folgende Angaben beinhalten:

- Die genaue Angabe der Genehmigung, die dem Verleiher erteilt wurde;
- Die Anzahl der Arbeitnehmer, die verliehen werden sollen;
- Die Angabe von eventuellen Risiken für die Gesundheit und Sicherheit der Arbeitnehmer und die hierzu getroffenen vorbeugenden Maßnahmen;
- Die Angabe des Anfangszeitpunkts und der beabsichtigten Dauer der Entleihung;
- Die Funktionen, die den Arbeitnehmern angetragen werden sollen, und ihre Eingruppierung;
- Den Arbeitsort, die Arbeitszeit und die wirtschaftliche und rechtliche Behandlung der Arbeitnehmer.

Mitteilungspflichten

Mit dem Arbeitnehmerüberlassungsvertrag verpflichtet sich der Entleiher, dem Verleiher die wirtschaftliche und rechtliche Einordnung der Arbeitnehmer, die die gleichen Tätigkeiten wie die zu entleihenden Arbeitnehmer ausführen, mitzuteilen und dem Entleiher die Kosten für die Zahlungen für die Vergütung und für die Sozialversicherungspflicht, die dieser zugunsten der Arbeitnehmer tatsächlich aufwendet, zu erstatten.

Die Mitteilungspflicht gemäß dem vorstehenden Absatz, sowie der Zeitpunkt des Beginns der Entleihung wie auch dessen voraussichtliche Dauer, müssen vom Verleiher dem Arbeitnehmer zum Zeitpunkt des Abschlusses des Arbeitsvertrages oder zum Zeitpunkt der Entsendung mitgeteilt werden.

Rechtliche Einordnung der Arbeitsverhältnisse

Im Fall einer unbefristeten Einstellung wird das Arbeitsverhältnis zwischen Entleiher und Arbeitnehmer durch die für unbefristete Arbeitsverträge geltenden rechtlichen Vorschriften geregelt. Im Arbeitsvertrag wird auch die Bereitschaftsvergütung nach Stunden geregelt, die dem Arbeitnehmer in der Wartezeit zusteht, in der er noch nicht entsendet ist.

Bei einer befristeten Einstellung kann diese in den Fällen verlängert werden, in denen der Arbeitnehmer zustimmt, sowie in der Form und Art und Weise, die von den Kollektivverträgen vorgesehen werden, die auf den Betrieb des Entleihers Anwendung finden.

Schutz des Arbeitnehmers, Ausübung des Disziplinarrechts und Gesamtschuldnerschaft

Während der gesamten Dauer der Entsendung haben die entliehenen Arbeitnehmer das Recht, bei gleicher Tätigkeit wirtschaftlich nicht schlechter gestellt zu werden als die Arbeitnehmer des Entsendungsbetriebes. Der Entleiher ist gesamtschuldnerisch mit dem Verleiher verpflichtet, den Arbeitnehmern die Vergütungen zu leisten und die Sozialversicherungsbeiträge abzuführen; unbenommen bleibt ein interner Ausgleich zu Lasten des Entleihers.

Zur Ausübung des Disziplinarrechts, das dem Verleiher vorbehalten ist, teilt der Entleiher die Umstände mit, die eine Abmahnung/Rüge gemäß Art. 7 des Gesetzes Nr. 300/700 begründen sollen.

Der Entleiher haftet gegenüber Dritten für die Schäden, die entliehene Arbeitnehmer in Ausübung ihrer vertraglichen Tätigkeiten verursachen.

Fehlt die Schriftform, ist der Arbeitnehmerüberlassungsvertrag nichtig; in der Folge gelten die Arbeitnehmer in jeder Hinsicht als Arbeitnehmer des Verleihers.

Soweit die Arbeitnehmerüberlassung nicht den Vorgaben und den Bedingungen des Gesetzes entspricht, ist der Arbeitnehmer berechtigt, auch nur gegenüber dem Entleiher, die Begründung eines Arbeitsverhältnisses zum Zeitpunkt des Beginns der Arbeitnehmerüberlassung mit dem Betrieb des Entleihers zu verlangen.

2.5.5 Ausbildungsvertrag

Das Ausbildungsverhältnis ist ein unbefristetes Arbeitsverhältnis, das der Ausbildung und der Beschäftigung von Jugendlichen und jungen Erwachsenen dient. Der Gesetzgeber hat drei Typen des Ausbildungsverhältnisses eingerichtet:

A. Die Ausbildung zum Erwerb einer Qualifikation und eines Berufsabschlusses (*qualifica e diploma professionale*), eines Diploms für die „sekundäre höhere Ausbildung“ (*diploma di istruzione secondaria superiore*) und für die „höhere technische Spezialisierung“ (*certificato di specializzazione tecnica superiore*);
B. Die Ausbildung, durch die in der Praxis ein Beruf erlernt wird (*apprendistato professionalizzante*);
C. Die Ausbildung, die einer Fortbildung im Bereich der Forschung auf wissenschaftlichem Niveau dient (*apprendistato di alta formazione e ricerca*).

Die Typen A und C setzen, wie in Deutschland, ein integriertes Zusammenwirken von Betrieb und Schule voraus, d. h. ein duales System.

2.5.5.1 Allgemeine Regelungen

Der Ausbildungsvertrag ist zu Beweiszwecken in Schriftform abzuschließen. Er enthält den individualen Ausbildungsplan, der auf der Grundlage der vorgegebenen Formulare zu erstellen ist. Bei den dargelegten Typen a und c wird der Ausbildungsplan von der schulischen Einrichtung im Zusammenwirken mit dem Betrieb erstellt.

Der Ausbildungsvertrag hat eine Mindestdauer von sechs Monaten.

Während des Ausbildungsvertrages genießt der Auszubildende Kündigungsschutz nach den allgemeinen Regeln.

Am Ende des Vertrages können die Parteien gemäß Art. 2118 CC den Vertrag unter Beachtung der geltenden Kündigungsfristen kündigen. Während der Kündigungsfrist gelten weiterhin die Vorschriften des Ausbildungsvertrages. Wenn keine der Parteien kündigt, wandelt sich der Ausbildungsvertrag in ein gewöhnliches Arbeitsverhältnis um.

Die einzelnen Regelungen für das Ausbildungsverhältnis – so auch die Kündigungsfristen – sollen von den Tarifparteien in den „*accordi interconfederali*“ oder in den nationalen Kollektivverträgen, die von den repräsentativsten Partnern abgeschlossen werden, festgelegt werden. Dabei müssen die Grundsätze des Gesetzesdekretes 81/2005 beachtet werden, und zwar:

- Das Verbot der Akkordarbeit;
- Die Möglichkeit, den Auszubildenden bis zu zwei Stufen niedriger als in der Tarifstufe, die von den nationalen Kollektivverträgen für Arbeitnehmer, die Tätigkeiten ausüben, die Gegenstand Ausbildungsvertrag sind, einzugruppieren;
- Die Einrichtung eines Tutors oder einer Bezugsperson für die Auszubildenden im Betrieb;
- Die Eintragung der durchgeführten Ausbildung und der im Vertrag vorgesehenen beruflichen Qualifizierung, die der Auszubildende dann möglicherweise erworben haben wird, in dem „Ausbildungsbuch des Bürgers“ gemäß Gesetzesdekret Nummer 276/2003.

Die Zahl der Auszubildenden, die ein Arbeitgeber unmittelbar oder mittelbar durch Arbeitnehmerüberlassungsverträge beschäftigen darf, ergibt sich aus dem vorgeschriebenen Verhältnis von 3:2 zwischen Auszubildenden und den im Betrieb des Arbeitgebers beschäftigten spezialisierten ausgebildeten Arbeitnehmern (*maestranze specializzate*). Dieser Quotient verringert sich auf 1:1 in Betrieben, in denen weniger als zehn Arbeitnehmer beschäftigt werden.

Ausdrücklich verboten ist es, Auszubildende im Rahmen von unbefristeten Arbeitnehmerüberlassungsverträgen zu beschäftigen.

Wenn im Betrieb des Arbeitgebers keine oder zumindest nicht mehr als drei spezialisierte ausbildungsfähige Arbeitnehmer beschäftigt, darf er höchstens drei Auszubildende beschäftigen.

Die Einstellung von neuen Auszubildenden durch einen Ausbildungsvertrag, in dessen Verlauf sie eine berufliche Qualifikation in der betrieblichen Praxis erlernen sollen (*apprendistato professionalizzante*) ist nur zulässig, wenn der Betrieb in den 36 Monaten, die der beabsichtigten Einstellung vorausgehen, mindestens 20 % seiner Auszubildenden in ein unbefristetes Arbeitsverhältnis übernommen hat. Unberücksichtigt bleiben bei der Berechnung Ausbildungsverhältnisse, die in der Probezeit oder aus wichtigem Grund beendet wurden. Auszubildende, die von Betrieben, die diese Voraussetzung nicht erfüllt haben, dennoch eingestellt wurden, gelten als Arbeitnehmer in einem unbefristeten Beschäftigungsverhältnis.

Soweit das Gesetz oder der Kollektivvertrag dies nicht ausdrücklich anders bestimmen, ist die Zahl der im Betrieb beschäftigten Auszubildenden bei der nach Gesetz oder Kollektivvertrag vorzunehmenden Einstufung der Betriebsgröße nicht zu berücksichtigen.

Die sozialversicherungsvertraglichen Vorteile des Ausbildungsverhältnisses verbleiben den Arbeitsvertragsparteien bei Übernahme der Auszubildenden in ein unbefristetes Arbeitsverhältnis auch noch ein Jahr, nachdem das Ausbildungsverhältnis beendet wurde und das unbefristete Arbeitsverhältnis begonnen hat.

2.5.5.2 Ausbildung zum Erwerb einer Qualifikation und eines Berufsabschlusses, eines Diploms für die „sekundäre höhere Ausbildung" und für die „höhere technische Spezialisierung"

Diese Form des Ausbildungsvertrages verbindet die betriebliche Ausbildung mit dem Unterricht und der Ausbildung, die von den Ausbildungsinstitutionen (Schulen) erteilt wird, die auf dem Ausbildungssektor in der Region tätig sind.

Mit diesem Typ des Ausbildungsvertrages können in allen Branchen junge Erwachsene und Jugendliche eingestellt werden, die das 15. Lebensjahr vollendet haben, bis zur Vollendung des 25. Lebensjahres. Die Dauer des Vertrages wird von der Art der Qualifizierung oder des Diploms, das erreicht werden soll, bestimmt, sie darf aber nicht drei Jahre bzw. vier Jahre im Falle eines vierjährigen Ausbildungskurses überschreiten.

Die Regelung dieses Typs des Ausbildungsvertrages ist den Regionen und den autonomen Provinzen Trient und Südtirol überlassen. Soweit die Regionen von diesem Regelsetzungsrecht nicht Gebrauch machen, gelten die Regeln des Arbeits- und Sozialministeriums, das hierzu eigene Dekrete erlässt.

Der Arbeitgeber, der einen Ausbildungsvertrag zum Erwerb einer Qualifikation und eines Berufsabschlusses (*qualifica e diploma professionale*) und eines Diploms für die „sekundäre höhere Ausbildung" (*diploma di istruzione secondaria superiore*) und für die „höhere technische Spezialisierung" (*certificato di specializzazione tecnica superiore*) abschließen möchte, muss ein Protokoll mit der Ausbildungseinrichtung unterzeichnen, bei der der Auszubildende registriert ist, und das den Inhalt, die Dauer und die Ausbildungsverpflichtungen des Arbeitgebers im Rahmen des Ausbildungsverhältnisses wiedergibt.

Bei dem Ausbildungsverhältnis, das im Rahmen des regionalen und Ausbildungssystems abgeschlossen wird, wird die außerbetriebliche Ausbildung der Einrichtung übertragen, bei der der Auszubildende eingetragen ist, und diese darf im zweiten Jahr nicht mehr als 60 % der gewöhnlichen Arbeitszeit und im dritten und vierten Jahr nicht mehr 50 % der gewöhnlichen Arbeitszeit in Anspruch nehmen; gleiches gilt für das Folgejahr, das zum Erwerb des Diploms für die technische Spezialisierung dient; in jedem Fall soll die Ausbildung im Rahmen der zur Verfügung stehenden Personen- und Sachmittel erfolgen und im Rahmen der geltenden Gesetze.

Die Stunden, die der Auszubildende bei der außerbetrieblichen Bildungseinrichtung verbringt, sind vom Arbeitgeber nicht zu vergüten. Für die Ausbildungsstunden, die innerbetrieblich erfolgen, wird dem Auszubildenden ein Vergütungsanspruch in Höhe von 10 % seiner ihm für die Arbeitstätigkeit geschuldeten Vergütung anerkannt. Kollektivverträge können hiervon abweichen.

In Folge des Erwerbs einer Qualifikation und eines Berufsabschlusses und eines Diploms für die „sekundäre höhere Ausbildung“ oder für die „höhere technische Spezialisierung“ kann der Auszubildende, um die im Vertrag definierte berufliche Qualifizierung zu erhalten, die Umwandlung seines Ausbildungsvertrages in einen *apprendistato professionalizzante* geltend machen.

2.5.5.3 Ausbildungsvertrag, bei dem in der Praxis ein Beruf erlernt wird

Solche Ausbildungsverhältnisse können in allen Branchen abgeschlossen werden, auch mit öffentlich-rechtlichen Arbeitgebern, zum Zwecke, die berufliche Qualifizierung zu erreichen, für Auszubildende in einem Lebensalter zwischen 18 und 29 Jahren.

Die berufliche Qualifizierung, die Gegenstand des Vertrages ist, wird von den Vertragsparteien auf der Grundlage der beruflichen Profile und Qualifikation vereinbart, die von dem Eingruppierungssystem der jeweiligen Kollektivverträge, die von den repräsentativsten Sozialpartner auf nationaler Ebene abgeschlossen wurden, vorgesehen sind.

Die national bedeutenden Kollektivverträge legen neben den interföderalen Vereinbarungen in Bezug auf die zu erreichenden Qualifizierung den Inhalt des Ausbildungsvertrages fest, so die Dauer und Art der Schulung, um die nötigen technischen Kompetenzen zu erlernen, wie auch die Mindestdauer des Ausbildungsverhältnisses, das drei Jahre nicht unter- und fünf Jahre nicht überschreiten darf. Ziel ist es, die charakterisierenden beruflichen Eigenschaften für den handwerklichen Beruf zu erwerben, die von dem einschlägigen Kollektivvertrag vorgegeben sind.

Diese Form der Ausbildung (*apprendistato professionalizzante*), die vom Arbeitgeber unter seiner Verantwortung zu regeln ist, ist im Rahmen der personellen Möglichkeiten des Betriebs und des öffentlichen Ausbildungsangebots durchzuführen. Es dient dem Zweck, grundlegende und begleitende Kompetenzen zu vermitteln, in einem Zeitrahmen von bis zu einer Höchstdauer von 120 Stunden für die Dauer des Dreijahreszeitraumes. Der Ausbildungsgang wird von den Regionen und den autonomen Provinzen Trient und Südtirol normiert werden, nach Anhörung des Sozialpartners und unter Berücksichtigung der schulischen Ausbildung und der Kompetenzen des Auszubildenden.

2.5.5.4 Ausbildungsverhältnis, das einer Fortbildung im Bereich der Forschung auf wissenschaftlichem Niveau dient

Ein solches Ausbildungsverhältnis kann, ebenfalls in allen Branchen, mit privatrechtlichen und öffentlich-rechtlichen Arbeitgebern abgeschlossen werden; sie können zum Zweck des Erreichens von Universitätsabschlüssen oder entsprechenden Bildungsabschlüssen, hierin eingeschlossen Promotionen, Diplome der technischen Hochschulen, sowie auch der notwendigen praktischen Ausbildung, die für die Zulassung für freie Berufe erforderlich ist, die in Kammern organisiert sind, abgeschlossen werden.

Die Auszubildenden dürfen ein Lebensalter von 18–29 Jahren aufweisen und müssen im Besitz eines Abiturs oder eines entsprechenden Abschlusses einer weiterführenden technischen Schule sein.

Der Arbeitgeber, der einen solchen Ausbildungsvertrag (*apprendistato di alta formazione e ricerca*) abschließen möchte, muss mit der Ausbildungseinrichtung, bei der der Auszubildende registriert ist, ein Protokoll unterzeichnen, das die Dauer und die Ausbildungsweise festlegt, die der Arbeitgeber übernimmt. Dieses Protokoll hat auch die Anzahl der Ausbildungsnachweise (*crediti formativi*) festzulegen, die dem Auszubildenden, je nach Zeitdauer der Ausbildungseinheiten, ausgestellt werden.

Die außerbetriebliche Ausbildung wird von der Ausbildungseinrichtung übernommen, bei der der Auszubildende registriert ist, und darf 60 % der Gesamtdauer des Ausbildungsverhältnisses nicht übersteigen. Die außerbetriebliche Ausbildungszeit ist vom Arbeitgeber nicht zu vergüten. Als Vergütung für die Zeit, in der der Auszubildende innerbetrieblich geschult wird, erhält er eine Vergütung in Höhe von 10 % der Entlohnung für seine ordentliche Tätigkeit für den Betrieb. Regelungen in Kollektivverträgen können hiervon abweichen.

Die Normierung und Dauer eines solchen Ausbildungsverhältnisses wird den Regionen und den autonomen Provinzen von Trient und Südtirol überlassen, wobei dies im Einvernehmen erfolgt mit den repräsentativsten Arbeitgeberverbänden und Gewerkschaften, den Universitäten, den technischen Hochschulen und anderen Forschungs- und Ausbildungseinrichtungen, die auf nationaler oder regionaler Ebene von Bedeutung sind und deren Gegenstand die Förderung der unternehmerischen Tätigkeit, der Arbeit, der Ausbildung, der Innovation und des Technologietransfers ist.

2.5.6 Projektbezogener Arbeitsvertrag und koordinierte Mitarbeit (co.co.pro und co.co.co)

Der projektbezogene Arbeitsvertrag wurde durch die *Legge Biagi* [7] in die italienische Rechtsordnung eingeführt, um Arbeitsverhältnisse koordinierter und fortwährender Mitarbeit zu regeln und mit einem bestimmten Projekt zu verknüpfen. Er löste in der betrieblichen Praxis die sogenannten „co.co.co"-Verträge ab (*collaborazione coordinata e continuativa*, Verträge zur koordinierten und fortwährenden Mitarbeit), die durch Geset-

[7] Gesetz vom 14.02.2003, Nr. 30.

zesdekret vom 15. Juni 2015, Nr. 81, wieder ihre ursprüngliche Bedeutung erlangt haben und ihrerseits die co.co.pro ablösen werden.

Die sogenannte *co co pro (collaborazione coordinata a progetto* = koordinierte Projektzusammenarbeit) begründet eine Form nicht abhängiger Arbeit, für die die Schriftform erforderlich ist. Wird die Schriftform nicht eingehalten, so gilt eine Projektzusammenarbeit als abhängiges Arbeitsverhältnis.

Das Gesetz sieht einen obligatorischen Inhalt des Vertrages vor, so u. a. die Dauer des Vertrages, die Beschreibung des Projektes mit seiner charakteristischen Eigenart und den zu erreichenden Zielen, die Vergütung und die hierfür geltenden Kriterien (Fälligkeit) und die Regeln für die Aufwandserstattung.[8]

Das Gesetz 92/2012 hat in Bezug auf diesen Vertrag grundlegende Neuerungen eingeführt, um den unangemessenen und zweckwidrigen Gebrauch der flexiblen Elemente zu verhindern. So hat es – wie nachfolgend dargestellt – rechtliche Hürden eingeführt und eine genauere Definition des Projekts oder der Projekte vorgesehen, die den Gegenstand der koordinierten Projektzusammenarbeit darstellen sollen:

- Die Möglichkeit des einfachen Verweises auf ein schon bestehendes Arbeitsprogramm des Betriebes des Arbeitgebers oder auf dessen Phasen wurde abgeschafft; es muss nunmehr ein individuelles Konzept erstellt werden.
- Das Projekt muss in seiner Zielsetzung mit dem Erreichen eines Endergebnisses verknüpft sein und kann nicht mehr in einer bloßen Nennung des Gesellschaftszwecks des den Auftrag erteilenden Unternehmens bestehen, ebensowenig in sich lediglich wiederholenden Aufgaben;
- Wenn die Tätigkeit des Projektmitarbeiters jener von abhängig Beschäftigten entspricht, wird die Zusammenarbeit – sofern der Auftraggeber nicht das Gegenteil beweisen kann – von Anfang an als abhängiges Arbeitsverhältnis betrachtet.

Der Projekt-Arbeitsvertrag soll weder einen festen Zeitplan noch eine vorbestimmte Anzahl von Arbeitsstunden angeben, sondern die Verwirklichung des Projekts in dem Zeitrahmen und auf die Weise vorsehen, die beim Vertragsabschluss angegeben werden.

Die Vertragsparteien können die Zusammenarbeit vor Ablauf der vorgesehenen Zeit durch eine Kündigung aus wichtigem Grund beenden, während der Auftraggeber auch kündigen kann, wenn der Mitarbeiter hinsichtlich seiner Fachkenntnisse nicht zur Verwirklichung des Projekts geeignet erscheint; soweit vertraglich vorgesehen, kann auch der Mitarbeiter unter Einhaltung einer Kündigungsfrist kündigen.

Die Vergütung für den Mitarbeiter muss der Art und Menge der geleisteten Arbeit entsprechen und darf nicht geringer als die für vergleichbare Tätigkeitsbereiche vorgesehene Untergrenze sein, die aus dem Durchschnitt der in Frage kommenden Kollektivverträge berechnet wird.

[8] Gesetzesdekret Nr. 276/2003, mit nachfolgenden Änderungen.

Gemäß Gesetzesdekret vom 15. Juni 2015, Nr. 81, werden ab dem 1. Januar 2016 die Vorschriften, die für das allgemeine Arbeitsrecht gelten, auch auf die Arten von Dienst- und Beschäftigungsverhältnissen anzuwenden sein, die ausschließlich Dienste der persönlichen Mitarbeit zum Inhalt haben, die regelmäßig erfolgt und die vom Auftraggeber in Bezug auf Zeit und Ort organisiert wird.

Ab dem 1. Januar 2016 können neue Verträge der koordinierten Mitarbeit (sogenannte *collaborazione coordinata e continuativa* co.co.co und nicht mehr co.co.pro) und ausschließlich in den folgenden vier Fällen abgeschlossen werden:

- Soweit von Kollektivverträgen vorgesehen;
- Für Dienstleistungen intellektueller Art, die von Berufsträgern erbracht werden, die einer Kammeraufsicht unterliegen;
- Für Dienstleistungen, die von Mitgliedern der Organe der Gesellschaft, wie Verwaltungsrat und Aufsichtsrat, erbracht werden, sowie sonstigen Beirats- oder Ausschussmitgliedern;
- Dienstleistungen, die zugunsten von Sportvereinen und Gesellschaften im Bereich des Amateursports erbracht werden.

2.5.7 Geringfügige Beschäftigung

Definition und Anwendungsbereich

Als Dienste der geringfügigen Beschäftigung (*lavoro accessorio*) gelten Arbeitstätigkeiten, die der Arbeitnehmer auch für verschiedene Arbeitgeber erbringt, die aber insgesamt zu einer Jahresvergütung von nicht über 7000 € führen.

Unter Beachtung der Obergrenze von 7000 € für eine Vielzahl von Auftraggebern/Arbeitgebern darf die Vergütung eines einzelnen Arbeitgebers nicht mehr als 2000 € pro Jahr betragen; diese Grenze wird jedes Jahr der Geldentwertung angepasst und gegebenenfalls erhöht. Darüber hinaus können geringfügige Beschäftigungen zugunsten der öffentlichen Gebietskörperschaften (Städte und Gemeinden) innerhalb einer Grenze von 3000 € pro Jahr in allen Produktionsbereichen erbracht werden.

Regelung der geringfügigen Beschäftigung

Um Mitarbeiter in geringfügiger Beschäftigung einzustellen, müssen die potentiellen Arbeitgeber (Unternehmer oder Freiberufler) entsprechende Gutscheine für Stunden in der geringfügigen Beschäftigung beantragen – dies erfolgt ausschließlich online –, die durchlaufend nummeriert und mit Datum versehen werden und deren Wert durch Dekret des Arbeits- und Sozialministeriums festgelegt wird. Potentielle Arbeitgeber, die nicht Unternehmer oder Freiberufler sind, können die Gutscheine auch bei autorisierten Verkaufsstellen erwerben.

Unternehmer und Freiberufler müssen vor Aufnahme des Beschäftigungsverhältnisses der zuständigen Direktion der Arbeitsverwaltung (DTL) online (auch SMS sind zulässig) die Personaldaten und die Steuernummer des Arbeitnehmers mitteilen, sowie den Arbeitsort und die beabsichtigte Dauer.[9]

Der Arbeitnehmer erhält seine Vergütung von der durch das Arbeits- und Sozialministerium akkreditierten Stelle, nach Vorlage der Gutscheine. Die Vergütung ist steuerfrei und hat für die Einstufung des Arbeitnehmers als Arbeitsloser keinerlei Einfluss. Die autorisierte Stelle nimmt die Zahlung an die Person vor, die die Gutscheine vorlegt, und übernimmt auch die Einzahlung der Beiträge auf das Sozialversicherungskonto des Arbeitnehmers bei der INPS und für die Unfallverhütung bei der INAIL in Höhe von 7 % des Nominalwertes der Gutscheine, die dem Arbeitgeber auf seinem Konto belastet werden.

2.5.8 Handelsvertretervertrag

Der Handelsvertreter wird im italienischen Recht als arbeitnehmerähnlicher Dienstleister angesehen und wird daher allgemein im weiteren Sinne dem Arbeitsrecht zugeordnet.

Traditionell wurde das Handelsvertreterrecht ähnlich dem Arbeitsrecht durch Kollektivverträge zwischen den Unternehmer- und Vertreterverbänden geregelt (AEC = *Accordi Economici Collettivi*).

Die Umsetzung der Handelsvertreterrichtlinie (653/86) hat zu einer europäischen Anpassung geführt. Noch heute gilt aber gemäß Art. 409 Italienische Zivilprozessordnung, dass der Handelsvertreter, der seine Tätigkeit persönlich, also nicht in Form einer Gesellschaft, ausübt, sich an das Arbeitsgericht wenden kann. Der Arbeitsrichter kann dann durchaus über das Institut der *usi* und *consuetudini commerciali* die Kollektivnormen des AEC anwenden, auch wenn sie nicht ausdrücklich Vertragsinhalt geworden sind.

[9] Im Gesetz findet sich noch die Angabe, dass die Dauer der Tätigkeit nur 30 Tage nach Mitteilung betragen kann. Da die ursprüngliche Höchstdauer von 30 Tagen für geringfügige Arbeitsverhältnisse aufgegeben wurde, kann diese Vorschrift nur so ausgelegt werden, dass bei längeren Arbeitsverhältnissen die Mitteilung erneut zu erfolgen hat.

3 Aufnahme des Arbeitsverhältnisses

3.1 Eintritt des Arbeitnehmers in den Betrieb und damit verbundene Pflichten des Arbeitgebers

3.1.1 Ärztliche Untersuchungen

Bereits vor Begründung des Arbeitsverhältnisses muss sich der Arbeitgeber mit der Frage der Voreinstellungsuntersuchungen befassen und feststellen, welche davon verpflichtend und welche freiwillig sind.

Pflichtuntersuchungen
Eine wirksame Einstellung ist bei

- Minderjährigen (Art. 8 des Gesetzes Nr. 977/1967);
- einer Reihe von Arbeitstätigkeiten, die mit besonderen Risiken verbunden sind (D.Lgs. Nr. 81/2008),

von einer Voreinstellungsuntersuchung abhängig.

Freiwillige Untersuchungen
Der Arbeitgeber hat in jedem Fall die Möglichkeit, die körperliche Eignung des Arbeitnehmers für die auszuübenden Tätigkeiten durch öffentliche Körperschaften und spezialisierte Institute öffentlichen Rechts, auch durch private Vertrauensärzte des Arbeitgebers, überprüfen zu lassen. Im Falle mangelnder körperlicher Eignung kann er dessen Einstellung verweigern.

R. Dolce, D. de Luca, *Arbeitsrecht in Italien*, DOI 10.1007/978-3-658-12632-2_3

3.1.2 Allgemeine Meldepflichten

Bei der Einstellung muss der Arbeitnehmer über eine Steuernummer, einen Ausweis und, falls er Nicht-EU-Bürger ist, über eine Aufenthaltsgenehmigung verfügen.

Bei der Einstellung muss der Betrieb eine **Einstellungserklärung** mit den Daten des Arbeitsverhältnisses ausstellen und dem Arbeitnehmer aushändigen; alternativ kann der Arbeitgeber dem Arbeitnehmer eine Kopie der Anmeldung, die er gegenüber dem *Centro per l'impiego* vorgenommen hat, aushändigen. In der Praxis können diese Informationen auch im Einstellungsschreiben enthalten sein, wenn dieses alle vom Gesetzesdekret Nr. 152/1997 verlangten Informationen (Identität der Vertragsparteien, Arbeitsort, Datum des Arbeitsbeginns, Dauer, Probezeit, Einstufung, Qualifikation, Vergütung, Urlaub, Arbeitszeiten, Kündigungsfrist) enthält, oder durch Ausstellung einer Kopie der elektronisch gesendeten verpflichtenden Erklärung – die im Folgenden noch erläutert wird – übermittelt werden.

Die Nichtbeachtung der Informationspflicht durch den Arbeitgeber führt zu Bußgeldern.

Der Arbeitgeber hat dem Arbeitnehmer bei der Einstellung auch alle erforderlichen Informationen über die Anlagemöglichkeiten für den anzusparenden Abfindungsanspruch (TRF = *Trattamento di fine rapporto*) zu erteilen. Außerdem muss er ihm das Formular **TFR2** aushändigen, das dieser ihm innerhalb von 6 Monaten ausgefüllt zurückzugeben hat.

Mit der Einstellung entsteht eine Meldepflicht an das zuständige *Centro per l'impiego* (und zwar jenem, in dessen Gebiet die Arbeitsleistung erbracht wird). Diese Meldung (**Modello Unificato LAV.**) muss bis spätestens einen Tag vor der Einstellung online übermittelt werden und dient auch der Erfüllung der Meldepflicht gegenüber der lokalen Arbeitsverwaltung (DTL) und den Versicherungsinstituten.

Die Meldung muss ein sicheres Übermittlungsdatum enthalten und die meldeamtlichen Daten des Arbeitnehmers, das Einstellungsdatum, das Vertragsende, falls das Arbeitsverhältnis nicht unbefristet ist, den Vertragstyp, die berufliche Qualifikation und die angewendete wirtschaftliche und normative Behandlung angeben. Die Meldung hat bei der Begründung folgender Arbeitsverhältnisse zu erfolgen:

- Unselbstständige Erwerbstätigkeit;
- Selbstständige Erwerbstätigkeit in koordinierter und fortwährender Form, auch in Form eines Projektarbeitsvertrags;
- Arbeitender Genossenschafter;
- Stiller Gesellschafter mit Arbeitsleistung;
- Ausbildungs- und Orientierungspraktikanten;[1]
- Staatliche Arbeitsbeihilfe;

[1] Ausschließlich solche, bei denen eine Einstellung gem. Art. 18 des Gesetzes Nr. 196/1997 angestrebt wird.

- Sozial nützliche Arbeiten;
- Jede andere Art von Arbeit, die diesen ähnlich ist.

Mit Schreiben vom 4. Januar 2007 hat das *Ministero del Lavoro* klargestellt, dass man unter dem „vorangegangenen" Tag die Zeit bis Mitternacht des Tages versteht, der der Begründung des Arbeitsverhältnisses vorangeht, auch wenn es sich dabei um einen Feiertag handelt. Ein „sicheres Datum" gilt beim klassischen Einschreiben, bei der direkten Abgabe am Serviceschalter und beim Fax als gegeben. Der „Arbeitsort" ist der Ort, der im individuellen Vertrag angegeben ist und an dem die Arbeitsleistung erbracht wird.

Verletzt der Arbeitgeber diese Meldepflicht, vermutet der Gesetzgeber das Vorliegen von Schwarzarbeit; eine unterlassene oder nicht vollständige Meldung wird daher mit erheblichen Bußgeldern sanktioniert.

Eine analoge Meldepflicht des Arbeitgebers ist für den Fall der **Abänderung oder Umwandlung des Arbeitsverhältnisses** vorgesehen. Sie gilt in folgenden Fällen:

- Umwandlung des Praktikumsverhältnisses in ein ordentliches Arbeitsverhältnis;
- Verlängerung der anfänglich festgelegten Befristung;
- Umwandlung von befristetem (einschließlich Eingliederungsvertrag) in unbefristetes Arbeitsverhältnis;
- Umwandlung von Teilzeit auf Vollzeit;
- Umwandlung von Lehrvertrag in unbefristeten Vertrag;
- Umwandlung von Ausbildungsvertrag in unbefristeten Vertrag;
- Versetzung des Arbeitnehmers;
- Entsendung des Arbeitnehmers;
- Änderung des Firmennamens des Arbeitgebers;
- Veräußerung des Betriebes oder eines Betriebszweiges.

Die Frist, innerhalb derer diese Meldungen erfolgen zu haben, ist auf fünf Tage ab Eintritt des jeweiligen Ereignisses festgesetzt.

3.2 Vorsorge- und Versicherungspflicht

Gemäß Art. 38 der Verfassung müssen Betriebe, die ihre Tätigkeit mittels Anstellung von abhängig Beschäftigten, quasi-abhängig Beschäftigten und Selbstständigen ausüben, diese Personen bei den für berufliche Unfall- und Krankenvorsorge, -beihilfe und -versicherung zuständigen Körperschaften oder Instituten in der Form und Art versichern, wie dies von den geltenden Regelungen (Pflichtversicherung und/oder freiwillige Versicherung) und den Kollektivverträgen und/oder der betrieblichen Regelung (ergänzende Versicherungen) vorgesehen ist.

3.2.1 INPS (Istituto nazionale di previdenza sociale)

Die Aufnahme einer betrieblichen Tätigkeit mit Einstellung abhängig Beschäftigter verpflichtet den Arbeitgeber, diese beim INPS (*Istituto nazionale di previdenza sociale* – Nationales Institut für soziale Fürsorge) einzuschreiben, um diesen Beschäftigten den Vorsorge- und Fürsorgeschutz zu gewährleisten. Die Versicherung ist auch bei italienischen Arbeitnehmern verpflichtend, die im Ausland außerhalb der EU in einem nicht konventionierten[2] Staat arbeiten.

Wenn der Antrag auf Eintragung gestellt wurde, stuft das INPS den Betrieb auf Grundlage der vorgelegten Dokumente in einen der Sektoren (Industrie, Handwerk, Landwirtschaft, Dienstleistung und Abgaben, Kredit und Versicherung, diverse Tätigkeiten) ein und weist ihm eine Matrikelnummer sowie den entsprechenden statistischen Beitragscode zu.

Betroffene Personen
Für folgende Arbeitnehmer besteht eine Pflicht zur Versicherung beim INPS:

- Abhängig Beschäftigte;
- Arbeitende Mitglieder von Arbeitsgenossenschaften;
- Heimarbeiter;
- Ausländische Beschäftigte;
- Haushaltshilfen;
- Chauffeure von Privatpersonen;
- Familienmitglieder des Arbeitgebers;
- Ordensangehörige.

Die Versicherungspflicht beginnt mit dem Tag der Einstellung und endet mit der Auflösung des Arbeitsverhältnisses.

Abzugsverfahren
Die Beitragspflichten zur Sozialversicherung obliegen beiden Parteien des Arbeitsvertrages. Die Zahlungspflicht obliegt hingegen allein dem Arbeitgeber. Die Beiträge werden direkt bei der Lohnabrechnung abgezogen; der Arbeitgeber behält einen bestimmten Betrag von der Vergütung ein, um diesen an das INPS zu überweisen.

Abhängige Arbeitnehmer
Das Vorsorgesystem für die abhängig Beschäftigten, die beim INPS gemäß der allgemeinen Regelung eingetragen sind, wird durch einen Beitrag finanziert, der für die meisten Kategorien anteilig zur realen Vergütung, und für einige anteilig zu einer fiktiven Vergütung, berechnet und eingezogen wird. Der Beitrag ist *per definitionem* „verpflichtend", da er gesetzlich und unabhängig von eventuell getroffenen Vereinbarungen zwischen den Parteien geschuldet wird. Die Beiträge werden prozentuell von der Vergütung berechnet: Einen Teil trägt der Betrieb und

---

[2] D. h. Staaten, mit denen kein Sozialversicherungsabkommen besteht.

einen Teil der Arbeitnehmer. Die zugrunde gelegte Vergütung besteht aus allem, was der Arbeitnehmer an Geld oder Naturalien brutto, ohne Berücksichtigung irgendwelcher Abzüge, bezieht.

Das INPS muss die geschuldeten Beiträge für folgende Versicherungsarten einziehen:

- Invaliden-, Alters- und Hinterlassenenvorsorge (*IVS – Invalidità, Vecchiaia e Superstiti*) – Beiträge für die Pensionsvorsorge;
- Arbeitslosigkeit (*DS – Disoccupazione*);
- Einheitskasse für Familienbeihilfen (*CUAF – Cassa Unica Assegni Familiari*);
- Sonderlohnausgleichskasse (*CIGS – Cassa Integrazione Guadagni Straordinaria*);
- Mobilität;
- Krankheit und Mutterschaft.

Zahlungsmodalitäten
Die Beiträge sind von den Betrieben jeden Monat mittels vereinheitlichter Einzahlung „F24" zu überweisen. Die Betriebe müssen dem INPS monatlich mit der Meldung „EMens" auf elektronischem Wege die Gehaltsdaten jedes abhängig Beschäftigten übermitteln, außerdem die Informationen, die zur Berechnung der Beiträge für die Aktualisierung der individuellen Versicherungsverhältnisse und der Bezahlung der Leistungen erforderlich sind.

Beitragshöhe
Die Pensionsbeiträge werden von der Bruttovergütung des abhängigen Arbeitnehmers berechnet. Generell entspricht der allgemeine Prozentsatz 33 % des Bruttogehalts.

Altersversorgung
Die Überweisung von Beiträgen an das Sonderregister führt zur Alters-, Invaliden- und Hinterbliebenenversicherung. Sie haben dadurch Anspruch auf folgende Leistungen:

- Altersrente (nach dem Beitragssystem berechnet);
- Invaliditätszulage;
- Erwerbsunfähigkeitsrente;
- Hinterbliebenenrente.

3.2.2 INAIL (Istituto nazionale assicurazione infortuni sul lavoro)

Hierbei handelt es sich um die soziale Pflicht- und Direktversicherung zum Schutz des Arbeitnehmers in Fällen von Berufsunfällen oder -krankheiten, wie in der Verfassung vorgesehen (Art. 38, Abs. 2)[3]. Zuständig dafür ist das INAIL (*Istituto nazionale assicurazione infortuni sul lavoro* – Nationales Institut für Versicherung gegen Arbeitsunfälle).

---

[3] Und vom *Testo unico delle disposizioni per l'assicurazione obbligatoria contro gli infortuni sul lavoro e le malattie professionali* (Einheitstext über die Regelungen für die Pflichtversicherung gegen Arbeitsunfälle und Berufskrankheiten), bewilligt mit dem DPR vom 30. Juni 1965, Nr. 1124, geregelt.

Die Versicherung dient dazu, allen Arbeitnehmern für den Fall von Berufsunfall oder -krankheit eine Gesundheitsversorgung bezüglich der ersten medizinischen Hilfeleistung, finanzielle Leistungen und die Bereitstellung von Prothesen zu garantieren. Sie befreit den Arbeitgeber von der Haftpflicht, die sich für ihn aus dem schädigenden Ereignis ergibt. Eine Ausnahme davon bilden Fälle, in denen eine Strafrechts- oder gegebenenfalls eine Zivilrechtsbehörde feststellt, dass der Arbeitgeber wegen Verletzung von Schutz- und Hygienevorschriften am Arbeitsplatz für eine strafbare Handlung haften muss.

Betroffene Personen
Es müssen alle Arbeitnehmer versichert werden, einschließlich leitender Angestellter, Mitglieder von Arbeitsgenossenschaften und jeder anderen Art von Gesellschaften, Ärzte, die Röntgenstrahlung ausgesetzt sind, Auszubildende und Profisportler. Außerdem sind Handwerker und selbstständige Berufstätige in der Landwirtschaft versichert sowie Arbeitnehmer, die koordinierte und fortwährende Mitarbeit ausüben (quasi-abhängig Beschäftigte).

Die Versicherungsprämie hat ausschließlich der Arbeitgeber, der Handwerker oder der selbstständige Berufstätige in der Landwirtschaft zu tragen. Für quasi-abhängig Beschäftigte ist die Prämie aufgeteilt: Ein Drittel trägt der Arbeitnehmer und zwei Drittel der Auftraggeber. Die Pflicht zur Überweisung der Prämie hat auf jeden Fall der Auftraggeber.

Die Versicherung von Seefahrern und Hochseefischern sowie von Bordfunkern, die nicht unmittelbar von Reedern eingestellt worden sind, betreibt das IPSEMA (*Istituto di previdenza per il settore marittimo* – Vorsorgeinstitut der Seefahrt).

Das INAIL ist außerdem für die Versicherung gegen Haushaltsunfälle zuständig. Alle Personen zwischen 18 und 65 Jahren, die unentgeltlich, nicht weisungsgebunden und nicht nur gelegentlich Arbeit für die eigene Familie und deren Aufenthaltsbereich ausüben, sind verpflichtet, sich zu versichern. Ausgenommen sind jene Personen, die eine andere Tätigkeit ausüben, welche zur Eintragung in eine Pflichtform der Sozialvorsorge führt.

Die Versicherung von leitenden Angestellten sowie von technischen und Verwaltungsangestellten in der Landwirtschaft ist Sache der ENPAIA (*Ente di previdenza ed assistenza integrativa degli impiegati e dei dirigenti dell'agricoltura* – Körperschaft für ergänzende Vorsorge und Fürsorge für Angestellte und leitende Angestellte in der Landwirtschaft).

3.3 Pflicht zur Arbeitssicherheit und Gesundheitsüberwachung

Das D.Lgs. Nr. 81/2008, das den neuen „Einheitstext" für den Bereich der Arbeitssicherheit enthält, hat die Regelungen über Sicherheit und Gesundheitsüberwachung vereinheitlicht, dabei aber das Grundgerüst der früheren Regelungen, die zu einem großen Teil im „Einheitstext" zusammengefasst sind, insgesamt unverändert gelassen.

3.3.1 Arbeitssicherheit

3.3.1.1 Pflichten des Arbeitgebers – Allgemeine Schutzmaßnahmen[4]

Der Arbeitgeber muss die folgenden grundlegenden Schutzmaßnahmen umsetzen:

- Risikobewertung,
- Planung der Gefahrenverhütung,
- Beseitigung und/oder Verminderung von Risiken,
- Organisation der Arbeit auf Grundlage von ergonomischen Prinzipien,
- Begrenzter Einsatz von chemischen, physischen und biologischen Arbeitsstoffen,
- Ärztliche Kontrolluntersuchungen,
- Information und Weiterbildung,
- Notfallmaßnahmen, die bei Erster Hilfe und Brandbekämpfung durchzuführen sind,
- Gebrauch von Warnsignalen,
- Regelmäßige Überprüfung von Arbeitsbereichen, Geräten und Anlagen.

Der Arbeitgeber kann seine Aufgaben, falls nicht ausdrücklich ausgeschlossen, unter folgenden Bedingungen delegieren:[5]

- Dass dies schriftlich erfolgt und ein genaues Datum ersichtlich ist;
- Dass der Bevollmächtigte sämtliche Voraussetzungen bezüglich Professionalität und Erfahrung erfüllt;
- Dass er dem Bevollmächtigten alle Organisations-, Führungs- und Kontrollrechte überträgt;
- Dass er den Bevollmächtigten zu allen erforderlichen Ausgaben befugt.

Die Übertragung von Funktionen befreit den Arbeitgeber nicht von seiner Aufsichtspflicht hinsichtlich der korrekten Ausführung der übertragenen Funktionen durch den Bevollmächtigten.

Nicht delegiert werden können:[6]

- die Bewertung aller Risiken und die nachfolgende Erstellung des entsprechenden Dokuments („*Documento di valutazione*“, DVR),
- die Ernennung des Leiters des Arbeitsschutzdienstes.

---

[4] D.Lgs. Nr. 81/2008, Art. 15.

[5] D.Lgs. Nr. 81/2008, Art. 16.

[6] D.Lgs. Nr. 81/2008, Art. 17.

3.3.1.2 Pflichten von Arbeitgebern und leitenden Angestellten[7]

Arbeitgeber und leitende Angestellte müssen aufgrund der ihnen zugeschriebenen Aufgaben- und Zuständigkeitsbereiche:

- den zuständigen Betriebsarzt benennen;
- vorsorglich die Arbeitnehmer bestimmen, die mit der Durchführung von Brandverhütungsmaßnahmen betraut sind;
- den Arbeitnehmern die erforderlichen und geeigneten individuellen Schutzvorrichtungen zur Verfügung stellen;
- den Zutritt zu Bereichen mit erhöhtem Risiko auf solche Arbeitnehmer beschränken, die die erforderlichen Unterweisungen und eine spezielle Schulung erhalten haben;
- von jedem einzelnen Arbeitnehmer die Beachtung der Regelungen verlangen;
- die Maßnahmen zur Kontrolle von Risikosituationen im Notfall anwenden;
- vom zuständigen Arzt die Beachtung seiner Verpflichtungen verlangen;
- Arbeitnehmer, die dem Risiko einer großen und unmittelbaren Gefahr ausgesetzt sind, unverzüglich informieren;
- den Informations- und Ausbildungspflichten nachkommen;
- nach Möglichkeit – außer wenn für Gesundheits- und Sicherheitsschutz erforderlich – vermeiden, von den Arbeitnehmern in einer Situation hoher und unmittelbarer Gefahr die Aufnahme ihrer Arbeit zu verlangen;
- der Sicherheitsfachkraft rechtzeitig eine Kopie des Dokuments über die Risikobewertung aushändigen;
- im Falle einer Auftragsvergabe das Einheitsdokument der Risikobewertung (DVR) ausarbeiten;
- dem INAIL die Daten über Arbeitsunfälle übermitteln;
- die Sicherheitsfachkraft in den erforderlichen Fällen (siehe Art. 50) konsultieren;
- den Arbeitnehmern im Falle von Auftragsvergabe/Weitervergabe die erforderlichen Ausweise zur Verfügung stellen;
- in Betriebseinheiten mit mehr als 15 Beschäftigten regelmäßig Zusammenkünfte einberufen;
- die Sicherheitsmaßnahmen auf dem neuesten Stand halten;
- dem INAIL jährlich die Namen der Sicherheitsfachkräfte mitteilen;
- überwachen, dass Arbeitnehmer, bezüglich derer eine Pflicht zur Gesundheitsüberwachung besteht, nicht ohne die vorgeschriebene Beurteilung der Arbeitsfähigkeit im für sie vorgesehenen Arbeitsbereich eingesetzt werden.

[7] D.Lgs. Nr. 81/2008, Art. 18.

3.3.1.3 Pflichten des Vorgesetzten[8]

Die Vorgesetzten müssen:

- überwachen und beaufsichtigen, dass die einzelnen Arbeitnehmer ihre gesetzlichen Pflichten beachten;
- sicherstellen, dass nur jene Arbeitnehmer, die entsprechende Unterweisungen erhalten haben, Bereiche mit hohen und besonderen Risiken betreten;
- in Notfällen die Beachtung der Maßnahmen zur Kontrolle von Risikosituationen fordern;
- Arbeitnehmer, die dem Risiko einer großen und unmittelbaren Gefahr ausgesetzt sind, unverzüglich informieren;
- nach Möglichkeit – außer in begründeten Ausnahmefällen – vermeiden, von den Arbeitnehmern in einer Situation hoher und unmittelbarer Gefahr die Aufnahme ihrer Arbeit zu verlangen;
- dem Arbeitgeber oder dem leitenden Angestellten rechtzeitig sowohl Mängel bei Arbeitsmitteln und -geräten als auch bei den individuellen Schutzvorrichtungen anzeigen;
- geeignete Weiterbildungskurse besuchen.

3.3.1.4 Die Risikobewertung gemäß D.Lgs. Nr. 81/2008, Art. 2

Die „Risikobewertung" ist eine umfassende und dokumentierte Bewertung aller Risiken für Gesundheit und Sicherheit der Arbeitnehmer im Bereich der organisatorischen Einheit, in der diese ihre Arbeitsleistung erbringen, mit dem Ziel, die geeigneten Vorsorge- und Schutzmaßnahmen zu ermitteln und ein Programm von Maßnahmen auszuarbeiten, das im Laufe der Zeit eine Verbesserung der Gesundheits- und Sicherheitsstandards garantieren kann.

Die Risikobewertung und die nachfolgende Ausarbeitung des Sicherheitsberichts (*Documento di valutazione dei rischi* – DVR) folgt aus einer nicht übertragbaren Verpflichtung des Arbeitgebers (wie in Art. 17 des D.Lgs. Nr. 81/2008 näher ausgeführt) und hat den Zweck, alle Risiken zu ermitteln und mit der Abfassung des Sicherheitsberichts zu dokumentieren und an alle seine Arbeitnehmer die Informationen zu übermitteln, die für den Gesundheitsschutz bei der Arbeit erforderlich sind.

Kurz gefasst, ist der Sicherheitsbericht ein

- partnerschaftliches,
- beratendes,
- kooperatives,
- dynamisches

Dokument.

Da bei der Risikobewertung (Art. 29) durch die Personen, die dem betrieblichen Vorsorge- und Schutzsystem (das bereits in Art. 4, Abs. 6 des D.Lgs. Nr. 626/1994 enthalten

[8] D.Lgs. Nr. 81/2008, Art. 19.

ist) unterworfen sind, der Schwerpunkt auf dem partnerschaftlichen, kooperativen Element liegt, führt der Einheitstext zur Arbeitssicherheit zur:

- Zusammenarbeit mit dem Leiter des Arbeitsschutzdienstes und dem zuständigen Arzt;
- Konsultation der Sicherheitsfachkraft;
- Überarbeitung bei bedeutsamen Veränderungen bei einer Weiterentwicklung der Technik, infolge von signifikanten Unfällen, oder wenn die Ergebnisse der Gesundheitsüberwachung eine Notwendigkeit dafür erkennen lassen (daher die Dynamik des Sicherheitsberichts).

Wenn der Sicherheitsbericht ausgearbeitet ist, muss er in der Produktionseinheit, auf die sich die Risikobewertung bezieht, aufbewahrt werden.

Entsprechend der ausgeübten Tätigkeit werden die genormten Verfahren unterschiedlich sein. Sie werden vom Beratungsausschuss auf Grundlage der Risikoprofile und der branchenspezifischen Risikoindizes ausgearbeitet und dann in eine interministerielle Verordnung aufgenommen. Eine Neuerung ist, dass Unternehmen mit bis zu 50 Mitarbeitern das genormte System nutzen können; ausgenommen vom genormten System sind aber alle jene Unternehmen, die besonders gefährlichen Tätigkeiten nachgehen. Diese sind:

- Industriebetriebe gemäß Art. 2 des D.Lgs. Nr. 334 vom 17. August 1999 und nachfolgende Änderungen, die gemäß Art. 6 und 8 dieses Dekretes der Melde- und Berichtspflicht unterliegen;
- Wärmekraftwerke;
- Anlagen und Einrichtungen gemäß Art. 7, 28 und 33 des D.Lgs. Nr. 230 vom 17. März 1995 und nachfolgende Änderungen;
- Betriebe zur Herstellung und getrennten Lagerung von Sprengstoff, Schießpulver und Munition;
- Öffentliche und private Erholungs- und Kureinrichtungen mit über 50 Beschäftigten;
- Betriebe, die Tätigkeiten ausüben, durch die die Arbeitnehmer chemischen oder biologischen Risiken oder explosiven Stoffen oder durch Asbest einem kanzerogenen oder genverändernden Umfeld ausgesetzt werden;
- Betriebe, die in den Anwendungsbereich des Titels IV des Gesetzes fallen (mobile Baustellen).

Sicherheitsbericht über die Risikobewertung

Die Risikobewertung muss schon bei der Auswahl der Arbeitsmittel und der verwendeten chemischen Substanzen oder Präparate sowie bei der Ausstattung der Arbeitsplätze durchgeführt werden. Der Bewertungsgegenstand hat sich, nach den neuen Regelungen, auf alle Risiken für Sicherheit und Gesundheit der Arbeitnehmer zu beziehen, einschließlich jener für Arbeitnehmergruppen, welche besonderen Risiken ausgesetzt sind. Dies sind unter anderem:

- Jene, die arbeitsbedingtem Stress gemäß der europäischen Rahmenvereinbarung vom 8. Oktober 2004 ausgesetzt sind;
- Schwangere Arbeitnehmerinnen, gemäß den Vorgaben des D.Lgs. Nr. 151 vom 26. März 2001;
- Jene, die sich durch Geschlecht, Alter oder Herkunftsland von den übrigen Arbeitnehmern unterscheiden.

Das als Abschluss der Bewertung erstellte Dokument muss ein sicheres Datum haben und Folgendes enthalten:

I. Einen Bericht über die Bewertung aller während der Arbeitstätigkeit bestehenden Sicherheits- und Gesundheitsrisiken, in dem die angewendeten Bewertungskriterien angegeben sind;
II. Die infolge der Bewertung umgesetzten Vorsorge- und Schutzmaßnahmen und die vorgesehenen persönlichen Schutzausrüstungen;
III. Das Programm der für sinnvoll erachteten Maßnahmen, um die langfristige Verbesserung der Sicherheitsstandards zu garantieren;
IV. Die Benennung der Verfahren zur Umsetzung der geplanten Maßnahmen sowie die Aufgaben der dafür zuständigen Betriebsorganisation, die ausschließlich Personen zugewiesen werden dürfen, die die erforderlichen Kompetenzen und Befugnisse aufweisen;
V. Name des Leiters des Arbeitsschutzdienstes, des Sicherheitssprechers oder des territorialen Sicherheitssprechers und des Betriebsarztes, der an der Risikobewertung teilgenommen hat;
VI. Benennung der Aufgabenbereiche, bei denen die Arbeitnehmer eventuell spezifischen Risiken ausgesetzt sind, welche eine anerkannte Berufsfähigkeit, spezifische Erfahrung und eine angemessene Ausbildung und Schulung erfordern.

Das sichere Datum bildet sicherlich eine Neuheit, die vom Einheitstext eingeführt wurde. Außerdem wurden im Vergleich zu den Inhalten des D.Lgs. Nr. 626/1994 die Punkte **VI bis VI** hinzugefügt, damit im Dokument deutlich gemacht wird, wie man die vorgesehenen Maßnahmen wirkungsvoll umzusetzen gedenkt (das „Wie“ und das „Wer macht was“).

Sanktionen im Zusammenhang mit Risikobewertung und Sicherungsbericht
Für das Fehlen der Risikobewertung wird der Arbeitgeber mit Haft von vier bis acht Monaten oder mit einem Bußgeld von 5000 Euro bis 15.000 Euro bestraft (Art. 55, Abs. 1).

Erstellt der Arbeitgeber keinen Sicherheitsbericht gemäß den Vorgaben in Art. 29, so wird er mit einer Geldbuße von 3000 Euro bis 9000 Euro bestraft (Art. 55, Abs. 3).

3.3.2 Gesundheitsüberwachung

3.3.2.1 Allgemeine Vorschriften

Die Gesundheitsüberwachung ist verpflichtend:

- in den von den geltenden Regelungen ausdrücklich vorgesehenen Fällen;
- in Fällen, in denen sie zwar nicht vorgeschrieben ist, aber vom Arbeitnehmer verlangt wird und der zuständige Arzt sie hinsichtlich der Berufsrisiken für angemessen hält.

Die von der Regelung vorgesehenen Fälle liegen insbesondere dann vor, wenn der Arbeitnehmer chemischen, physischen (Lärm, Vibrationen, Strahlung, elektromagnetische Felder) oder biologischen Risiken (chemische Substanzen, Präparate) ausgesetzt ist (siehe Tab. 3.1).

In einigen Fällen ist es einfach, das Bestehen der Verpflichtung festzustellen, wenn diese an das simple Vorliegen von Risikofaktoren (beispielsweise Kanzerogene, in erster Linie Asbest) geknüpft ist. In den meisten Fällen entsteht diese Verpflichtung hingegen durch Bewertung der Risikosituation und liegt nur vor, wenn das Ausmaß, in dem jemand dem Risiko ausgesetzt ist, so hoch ist, dass als zusätzliche Vorbeugungsmaßnahme die Gesundheitsüberwachung erforderlich ist.

Für einige Risikofaktoren (z. B. Lärm und Vibrationen), für die die Messung mit entsprechenden Geräten vorgeschrieben ist, entsteht die Verpflichtung nur beim Überschreiten festgesetzter Werte. Für andere – vor allem im Falle von chemischen Wirkstoffen – ist die Definition der Verpflichtung weniger eindeutig, und es muss eine genaue Risikobewertung erfolgen.

Es ist daher nicht immer leicht, das Vorliegen der Verpflichtung absolut sicher festzustellen, vor allem wenn es sich um Aufgabenbereiche handelt, in denen man einer Vielzahl von Risikofaktoren ausgesetzt ist, die aber jeweils nur in geringem Maße vorliegen. In diesen Fällen, vor allem im Grenzbereich, ist die Durchführung der Gesundheitsüberwachung unter dem Gesichtspunkt vorteilhaft, dass das Unternehmen diese als vorsorgliche Schutzmaßnahme durchführen sollte, bevor Verpflichtungen und Kosten entstehen.

Der Arbeitgeber muss bei Vorliegen der Voraussetzungen für alle Betriebszugehörigen, die der Einheitstext als Arbeitnehmer definiert und die ihre Arbeitstätigkeit in seinem Organisationsbereich ausüben, eine Gesundheitsüberwachung gewährleisten. Insbesondere sind dieser Pflicht unterworfen:

- Arbeitnehmer, unabhängig vom Typus des Vertrags, durch den sie mit dem Betrieb verbunden sind (auch Leiharbeitnehmer);
- Gesellschafter mit Arbeitsleistung;
- Stille Gesellschafter;
- Personen, die allgemein Initiativen für Ausbildungs- und Orientierungspraktika („Betriebspraktika") in Anspruch nehmen.

Die betriebliche Gesundheitsüberwachung besteht aus der Durchführung ärztlicher und klinischer, biologischer oder diagnostischer Untersuchungen hinsichtlich des Risikos, dem

Tab. 3.1 Übersicht zur Orientierung, für welche Arbeitstätigkeiten/-bereiche die Verpflichtung zur Gesundheitsüberwachung besteht

BRANCHE	ARBEITSTÄTIGKEITEN/-BEREICHE MIT RISIKO
Alle	Wenn durchschnittlich mehr als 20 Stunden pro Woche am Computer gearbeitet wird
Verarbeitung von Edelmetallen	Einflüsse von Schweißrauch, Polieren von Metall mit Schleifpasten, Quecksilber bei Vergoldungen mit Amalgam, chemische Wirkstoffe, Zyanide, Schweißen mit Legierungen, Kadmium, Lärm, Vibrationen
Lederverarbeitung	Einflüsse von Lederstaub, Lärm, chemischen Wirkstoffen
Gerben und Färben von Häuten	Einflüsse von chemischen Wirkstoffen, Lärm
Färbereien / Wäschereien	Einflüsse von chemischen Wirkstoffen, Lärm
Holz	Einflüsse von Holzstaub, Lärm, Vibrationen, chemischen Substanzen, manueller Bewegung von Lasten
Chemie, Keramik und Glas	Einflüsse von chemischen Wirkstoffen und Kanzerogenen, Lärm
Abbau und Verarbeitung von Marmor und Stein	Einflüsse von Staub, Lärm, Vibrationen, chemischen Substanzen, manuellem Heben von Lasten
Grafische und Papierverarbeitende Branche	Einflüsse von chemischen Substanzen, Lärm, Arbeit an Bildschirmgeräten
Metallverarbeitung	Einflüsse von Staub, Lärm, Vibrationen, chemischen Wirkstoffen, manuellem Heben von Lasten
Kraftfahrzeugreparatur	Einflüsse von Lärm, Vibrationen, chemischen Wirkstoffen
Bau- und Konstruktionsbranche	Einflüsse von Staub, Lärm, Vibrationen, chemischen Wirkstoffen, manuellem Heben von Lasten
Installationen	Einflüsse von Staub, Lärm, Vibrationen, chemischen Wirkstoffen, manuellem Heben von Lasten
Textil / Bekleidung	Einflüsse von Lärm, chemischen Wirkstoffen
Zahntechnik	Einflüsse von chemischen Wirkstoffen, biologischen Wirkstoffen, Harz, Schweißarbeiten
Dienstleistungen (Frisöre, Kosmetiker)	Einflüsse von biologischen Wirkstoffen, chemischen Wirkstoffen, hautreizenden Substanzen, Paraphenylendiamin, Ammoniumpersulfat
Lebensmittel	Einflüsse von Lärm, chemischen Substanzen, Nachtarbeit (Bäcker)

die jeweilige Person ausgesetzt ist. Als Zeitabstände, in denen die Gesundheitsüberwachung durchzuführen ist, sehen die Vorschriften vor:

Vorbeugende medizinische Untersuchung: Dadurch soll gewährleistet werden, dass keine Gegenindikationen für die für den Arbeitnehmer vorgesehene Arbeit vorliegen, um seine Eignung für den speziellen Aufgabenbereich festzustellen. Sie muss nach der Einstellung und vor dem Einsatz des Arbeitnehmers in seinem Aufgabenbereich erfolgen. Da sie eine Bedingung für den tatsächlichen Beginn der Arbeitstätigkeit darstellt, wird empfohlen, den Arzt vor der Einstellung zu verständigen, so dass die Untersuchung unmittelbar vor der Einstellung durchgeführt werden kann.

Regelmäßige ärztliche Untersuchung: Dadurch soll der Gesundheitszustand der Arbeitnehmer kontrolliert und die Eignung für den jeweiligen Aufgabenbereich beurteilt werden.

Die Regelmäßigkeit der Untersuchungen wird – falls durch Sondervorschriften nicht anders bestimmt – im Normalfall im Jahresturnus festgelegt, außer wenn der zuständige Arzt oder eine vom Aufsichtsorgan festgelegte Maßnahme etwas anderes vorsehen.

Ärztliche Untersuchung bei Wechsel des Arbeitsbereiches: Sie soll die Eignung des spezifischen Arbeitsbereichs überprüfen. In diesem Falle obliegt es dem Arbeitgeber, dem Betriebsarzt rechtzeitig einen eventuellen Wechsel der zugewiesenen Arbeitsbereiche mitzuteilen, damit der zuständige Arzt die verpflichtende vorsorgliche Eignungsuntersuchung vornehmen kann.

Ärztliche Untersuchung bei Beendigung des Arbeitsverhältnisses: Diese ist nur in bestimmten Fällen vorgesehen.

Was die Ergebnisse der Gesundheitskontrolle betrifft, so teilt der Arzt dem Arbeitgeber und dem Arbeitnehmer in einer schriftlichen Mitteilung folgende Beurteilungen für den Arbeitsbereich mit:

- Eignung;
- Teilweise, vorübergehende (mit Angabe der Zeitspanne) oder dauerhafte Eignung, mit Auflagen oder Beschränkungen;
- Vorübergehende Nichteignung;
- Dauerhafte Nichteignung.

3.3.2.2 Der zuständige Arzt

Die Voraussetzungen

Die Gesundheitsüberwachung wird vom „zuständigen Arzt" (manchmal auch als Werksarzt bezeichnet) durchgeführt. In erster Linie soll zur Vermeidung eventueller Zweifel bei diesem Thema hervorgehoben werden, dass die betriebliche Gesundheitsüberwachung ausschließlich von Medizinern mit den gesetzlich vorgesehenen Voraussetzungen und Titeln – wie z. B. einer Spezialisierung in Arbeitsmedizin oder in Arbeitspräventivmedizin und Psychotechnik – durchgeführt werden darf. Außerdem müssen die Mediziner, die im Besitz der oben genannten Voraussetzungen sind, in einem speziellen Verzeichnis eingetragen werden, das beim Gesundheitsministerium eingerichtet ist. Deshalb ist es ratsam, sich der Qualifikation und Kompetenz der Person, die man auswählt, zu versichern.

Die Pflichten des Arztes und des Arbeitgebers bei der Gesundheitsüberwachung
Einer der Bereiche, in denen der Einheitstext im Vergleich zur vorangegangenen Regelung zu großen Neuerungen geführt hat, ist die Aufteilung und das Ineinandergreifen der Pflichten bei der Gesundheitsüberwachung zwischen Arbeitgeber und zuständigem Arzt. Die neue Regelung betont außerdem die „beratenden" Aspekte des zuständigen Arztes und erhöht seine Verantwortung durch die Zuweisung neuer Pflichten, von denen einige vorher dem Arbeitgeber oblagen.

Im Wesentlichen kommt dem Arbeitgeber die Funktion zu, die Gesundheitsüberwachung anzustoßen, für den zuständigen Arzt die idealen Arbeitsbedingungen zu schaffen und zu kontrollieren, dass der Arzt die ihm anvertraute Aufgabe korrekt ausführt. Insbesondere muss der Arbeitgeber:

- den zuständigen Arzt benennen – hierbei sei daran erinnert, dass im Falle einer Verpflichtung zur Gesundheitsüberwachung der Name des Arztes im Sicherheitsbericht angegeben werden muss; dieses Dokument ist auch vom Arzt, der die Gesundheitsüberwachung durchführt, zu unterzeichnen;
- dem Arzt alle für die Durchführung seiner Aufgaben erforderlichen Informationen mitteilen: Anmerkungen über den Produktionskreislauf, über die Risikobewertung und über die Vorsorgemaßnahmen – Einstellung neuer zuständiger Personen, Änderungen des Aufgabenbereichs, Kündigung durch Arbeitnehmer, die der Gesundheitsüberwachung unterworfen sind (damit der Arzt seine Pflichten rechtzeitig erfüllen kann);
- überwachen, dass die Arbeitnehmer, für die die Verpflichtung zur Gesundheitsüberwachung gilt, speziellen Arbeitsbereichen nur nach der vorgeschriebenen Beurteilung ihrer Eignung zugeteilt werden;
- vom Arzt die Einhaltung der ihm auferlegten Pflichten verlangen (beispielsweise den Arzt förmlich erinnern, falls er nicht den Untersuchungsplan einhält);
- alle wirtschaftlichen Verbindlichkeiten bezüglich der verpflichtenden Gesundheitsüberwachung befolgen.

Der zuständige Arzt seinerseits:

- arbeitet mit dem Arbeitgeber und dem Arbeitsschutzdienst bei der Erstellung des Sicherheitsberichtes zusammen;
- plant und führt die verpflichtende Gesundheitsüberwachung mittels Gesundheitsprotokollen, die abhängig von den spezifischen Risiken ausgestaltet sind, und unter Beachtung der neuesten wissenschaftlichen Erkenntnisse durch;
- wird, unter seiner persönlichen Verantwortung, für jeden der der Gesundheitsüberwachung unterstellten Arbeitnehmer eine Vorsorgekartei einrichten, regelmäßig aktualisieren und pflegen. In Betrieben mit mehr als 15 Arbeitnehmern muss der Aufbewahrungsort (beim Arzt oder im Betrieb) zwischen Arzt und Arbeitgeber abgesprochen werden;
- händigt dem Arbeitgeber am Ende seiner Amtszeit die in seinem Besitz befindlichen Gesundheitsakten aus;

- händigt dem Arbeitnehmer am Ende von dessen Arbeitsverhältnis die ihn betreffenden Gesundheitsakten aus und informiert ihn über die Notwendigkeit, diese Akten aufzubewahren;
- besucht die Arbeitsplätze mindestens einmal jährlich oder in anderen durch die Risikobewertung festgelegten Zeitabständen und teilt dies dem Arbeitgeber mit, der die unterschiedlichen Zeitpunkte im Sicherheitsbericht vermerkt.

3.3.2.3 Sanktionen im Zusammenhang mit der Gesundheitsüberwachung

Die Verletzung der Pflichten im Rahmen der Gesundheitsüberwachung wird, je nach den einzelnen Verpflichtungen in unterschiedlichem Umfang, entweder mit einer Geldbuße oder mit Haft bestraft. Wenn beispielsweise kein Arzt benannt wird, ist als Strafe eine Geldbuße von 3000 Euro bis 10.000 Euro oder Haft von 3 bis 6 Monaten vorgesehen.

4 Rechte und Pflichten von Arbeitnehmern und Arbeitgebern

4.1 Klassifizierung der Arbeitnehmer und Erbringung der Arbeitsleistung

Gemäß Art. 2103 CC tragen die Aufgabenbereiche des Arbeitnehmers zur Bestimmung der Tätigkeitsart bei, die Gegenstand der Arbeitsverpflichtung ist. In Abhängigkeit davon werden die Qualifikation und die Kategorie des Arbeitnehmers bestimmt.

4.1.1 Arbeitnehmerkategorien

Art. 2095 CC definiert drei Arten von Kategorien: Arbeiter, Angestellte und leitende Angestellte. Das Gesetz Nr. 190/1985 hat die Kategorie der Angestellten im mittleren Verantwortungsbereich (*quadri*) hinzugefügt.

4.1.1.1 Leitende Angestellte

Der Gesetzgeber hat die Definition dieses Begriffs nicht kodifiziert und verweist in Art. 2095 CC auf die kollektivvertragliche Regelung. Als leitender Angestellter wird das *alter ego* des Unternehmers verstanden, der die Unternehmensleitung oder die Leitung eines wichtigen und autonomen Bereichs des Unternehmens innehat und zu diesem Zweck im Rahmen der allgemeinen Anweisungen des Unternehmers mit vollständiger Autonomie ausgestattet ist.

Auf die Kategorie der leitenden Angestellten finden folgende Vorschriften keine Anwendung:

- Über die wöchentlichen Ruhezeiten;
- Über die Arbeitszeiten und daher auch über die Beschränkungen und Vergütungen bei Überstunden;
- Über die Beschränkungen bei der Regelung des befristeten Arbeitsvertrags;
- Über die Beschränkungen beim Entlassungsrecht des Arbeitgebers.

R. Dolce, D. de Luca, *Arbeitsrecht in Italien*, DOI 10.1007/978-3-658-12632-2_4

Die kollektivvertragliche Regelung sieht schließlich für leitende Angestellte günstigere Bedingungen im Vergleich zu Angestellten und Arbeitern in Bezug auf Vergütung, Kündigungsfrist und sog. fringe benefits vor.

4.1.1.2 Angestellte im mittleren Verantwortungsbereich (quadri)

Art. 2 des Gesetzes Nr. 190/1985 definiert als Angestellten im mittleren Verantwortungsbereich einen unselbstständigen Arbeitnehmer, der, obwohl er nicht der Kategorie der leitenden Angestellten angehört, kontinuierliche Aufgaben von erheblicher Bedeutung für die Entwicklung und Verwirklichung der Unternehmensziele wahrnimmt. Diese Definition schließt daher auch jene Personen mit ein, deren vorrangige Aufgabe die Kontrolle und Koordinierung der Tätigkeit der anderen Arbeitnehmer ist, sowie jene, deren vorrangige Aufgabe die Planung, Innovation und Leitung von Leistungen ist, die speziellen technischen Sachverstand erfordern.

Die Voraussetzungen für die Zugehörigkeit zu dieser Kategorie werden in den nationalen oder betrieblichen Kollektivverträgen für jeden Produktionsbereich unter Berücksichtigung der speziellen Organisationsstruktur des Unternehmens bestimmt.

Art. 2, Abs. 3 des Gesetzes Nr. 190/1985 legt fest, dass – anderslautende Bestimmungen ausgenommen –die allgemeinen Regelungen für die Kategorie der Angestellten auch auf Angestellte im mittleren Verwaltungsbereich anzuwenden sind.

4.1.1.3 Angestellte

Gem. Art. 1 d des r.d.l.[1] 1825/1924 sind Angestellte jene Personen, die berufliche Tätigkeiten mit Koordinierungs-, Konzeptions- und Ordnungsfunktionen wahrnehmen, mit Ausnahme aller Tätigkeiten, die lediglich von Arbeitern ausgeübt werden. Die interkonföderalen Abkommen von 1946 schließen in diese Kategorie auch Arbeitnehmer ein, die in technischen und administrativen Bereichen eingesetzt werden, welche keine spezielle Vorbereitung, Erfahrung und Sachverstand erfordern.

Angestellte werden auch in *impiegati di concetto* (unteres Kader) und *impiegati d'ordine* (einfache Angestellte) unterteilt. Erstere müssen geistige Arbeit verrichten, die eine erhöhte Führungsautonomie mit sich bringt. Zweitere verrichten hingegen Arbeit ohne eigene Autonomie und befolgen Anweisungen anderer.

4.1.1.4 Arbeiter

In der italienischen Rechtsordnung existiert keine explizite Definition für Arbeiter. Man kann eine solche aber durch einfachen Ausschluss erhalten, da die Einstufung der Arbeiter in diese Kategorie anhand einer Zuweisung zu Aufgabenbereichen erfolgt, die sich traditionell nicht mit der Kategorie der Angestellten verbinden lassen, obwohl sie die Ausübung geistiger Tätigkeiten, Initiative und eine gewisse Entscheidungsautonomie mit sich bringen können.

[1] *regio decreto legge* = königliches Gesetzesdekret.

Die charakteristische Eigenart der Arbeitsleistung des Arbeiters ist, dass seine Tätigkeit, die in der Regel manueller und ausführender Art ist, ausschließlich dem Produktionsprozess dient.

4.1.2 Kollektivvertragliche Kategorien

Die kollektivvertragliche Einstufung lehnt sich an die „gesetzliche" Unterteilung an und führt das System der sogenannten „Einheitseinstufung" ein. Dieses besteht aus einer Klassifizierungsskala, die in der Regel **sieben oder acht Gehaltsstufen** aufweist, denen verschiedene Berufsprofile zugeordnet werden. Es kommt nicht selten vor, dass sich in derselben Stufe sowohl Arbeiter als auch Angestellte befinden.

4.1.2.1 Regelung der Aufgabenbereiche

Gemäß dem sog. Prinzip der *contrattualità delle mansioni* (vertragliche Regelung der Aufgabenbereiche) nach Art. 2103 CC muss der Arbeitnehmer in den Aufgabenbereichen eingesetzt werden, für die er eingestellt worden ist.

Der *Codice Civile* stellt im Art. 76 der Durchführungsbestimmungen klar, dass der Arbeitgeber dem Arbeitnehmer bei der Einstellung die Kategorie und die Qualifikation mitteilen muss, die seinen Aufgabenbereichen zugeordnet werden.

Damit der Arbeitnehmer sich Gewissheit über seine Einstufung und die damit verbundenen Leistungen bilden kann, sind für den Arbeitgeber einige Informationspflichten vorgesehen. Er ist gemäß D.Lgs. Nr. 152/1997 verpflichtet, den Arbeitnehmer innerhalb von 30 Tagen nach Einstellung schriftlich über dessen Einstufung und Qualifikation oder über die Besonderheiten und allgemeinen Gegebenheiten des Arbeitsplatzes zu informieren, sowie über Änderungen, die sich nicht unmittelbar aus dem Gesetz, den Vorschriften oder den Kollektivverträgen ergeben.

In der Regel werden die Aufgabenbereiche und die Qualifikation durch kollektivvertragliche Regelungen näher beschrieben, und es ist zulässig, darauf zu verweisen. Fehlt eine solche detaillierte Beschreibung, ist zur Ermittlung der Qualifikation auf die tatsächlich und dauerhaft im Betrieb ausgeübten Tätigkeiten abzustellen.

4.1.2.2 Leistungsbestimmungsrecht des Arbeitgebers – „jus variandi"

Im Rahmen des Arbeitsverhältnisses ist für den Arbeitgeber in bestimmten Grenzen die Möglichkeit gegeben, die Aufgabenbereiche des Arbeitnehmers während des laufenden Arbeitsverhältnisses zu verändern (das sog. jus variandi). Innerhalb des Arbeitsbereiches der beschriebenen Tätigkeit kann der Arbeitgeber von seinem Leistungsbestimmungsrecht Gebrauch machen (jus variandi).

Das Gesetzesdekret 23/2015 hat den Art. 2103 CC vollständig neu gefasst. Mit Inkrafttreten des Dekrets (7. März 2015) ist die einseitige Änderung von Arbeitsbedingungen durch den Arbeitgeber zulässig, wenn der Betrieb sich in der Restrukturierung oder Reorganisation befindet, sowie in den Fällen, die von den Kollektivverträgen bestimmt werden.

4.1.2.3 Individualvereinbarungen

Darüber hinaus können die Arbeitsbedingungen durch Individualvereinbarungen, die im Büro der Gewerkschaften oder bei der lokalen Arbeitsverwaltung (DTL) unterzeichnet werden, in folgenden drei Fällen geändert werden:

- Im Interesse des Arbeitnehmers am Erhalt seines Arbeitsplatzes (bspw. um eine Kündigung zu vermeiden);
- Um eine weitere berufliche Qualifikation zu erwerben;
- Um seine Arbeitsbedingungen zu verbessern.

Der Arbeitnehmer, der in einer höheren Gehaltsstufe eingruppiert war, hat das Recht, weiterhin die Vergütung dieser Gehaltsgruppe zu erhalten; ausgenommen hiervon sind eventuelle Gehaltsbestandteile, die an besondere Ausführungsmerkmale für bestimmte Tätigkeiten der höheren Vergütungsgruppe geknüpft sind.

Bei Höherstufung hat der Arbeitnehmer Anspruch auf die höhere Vergütung. Eine Höherstufung wird nach 6 Monaten (oder nach Ablauf der Frist, die von den Kollektivverträgen abweichend hiervon festgesetzt wird) endgültig, es sei denn, dass ein Vertretungsfall vorliegt.

4.2 Pflichten des Arbeitnehmers

4.2.1 Arbeitsleistung

Die Leistung abhängiger Arbeit besteht darin, die eigene geistige oder körperliche Arbeit in Abhängigkeit und unter der Weisung des Unternehmers zur Verfügung zu stellen (Art. 2094).

Es handelt sich um eine Verpflichtung, die auf Ausübung einer Tätigkeit gerichtet ist und den Leistungserbringer zu einem bestimmten Verhalten verpflichtet, aber auch dazu, durch diese Tätigkeit zusätzlich ein Ergebnis zu erzielen.

Die Arbeitsleistung muss zulässig, möglich, bestimmt und bestimmbar sowie persönlich sein.

4.2.2 Ergänzende Pflichten

4.2.2.1 Sorgfaltspflicht

Die erste der ergänzenden Verpflichtungen des Leistungserbringers ist die Sorgfaltspflicht. Der Artikel 2104 CC sieht vor, dass „der Erbringer der Arbeitsleistung die Sorgfalt aufbringen muss, die der Natur der Leistung geschuldet ist, im Interesse des Unternehmens und im übergeordneten Interesse der inländischen Produktion“.

Diese Norm bezieht sich auf folgende zwei Kriterien[2], nach denen die Sorgfalt des Leistungserbringers zu bewerten ist:

- Die Natur der geschuldeten Leistung, die eine genauere Beschreibung des Art. 1176, Abs. II CC darstellt, aufgrund dessen „in der Erfüllung der Pflichten, die die Ausübung einer beruflichen Tätigkeit betreffen, die Sorgfalt mit Hinblick auf die Natur der ausgeübten Tätigkeit zu bewerten ist";
- Das Interesse des Unternehmens, das für einige mit dem objektiven Interesse des Unternehmens selbst gleichgesetzt wird, für andere mit dem subjektiven Interesse des Unternehmers; eine Zwischenposition ist jene, dass das Interesse des Unternehmens als subjektives Interesse des Unternehmers anzusehen ist, allerdings nicht im engsten Sinne, sondern als spezifisches Interesse daran, die Leistung in einem bestimmten Zusammenhang zu erhalten.

Die Nichterfüllung der Sorgfaltspflicht führt für den Leistungserbringer:

- zur Pflicht, auf der Grundlage der vertraglichen Haftung den Schaden zu ersetzen, der dem Arbeitgeber aus seinem nachlässigen oder unvorsichtigen Verhalten entstanden ist;
- sowie zu eventuellen disziplinarischen Sanktionen.

4.2.2.2 Gehorsamspflicht

Abs. II des Art. 2104 CC erlegt dem Leistungserbringer die Pflicht zum Gehorsam auf und bestimmt, dass er die Anweisungen zur Ausführung und zur Regelung der Arbeit befolgen muss, die ihm vom Unternehmer und von seinen Mitarbeitern, denen er hierarchisch unterstellt ist, erteilt werden.

Wie die Rechtsprechung wiederholt klargestellt hat, darf die Unterordnung des Arbeitnehmers unter den Arbeitgeber und seine Mitarbeiter nicht die Grenzen überschreiten, die von den Gesetzen – insbesondere vom *Statuto dei lavoratori* – und Verträgen gesetzt sind; andernfalls kann der Arbeitnehmer das sog. *jus resistentiae* ausüben, also sich weigern, die erteilten Weisungen zu befolgen.

Die Nichtbeachtung der Gehorsamspflicht kann in schwereren Fällen ein gerechtfertigtes (subjektives) Motiv für eine Entlassung darstellen.

[2] Ursprünglich kam ein drittes Kriterium hinzu: das übergeordnete Interesse der inländischen Produktion; ein organisatorisches Kriterium, das mit dem Zusammenbruch des Korporativsystems implizit außer Kraft gesetzt wurde und nicht durch das Kriterium der Gemeinnützigkeit gemäß Art. 21, Abs. II der Verfassung ersetzt werden kann, welches der Freiheit der privatwirtschaftlichen Betätigung eine Grenze setzt, aber nicht auch einen Wertungsmaßstab für die Erfüllung der Arbeitsverpflichtung begründet.

4.2.2.3 Loyalitätspflicht

Art. 2105 CC („Loyalitätspflicht") erlegt dem Leistungserbringer eine Pflicht auf, die darauf gerichtet ist, das Interesse des Unternehmers an der Konkurrenzfähigkeit des Unternehmens zu schützen.

Diese entstammt dem allgemeinen Grundsatz, dass ein Vertrag nach Treu und Glauben erfüllt werden muss (Art. 1175 und 1375 CC).

Den Inhalt des Artikels 2105 bilden folgende drei Verbote:

- Das Verbot für den Arbeitnehmer, für eigene oder fremde Rechnung Geschäfte abzuschließen, die mit dem Unternehmer im Wettbewerb stehen. Dieses ist vom Verbot des unlauteren Wettbewerbs gemäß Art. 2598 CC zu unterscheiden, das eine Form einer rechtswidrigen außervertraglichen Handlung darstellt und nur in ausdrücklich vorgesehenen Fällen eintritt;
- Das Verbot der Weiterverbreitung von Informationen über Produktionsorganisation und -methoden des Unternehmens (sog. Betriebsgeheimnisse), wobei diesbezüglich klarzustellen ist, dass es sich um „Weiterverbreitung" handelt, wenn die betreffenden Informationen noch keinen hohen Verbreitungsgrad erlangt haben, und außerdem, dass die Weiterverbreitung verboten ist, wenn und soweit sie darauf abzielt, das Unternehmen zu gefährden;
- Das Verbot, sog. Betriebsgeheimnisse zu verwenden: Dieses Verbot ist, ebenso wie jenes der Weiterverbreitung, strafrechtlich sanktioniert (siehe diesbezüglich die Art. 621, 622 und 623 *Codice Penale*).

Auf zivilrechtlicher Ebene führt der Verstoß gegen Art. 2105 CC sowohl zur disziplinarischen Haftung als auch zur Pflicht, einen dem Arbeitgeber eventuell verursachten Schaden zu ersetzen.

Schließlich sei noch daran erinnert, dass für die Rechtsprechung[3] der Artikel 2105 CC eine dispositive und nicht zwingende Norm darstellt, wonach die Autonomie der Vertragsparteien – Einzelpersonen oder Personenmehrheiten – zu Regelungen führen kann, die die Ausübung von konkurrierenden Tätigkeiten zulassen; in gleicher Weise kann dem Arbeitnehmer aber auch die Ausübung anderer, selbstständiger oder abhängiger, Tätigkeiten für Dritte, die mit dem Arbeitgeber im Wettbewerb stehen, unabhängig von ihrer Relevanz verboten werden.

4.3 Pflichten des Arbeitgebers

4.3.1 Zahlung der Vergütung

Art. 36, Abs. 1 der Verfassung legt fest, dass der Arbeitnehmer eine Vergütung erhalten muss, die zu Umfang und Güte der geleisteten Arbeit verhältnismäßig und für eine „freie und würdevolle Existenz" ausreichend ist.

[3] Kassationshof 5257/1987.

Die Vergütung wird innerhalb der genannten Grenzen der Verhältnismäßigkeit durch Kollektivverträge und, allerdings nur im Sinne einer Verbesserung, vom individuellen Vertrag festgelegt. Die Vergütung ist nicht nur eine reine Gegenleistung für die Ausübung der Tätigkeit, sondern für den dabei persönlich eingebrachten Einsatz. Das ergibt sich daraus, dass der Arbeitnehmer auch dann eine Vergütung erhält, wenn er die Arbeitsverpflichtung nicht erfüllt (Urlaub, bezahlte Freistellung).

Das Gegenseitigkeitsverhältnis der Vergütung erfährt in diesen Fällen eine Lockerung aus Gründen, die in der Person des Arbeitnehmers liegen: Die gesetzliche oder vertragliche Regelung schreibt dem Arbeitgeber vor, dem Arbeitnehmer auch dann eine Vergütung zu zahlen, wenn dieser die Gegenleistung dafür nicht erbringt. Eine ähnliche Lockerung tritt auch bei sog. zeitversetzten Rechtsinstituten auf, bei denen die im Jahr oder im gesamten Zeitraum des Vertragsverhältnisses erbrachte Leistung ohne eine direkte Korrelation mit der tatsächlich erbrachten Arbeit vergütet wird (beispielsweise Weihnachtsgeld, dreizehntes Monatsgehalt, Alterszulage, usw.).

4.3.1.1 Prinzipien der Vergütung

Die von Art. 36 der Verfassung ausdrücklich festgelegten Prinzipien sind *Verhältnismäßigkeit* und *ausreichende Höhe.*

- **Ausreichende Höhe**: Dem Arbeitnehmer muss eine Vergütung garantiert sein, mit der er am sozialen Leben, wie in Art. 3 der Verfassung definiert, teilhaben kann. Dies ist auch im Hinblick auf die konkreten Erfordernisse des einzelnen Arbeitnehmers und seiner Familie zu beurteilen.
- **Verhältnismäßigkeit**: Die Höhe der Vergütung ist nicht nur von der Dauer der Arbeit abhängig, sondern auch von der Güte der Leistung, die nach Schwierigkeitsgrad, Bedeutung und Komplexität sowie nach Verantwortung bewertet wird.

Ob Verhältnismäßigkeit vorliegt, wird – abgesehen von einigen Punkten, die im Ermessen der Vertragsparteien liegen – durch gewerkschaftliche Regelung bestimmt. Die Rechtsprechung hält die Vergütung für ausreichend, wenn diese gleich hoch oder höher als die in den entsprechenden Tabellen der Kollektivverträge enthaltenen Mindestbeträge ist. Die Höhe wird von der Rechtsprechung in der Regel dann als ausreichend angesehen, wenn das Proportionalitätsprinzip eingehalten wird.

4.3.1.2 Definition des Codice Civile

Art. 2121 CC definiert als Vergütung (zum Zwecke der Berechnung der Entschädigung bei Nichteinhalten der Kündigungsfrist) „Provisionen, Produktionsprämien, Anteile am Gewinn und an den Produkten und jede andere kontinuierliche Gegenleistung mit Ausnahme von Aufwandsentschädigungen". Das Gesetz 279/1982 definiert als Vergütung alle nicht nur gelegentlichen Bezüge.

Lehre und Rechtsprechung sind in Bezug auf den Vergütungsbegriff zu keiner Übereinstimmung hinsichtlich der Elemente gekommen, die darin enthalten sein sollen. Die

Rechtsprechung hat ihren Standpunkt beim sogenannten einheitlichen oder allumfassenden Konzept der Vergütung gefestigt: Zur Vergütung gehören sämtliche Leistungen des Arbeitgebers, die bestimmt (fest oder variabel), obligatorisch (ausgenommen unentgeltliche Zuwendungen), eine Gegenleistung (in Kausalzusammenhang mit dem Arbeitsverhältnis) und kontinuierlich (regelmäßig) sind. Unter der Annahme, dass keine normative Grundlage für die Eigenschaft „allumfassend" existiert und diese Auffassung sogar die Berechnung jener Werte beeinträchtigt, die die Vergütung als Parameter verwenden, fordert ein Teil der Lehre eine strengere Definition der Vergütung. Nach dieser Ansicht, die auch die *Corte di Cassazione* [4] in ihrer Rechtsprechung aufgenommen hat, gebe es kein einheitliches Rechtskonzept der Vergütung, vielmehr sei die Bestimmung der Vergütung eine Frage der Interpretation der vom Gesetzgeber und den Kollektivvertragsparteien (im Gesetz oder im Kollektivvertrag) verwendeten Formulierungen, die von Mal zu Mal die konstitutiven Elemente der Vergütung für die Berechnung anderer Werte stärker festigen.

4.3.1.3 Mindestgrenze bei der Vergütung

In der italienischen Rechtsordnung ist die Mindestgrenze bei der Vergütung durch kollektivvertragliche Autonomie geregelt, da keine Regelung existiert, die die allgemeinen Prinzipien des Art. 36 der Verfassung genau festlegt. Deshalb ist es Funktion und Aufgabe des arbeitsrechtlichen **Kollektivvertrags**, mit der Aktualisierung jedes Erneuerungsabkommens den Inhalt der Vergütung zu bestimmen. Auch bei Fehlen einer solchen Bestimmung ist der Arbeitgeber im Falle unangemessener Vergütung geschützt.

4.3.1.4 Formen und Arten der Vergütung

Art. 2099 CC legt fest, dass die Vergütung *„auf die Weise und unter den Bedingungen, die an dem Ort, an dem die Arbeit erbracht wird, üblich sind"*, entrichtet werden muss, folglich möglichst am Arbeitsplatz, in **Geld** und regelmäßig (üblicherweise monatlich).

Allerdings besteht auch die Möglichkeit, die Vergütung ganz oder teilweise in Naturalien zu entrichten.

Nach den Bezugsmodalitäten kann man außerdem vier Arten der Vergütung unterscheiden: *Zeitlohn, Akkordlohn, Prämienlohn* und *Gewinnbeteiligung.*

Beim **Zeitlohn** soll die Vergütung proportional zur Dauer der Arbeitstätigkeit ansteigen.

Beim **Akkordlohn** steht die Vergütung hingegen im Verhältnis zum Ergebnis, das von einem einzelnen Arbeitnehmer (*Einzelakkord*) oder einer Gruppe von Arbeitnehmern (*Gruppenakkord*) bei der Herstellung eines Produktes erzielt wird; die dem Arbeitnehmer zustehende einheitliche Vergütung kann sich auf die Anzahl der hergestellten Einheiten (resultatsabhängiger Akkordlohn) oder auf den Umfang der verwirklichten Arbeit und der aufgewendeten Zeit (zeitabhängiger Akkordlohn) beziehen. Üblicherweise wird in Kollektivverträgen die Festsetzung einer Vergütung bevorzugt, die nicht ein reiner Akkordlohn ist, sondern auf der Grundlage einer festgelegten, sicheren zeitabhängigen Basis die Möglichkeit einer Erhöhung vorsieht (*gemischter Akkordlohn*).

---

[4] Kassationshof vom 01.04.1993, Nr. 388.

Während der Ausbildung ist die Vergütung durch Akkordlohn verboten, da der Auszubildende normalerweise noch nicht über die Fähigkeiten verfügt, Leistung in ausreichendem Umfang zu erbringen.

Zulässig ist diese Vergütung hingegen in jenen Arbeitsbereichen, in denen ein bestimmter Produktionsrhythmus einzuhalten ist, und für Heimarbeiter. Die Vergütung und die Rahmenbedingungen der Arbeit, in der diese Art der Vergütung vorgeschrieben ist, müssen kollektivvertraglich geregelt werden.

Der **Prämienlohn** wird nach bestimmten erzielten Ergebnissen bemessen (z. B. Menge der erreichten Verkäufe) und kann in Form von Provisionen ausgezahlt werden.

Die **Gewinnbeteiligung** wird auf der Grundlage des wirtschaftlichen Ergebnisses bezahlt, das der Betrieb erzielt hat, und ist eine zusätzliche Form der Vergütung, die mit dem Unternehmensrisiko verbunden ist.

Der Arbeitnehmer kann auch durch *variable Vergütung* entlohnt werden, oder aber durch vollständige oder teilweise Beteiligung am Gewinn oder den Erzeugnissen des Unternehmens, in dem er arbeitet. Da diese Art der Vergütung der Vergütung in Naturalien ähnlich ist, hat auch sie einen durch kollektivvertragliche Regelung genau definierten und begrenzten Anwendungsbereich.

4.3.2 Abfindung (TFR)

Unter **Abfindung** versteht man im italienischen Arbeitsrecht eine Art aufgeschobene Vergütung für den abhängigen Arbeitnehmer bei Beendigung des Arbeitsverhältnisses, die vom Arbeitgeber ausgezahlt wird.

4.3.2.1 Definition

Die **Abfindung**, im Italienischen **TFR** (*Trattamento di fine rapporto*), auch *liquidazione* oder *buonuscita* genannt, wird bei Beendigung des Arbeitsverhältnisses auf jeden Fall, unabhängig vom Grund der Beendigung, gewährt bei Einzel- oder Massenentlassung, Kündigung durch den Arbeitnehmer, usw. Sie ist keine Ausgleichszahlung für den Verlust des Arbeitsplatzes, sondern wird Jahr für Jahr angespart und ist daher eine **Vorsorge- und keine Entschädigungsleistung**. Das Gesetz erkennt Arbeitnehmern das Recht auf eine Abfindung im Sinne des Art. 2120 CC („Regelung der Abfindung“) zu, der Folgendes regelt:

- **Garantie der Abfindung:** „In jedem Fall der Beendigung eines abhängigen Arbeitsverhältnisses hat der Erbringer der Arbeitsleistung das Recht auf eine Abfindung. Diese Abfindung wird berechnet, indem für jedes Jahr der Arbeitstätigkeit ein stets gleich hoher Anteil summiert wird, der nicht höher sein darf als die Summe der für das entsprechende Jahr geschuldeten Vergütung, geteilt durch 13,5. Dieser Anteil wird für Teilabschnitte eines Jahres proportional verringert, wobei Monate mit 15 oder mehr Tagen wie ganze Monate gerechnet werden.“

- **Bewertung der Abfindung** (4. und 5. Absatz): „Sie wird am 31. Dezember jedes Jahres aus mehreren Faktoren unter Anwendung einer Quote bewertet, die zu 1,5 Prozent ein festes Maß enthält, sowie 75 Prozent der Erhöhung des vom *ISTAT* ermittelten Lebenshaltungskostenindex für die Familien der Arbeiter und Angestellten, im Vergleich zum Dezember des Vorjahres."
- **Vorauszahlung der Abfindung:** „Der Arbeitnehmer kann, wenn er mindestens acht Jahre beim selben Arbeitgeber tätig war und noch in einem festen Arbeitsverhältnis steht, eine Vorauszahlung von maximal 70 Prozent der Abfindung, auf die er im Falle der Beendigung des Arbeitsverhältnisses zum Zeitpunkt seines Antrags einen Anspruch hätte, beantragen.

Der Arbeitgeber hat Anträgen von jährlich höchstens 10 Prozent der Anspruchsberechtigten gemäß dem vorhergehenden Absatz, und insgesamt für 4 Prozent aller Beschäftigten stattzugeben.

Der Antrag muss durch folgende Erfordernisse begründet sein:

- Eventuelle Arztrechnungen für Therapien und außerordentliche Eingriffe, die von den zuständigen öffentlichen Einrichtungen anerkannt sind;
- Durch notariellen Akt nachgewiesener Erwerb der ersten Wohnung für sich selbst oder seine Kinder.

Die Vorauszahlung kann im Laufe des Arbeitsverhältnisses nur einmal in Anspruch genommen werden und wird mit allen daran geknüpften Auswirkungen von der Abfindung abgezogen.

In dem von Art. 2122 CC genannten Fall wird der vorausgezahlte Betrag von der Zulage, die in derselben Vorschrift vorgesehen ist, abgezogen. Günstigere Bedingungen können von den Kollektivverträgen oder den individuellen Arbeitsverträgen vorgesehen werden. Die Kollektivverträge können außerdem Prioritätskriterien für die Bewilligung der Vorauszahlungsanträge festlegen."[5]

Diese Abfindung steht für ein tatsächliches, auf den Zeitpunkt der Beendigung des Arbeitsverhältnisses hinausgeschobenes Entgelt, um den Arbeitnehmer bei der Überwindung der wirtschaftlichen Schwierigkeiten zu unterstützen, die die Verringerung des Einkommens mit sich bringt. Sie ist eine Ergänzung zum Bruttoverdienst, aber nicht sofort verfügbar; es handelt sich um eine aufgeschobene Vergütung, deren Inhaber der einzelne Arbeitnehmer ist.

Der Arbeitgeber behält die Abfindung ein und trägt dafür die Verantwortung, mit dem Auftrag, sie wieder innerhalb des Betriebes zu investieren. Wenn der Betrieb in Konkurs

[5] Ab dem Jahr 2015 läuft ein Modellversuch, nach welchem Arbeitnehmer des privaten Sektors mit einer Betriebszugehörigkeit von mindestens 6 Monaten beantragen können, ihren Anteil am TFR monatlich ausgezahlt zu erhalten (Haushaltsgesetz Nr. 190/2014).

geht oder zum Zeitpunkt der Liquidation oder eines Antrags auf Vorauszahlung überschuldet und daher nicht zahlungsfähig ist, bürgt das *INPS* für das privatwirtschaftliche Unternehmen und zahlt die geschuldete Summe. Zu diesem Zweck ist ein spezieller Garantiefonds beim *INPS* eingerichtet, an den der Arbeitgeber alljährlich 0,20 % der besteuerbaren Monatsvergütung der Arbeitnehmer abführen muss.

4.3.2.2 Berechnung

Die Abfindung wird berechnet, indem für jedes Arbeitsjahr ein Betrag in Höhe von 6,91 % der zu berücksichtigenden Vergütung addiert wird.

Diese Quote entspricht der jährlichen Vergütung geteilt durch 13,5.

4.3.2.3 Die Reform von 2005

Die Reform der Abfindung aufgrund des D.Lgs. Nr. 252 von 2005 und der *Legge Finanziaria* von 2006 ordnet an, dass ab dem 1. Januar 2007 jeder abhängige Arbeitnehmer die Wahl hat, seine (künftig) anwachsende Abfindung entweder auf die Zusatzrentenfonds zu übertragen oder sie beim Arbeitgeber zu belassen.

Bezüglich der bei den staatlichen Versicherungsinstituten angesparten, den Rentenanspruch begründenden Beitragszeiten eröffnen sich verschiedene Wahlmöglichkeiten für die Arbeitnehmer.

4.3.2.3.1 Abhängige Arbeitnehmer, die ab dem 29. April 1993 bei einer Pflichtversicherung eingeschrieben sind

Die Wahl des Arbeitnehmers über die Anlage der Abfindung betrifft die gesamte noch anreifende Abfindung und kann explizit (ausdrückliche Erklärung) oder stillschweigend (stillschweigende Zustimmung zur Übertragung) geäußert werden.

Ausdrückliche Erklärung

Innerhalb von 6 Monaten ab seiner Einstellung hat der Arbeitnehmer die Wahl:

- die zukünftige Abfindung auf einen Zusatzrentenfonds zu übertragen;
- die zukünftige Abfindung beim Arbeitgeber zu belassen.

In Betrieben mit mehr als 50 Arbeitnehmern wird die gesamte Abfindung vom Arbeitgeber in den *Fondo per l'erogazione del TFR ai dipendenti del settore privato* (Fonds zur Auszahlung der Abfindung an abhängig Beschäftigte im privatwirtschaftlichen Bereich) übertragen, der vom *INPS* für den Staat geführt wird.

Der Arbeitgeber muss seine Entscheidung, die künftige Abfindung auf einen Zusatzrentenfonds zu übertragen, seinem Arbeitgeber durch schriftliche Erklärung mit Angabe des gewählten Zusatzrentenfonds mitteilen.

Die schriftliche Erklärung ist auch dann erforderlich, wenn er sich dafür entscheidet, die zukünftige Abfindung bei seinem Arbeitgeber zu belassen.

Stillschweigende Zustimmung

Wenn der Arbeitnehmer innerhalb von 6 Monaten sich nicht äußert, wie bezüglich der Abfindung vorzugehen ist, überträgt der Arbeitgeber die zukünftige Abfindung an den von den Kollektivverträgen oder -übereinkünften vorgesehenen kollektiven, auch territorialen, Rentenfonds oder an einen anderen, von einer anderen betrieblichen Vereinbarung vorgesehenen, kollektiven Rentenfond. Diese andere Vereinbarung muss der Arbeitgeber dem Arbeitnehmer unmittelbar und persönlich bekannt machen.

Falls es mehrere kollektive Rentenfonds gibt, überträgt der Arbeitgeber die zukünftige Abfindung:

- an den durch betriebliche Vereinbarung festgesetzten Fond;
- bei Fehlen einer solchen Vereinbarung an den Fond, dem die meisten Beschäftigten des Betriebes beigetreten sind.
- Bei Fehlen eines durch diese Kriterien bestimmbaren kollektiven Rentenfonds überträgt der Arbeitgeber die zukünftige Abfindung an einen geeigneten, beim *INPS* eingerichteten Zusatzrentenfonds, auf den bezüglich der Funktionsweise dieselben Regelungen angewendet werden wie auf die anderen Formen der Zusatzvorsorge.

Dreißig Tage vor Ablauf der 6 Monate, die für die Entscheidung erforderlich sind, muss der Arbeitgeber dem Arbeitnehmer, der noch keine Erklärung abgegeben hat, die notwendigen Informationen über den kollektiven Rentenfond mitteilen, an den im Falle seines Stillschweigens die zukünftige Abfindung übertragen wird.

Die Übertragung der zukünftigen Abfindung an einen Zusatzrentenfond, sowohl mit ausdrücklicher als auch mit stillschweigender Zustimmung,

- betrifft ausschließlich die zukünftige Abfindung. Die Abfindung, die bis zur Ausübung des Entscheidungsrechts angereift ist, verbleibt beim Arbeitgeber und wird am Ende des Arbeitsverhältnisses mit den gesetzlichen Aufwertungen ausgezahlt;
- führt zur automatischen Eintragung des Arbeitnehmers in den bereits im Vorfeld gewählten Fonds. Der eingetragene Arbeitnehmer genießt dann Informations- und Beteiligungsrechte bei dem Vorsorgefonds, dem er beigetreten ist;
- kann nicht widerrufen werden, während die Entscheidung, die zukünftige Abfindung beim Arbeitgeber zu belassen, zu jedem Zeitpunkt widerrufen werden kann, um einem Zusatzrentenfonds beizutreten.

4.3.2.3.2 Abhängige Arbeitnehmer, die vor dem 29. April 1993 bei einer Pflichtversicherung eingeschrieben waren

Diese Arbeitnehmer können,

- falls sie am 1. Januar 2007 bereits bei einem Zusatzrentenfonds eingetragen waren, sich durch schriftliche Erklärung an den Arbeitgeber (ausdrückliche Form) dafür ent-

scheiden, zum Fonds denselben Anteil wie in der Vergangenheit beizutragen und den verbleibenden Anteil beim Arbeitgeber zu belassen;
- falls sie am 1. Januar 2007 nicht bei einem Zusatzrentenfonds eingetragen waren, sich durch schriftliche Erklärung an den Arbeitgeber (ausdrückliche Form) dafür entscheiden, die zukünftige Abfindung in dem von den kollektiven Vereinbarungen festgelegten Ausmaß oder, bei Fehlen diesbezüglicher Vereinbarungen, im Ausmaß von mindestens 50 % an einen Zusatzrentenfonds zu übertragen.

In beiden Fällen bleibt die Möglichkeit bestehen, den Anteil der anreifenden Abfindung zu erhöhen, die auf den Zusatzrentenfonds übertragen werden soll.

Wenn Arbeitnehmer, die vor dem 29. April 1993 bei einer Pflichtversicherung eingetragen waren, keine ausdrückliche Entscheidung zur Abfindung treffen, gilt dies als stillschweigende Zustimmung zur Übertragung, und der Arbeitgeber überträgt gemäß der in „stillschweigende Zustimmung" erläuterten Vorgangsweise (siehe oben) die künftige Abfindung vollständig auf den ermittelten Zusatzrentenfonds.

4.3.2.3.3 Finanzierung der Rentenfonds und Anlage der Beiträge

Beiträge an die Zusatzrentenfonds sind möglich mittels

- der künftigen Abfindung;
- Beiträgen zu Lasten des Arbeitnehmers;
- Beiträgen zu Lasten des Arbeitgebers.

Ab dem 1. Januar 2007 kann man den Zusatzrentenfonds auch beitreten, indem man lediglich die zukünftige Abfindung überträgt. Dieser Beitritt führt nicht zur Verpflichtung, andere Beiträge zu entrichten, weder von Seiten des Arbeitnehmers noch von Seiten des Arbeitgebers.

Wer beitritt, kann sich dennoch dafür entscheiden, weitere Beiträge zu leisten, wobei er deren Höhe frei bestimmen kann; in diesem Falle hat er, wenn dies die kollektiven Übereinkommen oder Verträge vorsehen, das Recht auf Überweisung von Beiträgen zu Lasten des Arbeitgebers. Nur bei Fehlen von Kollektivverträgen ist es die freie Entscheidung des Arbeitgebers, ob er zu seinen Lasten einen Beitrag in den Zusatzrentenfonds, dem der Arbeitgeber beigetreten ist, einzahlt.

Bei den kollektiven Rentenfonds können Übereinkommen und Verträge die Mindesthöhe des Beitrags (als festen Betrag oder als Prozentanteil der Vergütung) der Arbeitnehmer und Arbeitgeber festlegen.

Bei den individuellen Rentenfonds hat der Arbeitnehmer im Falle, dass er Beiträge zu seinen Lasten einzahlt, je nach den kollektivvertraglich vorgesehenen Regelungen auch das Recht auf Beitragsleistungen zu Lasten des Arbeitgebers.

Für jeden Arbeitnehmer, der beitritt, bildet der Zusatzrentenfond eine individuelle Rentenposition, in der die eingezahlten Beiträge (Abfindung und eventuelle Beiträge des Arbeitnehmers und des Arbeitgebers) zusammenfließen. Die eingezahlten Beiträge werden gemäß den vom Rentenfonds festgesetzten Investitionsgrundsätzen in Aktien, Staatsanleihen und anderen Schuldverschreibungen, Investmentfonds, etc. angelegt und bringen im Laufe der Zeit variable Erträge, abhängig von der Marktentwicklung und den getroffenen Entscheidungen. Die von den spezialisierten Fondsverwaltern (*gestori*) verwalteten Beiträge bilden einen separaten und selbstständigen Vermögenswert, der ausschließlich Vorsorgezwecken gewidmet und der Zwangsvollstreckung durch die Gläubiger des *gestore* entzogen ist.

Spezielle Aufsichtsvorschriften legen strenge Kriterien für die Bestimmung und Risikoverteilung bei der Wahl der Anlageformen fest. Die *COVIP* (*Commissione di vigilanza sui fondi pensione* – Aufsichtskommission für die Rentenfonds) überwacht die Beachtung und Einhaltung dieser Vorschriften.

Bei einigen Rentenfonds ist die Investitionspolitik bezüglich der Mittel für alle Mitglieder gleich (Fonds mit einheitlicher Investitionslinie), somit profitieren alle auf dieselbe Weise von den Erträgen der Finanzentscheidungen.

Bei anderen Fonds gibt es eine Aufteilung auf mehrere Investitionslinien, die sich untereinander durch Art und Risiko unterscheiden. In diesem Fall wählt das Mitglied die Investitionslinie, der er beitreten will, nach seinem persönlichen Ermessen. In die Wahl der geeignetsten Investitionslinie sind die eigenen sozio-ökonomischen Umstände, das Alter, die Zeitspanne bis zur Pensionierung und die persönliche finanzielle Risikobereitschaft einzubeziehen. Jüngere Arbeitnehmer könnten geneigter sein, aggressivere Investitionslinien mit dem Schwerpunkt auf Aktien zu wählen, die einen höheren Risikograd, aber auch höhere Chancen auf langfristig hohe Erträge enthalten. Arbeitnehmer, die näher an der Pensionierung stehen, könnten den Beitritt zu einer risikoscheueren Investitionslinie mit dem Schwerpunkt auf Schuldverschreibungen bevorzugen.

Im Falle eines stillschweigenden Beitritts zu Zusatzrentenfonds sieht die neue Regelung weiterhin vor, dass die Abfindung auf die risikoscheue Investitionslinie übertragen wird, um die Rückerstattung des Kapitals und der Erträge, die mit dem Aufwertungssatz der Abfindung vergleichbar sind, zu garantieren.

4.4 Rechte des Arbeitgebers

Die Gesamtheit der Rechte des Arbeitgebers wird unter dem Begriff des Weisungsrechts zusammengefasst, das aus einer Menge von Möglichkeiten gegenüber den untergeordneten Arbeitnehmern besteht:

- Aus dem Weisungsrecht im engeren Sinn;
- Aus dem Aufsichts- und Kontrollrecht;
- Aus dem Disziplinierungsrecht.

4.4.1 Weisungsrecht

4.4.1.1 Rechtsgrundlage

Das Weisungsrecht des Arbeitgebers, das untrennbar mit der Notwendigkeit eines dynamischen Verlaufs des bestehenden Arbeitsverhältnisses verknüpft ist, findet seine Grundlage in einigen Vorschriften des *Codice Civile*. Insbesondere definiert Art. 2094 den unselbstständigen Arbeitnehmer als eine Person, die ihre Arbeitsleistung „in Abhängigkeit und unter der Weisung des Unternehmers" erbringt. Art. 2104, Abs. 2 CC definiert und beschränkt den Inhalt des Weisungsrechts, indem er festlegt, dass ein abhängiger Arbeitnehmer die Anweisungen für die Ausübung der Arbeit sowie die dafür vom Unternehmer und von den ihm hierarchisch übergeordneten Mitarbeitern aufgestellten Regeln befolgen muss.

Diese Befugnis besteht nur dann und kann nur in dem Maße rechtmäßig ausgeübt werden, in dem sie für die Durchführung des Arbeitsverhältnisses gemäß der vertraglichen Vereinbarung erforderlich ist. Der Arbeitgeber kann deshalb nur insoweit Weisungen erteilen und der Arbeitnehmer muss diese nur insoweit befolgen, als diese unbedingt zur Verwirklichung der vertraglichen Pflichten zweckmäßig sind.

Das Weisungsrecht gestaltet sich also als aktive, subjektive Situation des Arbeitgebers in seiner Eigenschaft als Gläubiger der Arbeitsleistung und gleichzeitig als Ausdruck einer hierarchischen Autorität, die dem Unternehmer in seiner Eigenschaft als Leiter des Unternehmens zusteht (Art. 2086 CC), aus.

4.4.1.2 Inhaberschaft und Ausübung

Aus Art. 2104, Abs. 2 CC ergibt sich, dass der Unternehmer Inhaber des Weisungsrechts ist und dass dieses nicht nur vom Arbeitgeber persönlich ausgeübt werden kann, sondern auch von abhängig Beschäftigten des Unternehmens, denen der Arbeitnehmer hierarchisch untergeordnet ist.

Insbesondere in Unternehmen einer bestimmten Größe werden mit der Ausübung der oben genannten Befugnis nämlich oft – mehr oder weniger umfassend – Mitarbeiter des Unternehmers betraut, darunter vor allem leitende Angestellte.

Allerdings wird dieses Weisungsrecht je nach Position und Professionalität des Arbeitnehmers mit unterschiedlicher Intensität ausgeübt, und zwar in dem Sinne, dass die Weisungen mit zunehmender Professionalität des Arbeitnehmers weniger weit in den Arbeitsbereich eingreifen.

4.4.1.3 Gestaltungsrecht

Das Weisungsrecht setzt sich aus zwei Befugnissen zusammen: die Befugnis zu Anweisungen hinsichtlich der Arbeitsausführung (sog. Gestaltungs- oder Spezifizierungsrecht) und die Befugnis zu Anweisungen, um die Disziplin am Arbeitsplatz sicherzustellen.

Mit dem Gestaltungsrecht legt der Arbeitgeber konkret fest, welche Tätigkeit der Arbeitnehmer durchführen muss, um die allgemeine Arbeitsverpflichtung konkret zu erfüllen, die sich aus dem Vertrag aufgrund der Qualifikation und der ihm zugeteilten Aufgabenbereiche ergibt. Natürlich muss dieses Recht unter Einhaltung der gesetzlichen und vertraglichen

Regelungen ausgeübt werden, also unter Beachtung der Grenzen, die diese dem Arbeitgeber setzen. Der Unternehmer darf somit beispielsweise nicht die Vorschriften bezüglich der Aufgabenbereiche, der Arbeitszeiten, der wöchentlichen Ruhezeiten oder des Urlaubs verletzen.

4.4.1.4 Befugnis zur Regelung des betrieblichen Zusammenlebens

Wie dargelegt, kann das Weisungsrecht auch ausgeübt werden, um die Disziplin am Arbeitsplatz sicherzustellen. In diesem Falle findet es seinen Ausdruck in der Befugnis, Regelungen vorzuschreiben, die auf ein geordnetes Zusammenleben innerhalb des Unternehmens ausgerichtet sind. Als Beispiel sind solche zu nennen, die die Modalitäten des Betretens und des Verlassens des Arbeitsplatzes betreffen.

Der bedeutendste Ausdruck dieses Aspektes des Weisungsrechts ist die betriebsinterne Ordnung, mit der in großen Unternehmen mit allgemeinen und abstrakten Vorschriften die Arbeitsbedingungen und die Disziplin am Arbeitsplatz geregelt werden.

Die Vorschriften sind nur insoweit gültig, als sie nicht den Gesetzen, den kollektivvertraglichen Regelungen und eventuell getroffenen Übereinkünften im individuellen Arbeitsvertrag widersprechen.

4.4.2 Kontrollrecht

Das Weisungsrecht im Sinne einer Befugnis, die Durchführung des Arbeitsverhältnisses zu planen, ist für sich allein nicht ausreichend, um das Interesse des Arbeitgebers als Gläubiger der Arbeitsleistung vollständig zu befriedigen. Dies erklärt, weshalb dem Arbeitgeber stets – auch ohne explizite Bezugsnormen, die es erst mit dem *Statuto dei lavoratori* gab – das Recht zuerkannt wird, die Durchführung der Arbeitsleistung zu kontrollieren.

Der Ausübung dieses Rechts werden, wie bei jedem Recht, das einer Vertragspartei zusteht, die Grenzen durch die Grundsätze von Treu und Glauben und die guten Sitten gesetzt.

Das *Statuto dei lavoratori* sieht allerdings bestimmte Beschränkungen für das Kontrollrecht des Arbeitgebers vor, welche Freiheit, Würde und Privatsphäre des Arbeitnehmers schützen sollen. Sie werden nachfolgend in Verbindung mit anderen Vorschriften, die die Ausübungsmodalitäten für die einzelnen Kontrollmöglichkeiten regeln, näher betrachtet.

4.4.2.1 Kontrolle der Arbeitstätigkeit

Überwachungspersonal

Die Kontrolle des Arbeitnehmers, die durch ihm hierarchisch unmittelbar übergeordnete Personen ausgeübt wird, wird nicht durch besondere Regelungen beschränkt.

Im Übrigen kann der Arbeitgeber die Überwachung der Arbeitstätigkeit oder der durch eine bereits beendete Arbeitsleistung erzielten Ergebnisse durch eigens für diese Aufgabe eingesetzte Beschäftigte nur dann durchführen, wenn – wie von der Vorschrift in Art. 3 des Gesetzes Nr. 300/1970 verlangt – deren Namen und deren spezifische Aufgabenbereiche bereits im Vorfeld den betroffenen Arbeitnehmern mitgeteilt wurden (beispielsweise durch Aushang auf dem Schwarzen Brett des Betriebes).

Die Verpflichtung zur Bekanntgabe der Namen und Aufgabenbereiche des Überwachungspersonals besteht nicht nur für solche Personen, die diese Aufgabe ausschließlich und kontinuierlich ausüben, sondern auch für alle jene, die mit der Aufgabe der Überwachung de facto nicht dauerhaft, sondern nur für außergewöhnliche und vorübergehende Situationen betraut wurden.

Audiovisuelle Überwachung

Das Gesetz (Art. 4 des Gesetzes Nr. 300/1970) verbietet den Einsatz audiovisueller Überwachungsanlagen und anderer auf eine Überwachung der Arbeitstätigkeit ausgerichteter Geräte, sofern sie nicht beide nachfolgend genannten Bedingungen erfüllen:

- Das Anbringen solcher Anlagen muss aus organisatorischen und produktiven Gründen oder aus Gründen der Arbeitssicherheit objektiv notwendig sein.
- Der Einsatz solcher Anlagen darf ausschließlich zu gesetzlich erlaubten Zwecken erfolgen und muss Gegenstand einer Vereinbarung zwischen dem Arbeitgeber und der im Betrieb vorhandenen gewerkschaftlichen Vertretung sein, die die größte Anzahl von Arbeitnehmern vertritt. Fehlt eine solche, ist eine Genehmigung der lokalen Arbeitsverwaltung (DTL) erforderlich (Schreiben des Arbeitsministeriums Nr. 2975/2005). Falls keine Vereinbarung zustande kommt, wird die Provinzialdirektion für Arbeit auf Antrag des Arbeitgebers tätig und schreibt, wo dies erforderlich ist, die Bedingungen für den Einsatz solcher Anlagen vor; gegen die Maßnahme der Aufsichtsbehörde kann innerhalb von dreißig Tagen sowohl vom Arbeitgeber als auch von den Gewerkschaften der betroffenen Arbeitnehmer beim Arbeitsministerium Widerspruch erhoben werden.

Vereidigter Wachdienst

Art. 2 des Gesetzes Nr. 300/1970 verbietet den Einsatz vereidigter Wachleute zu dem Zweck, die Arbeitstätigkeit der Beschäftigten zu kontrollieren. Deshalb dürfen vereidigte Wachleute nur zur Überwachung und zum Schutz des Betriebsvermögens eingesetzt werden und während der Arbeitszeit keinen Zugang zu den Räumen haben, in denen die Arbeitstätigkeit verrichtet wird, außer dies erfolgt nur gelegentlich und wegen bestimmter und begründeter Erfordernisse im Hinblick auf ihre besonderen Funktionen.

Daraus ergibt sich, dass vereidigte Wachleute gegenüber den Arbeitnehmern Handlungen oder Tatsachen, die nicht den Schutz des beweglichen und unbeweglichen Betriebsvermögens betreffen, nicht beanstanden dürfen; die Beanstandungen, die sie gegenüber den Arbeitnehmern erheben, haben keine disziplinarische Funktion, weshalb dafür auch das Verfahren, das in Art. 7 des Gesetzes Nr. 300/1970 für die Auferlegung von disziplinarischen Sanktionen geregelt ist, hier nicht angewendet werden darf.

Wer vereidigte Wachleute einstellt, muss außerdem – laut Art. 2 des königlichen Gesetzesdekrets Nr. 1952/1935 – dem Polizeipräsidenten (*questore*) der Provinz, in dessen Gebiet dieser Dienst verrichtet wird, sämtliche Modalitäten der Ausübung dieses Dienstes sowie eine nähere Beschreibung der jedem vereidigten Wachmann zugewiesenen Aufgaben zur Genehmigung vorlegen.

Außerdem beantragt die Provinzialdirektion für Arbeit in jedem Fall, in dem ein vereidigter Wachmann die Verbote, die Arbeitstätigkeit zu kontrollieren und die Arbeitsräume während der Arbeitszeit zu betreten, nicht befolgt, beim Polizeipräsidenten (*questore*) die Suspendierung. In schwereren Fällen besteht die Möglichkeit, die Lizenz durch den Präfekten aberkennen zu lassen.

4.4.2.2 Personenkontrolle (Leibesvisitationen)

Das *Statuto dei lavoratori* schreibt enge Voraussetzungen für die Zulässigkeit von Leibesvisitationen vor.

Laut Arbeitsministerium versteht man unter „Leibesvisitationen" – auf die sich die im Folgenden ausgeführten „Zulässigkeitsvoraussetzungen" beziehen – Durchsuchungen, die die Person des Arbeitnehmers sowie seine persönliche Habe und alles normalerweise damit Zusammenhängende (z. B. Taschen, Handtaschen, usw.) betreffen.

Zu Leibesvisitationen gehören allerdings nicht jene Durchsuchungen von Päckchen, Schachteln und anderen Dingen, welche – sofern sie nicht direkt dem Arbeitnehmer gehören – der Betrieb verwahren oder öffnen könnte, oder deren Mitnahme in die Geschäftsräume des Betriebs verboten werden kann (Schreiben des Arbeitsministerium s Nr. 51518/72). Daraus leitet sich ab, dass im letztgenannten Fall Leibesvisitationen auch bei Fehlen der gesetzlich festgelegten und nachfolgend erläuterten Voraussetzungen, aber nur unter Beachtung der allgemeinen Grundsätze der guten Sitten und von Treu und Glauben, durchgeführt werden können.

Insbesondere sind, in Anwendung von Art. 6 des Gesetzes Nr. 300/1970, Leibesvisitationen nur dann zulässig, wenn:

- sie für den Schutz des Betriebsvermögens und hinsichtlich der Beschaffenheit der Arbeitsgeräte, der Rohmaterialen oder der Erzeugnisse unverzichtbar sind. Die Unerlässlichkeit der Leibesvisitationen muss nach der Rechtsprechung einerseits im Hinblick auf Art und wirtschaftlichen Wert der zu schützenden Gegenstände beurteilt werden, andererseits unter Abwägung der Möglichkeiten, auf diverse alternative, rechtlich und technisch anwendbare Kontrollmechanismen zurückzugreifen;
- bei ihrer Durchführung die Würde und Privatsphäre des Arbeitnehmers gewahrt bleiben und die Arbeitnehmer, bei denen eine Leibesvisitation vorgenommen wird, mittels automatischer Auswahlsysteme ausgesucht werden, welche sich auf die Gesamtheit oder Gruppen von Beschäftigten beziehen;
- sie bei Verlassen der Arbeitsorte durchgeführt werden;
- die Art ihrer Durchführung zwischen dem Arbeitgeber und den Betriebsgewerkschaftsvertretungen oder, bei Fehlen solcher, den internen Kommissionen vereinbart wurde. Falls es eine solche Vereinbarung nicht gibt, trifft die lokale Arbeitsverwaltung (DTL) auf Antrag des Arbeitgebers entsprechende Maßnahmen; gegen die Maßnahmen der Aufsichtsbehörde können sowohl der Arbeitgeber als auch die Gewerkschaften der betroffenen Arbeitnehmer innerhalb von dreißig Tagen beim Arbeitsministerium Widerspruch erheben.

4.4.2.3 Kontrolle der körperlichen Eignung des Arbeitnehmers

Art. 5, Abs. 3 des Gesetzes Nr. 300/1970 sieht vor, dass der Arbeitgeber durch Mediziner, die öffentlichen Körperschaften oder spezialisierten Instituten des öffentlichen Rechts angehören, die körperliche Eignung des Arbeitnehmers überprüfen lassen kann.

Die Rechtsprechung hat diesbezüglich bestätigt, dass die Ergebnisse der Gesundheitsüberprüfungen nicht verwendet werden dürfen, wenn diese ausschließlich in einer akuten Krankheitsphase durchgeführt worden sind.

Gem. Art. 6 des Gesetzes Nr. 135/1990 ist es dem Arbeitnehmer verboten, bei Arbeitnehmern oder Personen, die für die Begründung eines Arbeitsverhältnisses in Frage kommen, Untersuchungen über das Vorliegen einer HIV-Infektion vornehmen zu lassen.

Dennoch ist es nach dem Urteil Nr. 218 vom 2. Juni 1994 des Verfassungsgerichtshofs als zulässig anzusehen, dass der Arbeitgeber vom Arbeitnehmer verlangt, sich ärztlichen Untersuchungen zu unterziehen, die sicherstellen sollen, dass keine HIV-Infektion vorliegt, falls ein Einsatz des Arbeitnehmers für Aufgabenbereiche vorgesehen ist, in denen ein Gesundheitsrisiko für Dritte besteht.

4.4.2.4 Kontrolle der Ansichten und der Privatsphäre der Arbeitnehmer

Die Verfassung erkennt in Art. 21 das Recht auf freie Meinungsäußerung an, und zwar mündlich, schriftlich und durch alle anderen Mittel der Verbreitung.

Die Ausübung dieses Rechts im Arbeitsleben wird vom *Statuto dei lavoratori* garantiert, das einerseits in Art. 1 das Recht der Arbeitnehmer anerkennt, ihre Meinung frei an den Orten zu äußern, an denen sie ihre Arbeitsleistung erbringen, und andererseits in Art. 8 dem Arbeitgeber verbietet, vor einer beabsichtigten Einstellung oder während des laufenden Arbeitsverhältnisses selbst oder mit Hilfe Dritter Nachforschungen über die politische, religiöse oder gewerkschaftliche Haltung der Arbeitnehmer vorzunehmen, sofern es sich nicht um Nachforschungen handelt, die zur Bewertung der beruflichen Eignung des Arbeitnehmers erforderlich sind.

Sowohl vor einer beabsichtigten Einstellung als auch während eines laufenden Arbeitsverhältnisses ist es dem Arbeitgeber verboten, direkt oder mit Hilfe Dritter Nachforschungen über Tatsachen anzustellen, die nicht der Bewertung der beruflichen Eignung des Arbeitnehmers dienen.

4.4.3 Disziplinarrecht

Das von Art. 2106 CC vorgesehene Disziplinarrecht bildet einen der Aspekte des Weisungsrechts des Arbeitgebers. Es besteht in der Möglichkeit, spezifische Sanktionsmaßnahmen anzuwenden, wenn der Arbeitnehmer seine Sorgfalts-, Gehorsams- und Loyalitätspflicht verletzt.

Das Disziplinarrecht ist durch den *Statuto dei lavoratori* (Gesetz Nr. 300/1970) beschränkt worden.

4.4.3.1 Materielle Beschränkungen

Die materiellen Voraussetzungen für die korrekte Ausübung des Disziplinierungsrechts sind im Wesentlichen:

- Vorliegen und Zurechenbarkeit des Tatbestandes: Die Beweislast für das Vorliegen des Tatbestandes trägt der Arbeitgeber. Falls der Leistungserbringer der Auffassung ist, der ihm vorgeworfene Tatbestand sei ihm nicht zuzurechnen (beispielsweise wegen höherer Gewalt, Zufall, Handeln Dritter, etc.), muss er Gründe dafür vorweisen.
- Verhältnismäßigkeit zwischen Verstoß und Sanktion: Die von Art. 2106 CC vorgesehene Voraussetzung der Verhältnismäßigkeit verbietet es dem Arbeitgeber, Sanktionen zu verhängen, die mit dem angelasteten Regelverstoß nicht im Verhältnis stehen. Im Normalfall sehen die Kollektivverträge Strafdrohungen für bestimmte unrechtmäßige Verhaltensweisen vor. In diesem Fall darf der Arbeitgeber keine schwereren Sanktionen als die kollektivvertraglich festgelegten verhängen. Die endgültige Kontrolle über die Verhältnismäßigkeit obliegt jedoch dem Richter, vor dem die Sanktion angefochten wird und der auf ausdrücklichen Antrag auch die vom Arbeitgeber verhängte Sanktion (falls keine Verhältnismäßigkeit vorliegt) durch eine angemessene ersetzen kann.

4.4.3.2 Formelle Beschränkungen

Art. 7 des *Statuto dei lavoratori* hat einige formelle Voraussetzungen für die korrekte Ausübung des Disziplinierungsrechts eingeführt.

Der Arbeitgeber muss zunächst im Voraus eine Disziplinarordnung festlegen, die die Vorgehensweise bei einer Beanstandung sowie die Regelverstöße und die dazugehörigen Sanktionen regelt. Es können nur die gesetzlich vorgesehenen Strafen angedroht werden:

- Mündliche Abmahnung,
- Schriftliche Verwarnung,
- Geldbuße,
- Suspendierung,
- Entlassung aus disziplinarischen Gründen.

Auf keinen Fall dürfen zu Disziplinierungszwecken Maßnahmen angeordnet werden, die Teil des normalen Arbeitsverhältnisses sind (Versetzung, Änderung der Aufgabenbereiche, usw.).

Weiterhin muss der Arbeitgeber die Disziplinarordnung durch Aushang an einem für alle Beschäftigten zugänglichen Ort veröffentlichen. Wenn es keine Disziplinarordnung im Betrieb gibt oder eine solche nicht im Vorfeld ausgehängt wurde, können nur Verhaltensweisen, die gemeinhin als unsozial gelten und/oder vom Gesetz als Delikt eingestuft werden, sanktioniert werden.

Der Arbeitgeber hat schließlich den Leistungserbringer wegen der Verfehlung schriftlich zu ermahnen. Bei der Ermahnung sind einige Prinzipien zu beachten:

- **Unmittelbarkeit**: Die Ermahnung muss so bald wie möglich erfolgen, in jedem Fall innerhalb des kollektivvertraglich festgelegten Zeitraums. Für den Kassationsgerichtshof ist die **Unmittelbarkeit** Voraussetzung für die Rechtmäßigkeit der Maßnahme.
- **Spezifität**: Die Tatbestandsmerkmale werden exakt bestimmt, um eine genaue Begründung zu gewährleisten.
- **Unveränderbarkeit**: Der in der Ermahnung enthaltene Tatbestand kann nachträglich nicht mehr geändert werden.

Der Arbeitgeber muss außerdem dafür sorgen, dass der Arbeitnehmer sein Verteidigungsrecht ausüben kann. Dieser muss angehört werden, wann immer er dies verlangt. Auf jeden Fall können Sanktionen, die schwerer als eine mündliche Abmahnung sind, nicht vor Ablauf von 5 Tagen nach der Ermahnung auferlegt werden. Das Gesetz setzt keine Höchstfrist fest, innerhalb derer der Arbeitgeber die Sanktion verhängen muss, allerdings sehen einige Kollektivverträge (beispielsweise der der Metallarbeiter) eine solche Frist vor.

Während der Arbeitnehmer bei einer Entlassung aus disziplinarischen Gründen die Entlassung auf die Weise und mit den Fristen anfechten kann, die für die Anfechtung einer Kündigung vorgesehen sind, kann die vom Arbeitgeber eventuell angedrohte Sanktion, die keine Kündigung zum Inhalt hat, nach Wahl des Arbeitnehmers auf drei verschiedene Arten angefochten werden:

- Durch Widerspruch beim Arbeitsgericht innerhalb der ordentlichen Verjährungsfrist von zehn Jahren;
- Vor den im anzuwendenden Kollektivvertrag eventuell vorgesehenen Schiedsgerichten;
- Vor Schlichtungs- und Schiedskollegien, die bei den lokalen Arbeitsverwaltungen (DTL) eingerichtet sind (auch auf Antrag der Gewerkschaft, innerhalb von 20 Tagen ab Androhung der Sanktion).

Die Anfechtung vor den Schiedskollegien führt zur vorübergehenden Aufhebung der Sanktion bis zum Abschluss des Verfahrens. Wenn der Arbeitgeber nicht durch Benennung eines Vertreters am Schiedsverfahren teilzunehmen wünscht, kann er innerhalb von zehn Tagen – bei sonstigem Verlust der Gültigkeit der Sanktionsmaßnahme – das Arbeitsgericht anrufen. Auch in diesem Fall bleibt die Sanktion bis zur gerichtlichen Entscheidung aufgehoben (Art. 71. 300/1970).

5 Regelung der Arbeitszeit

In der italienischen Rechtsordnung versteht man unter **Arbeitszeit** „jeden Zeitraum, in dem der Arbeitnehmer am Arbeitsplatz ist, dem Arbeitgeber zur Verfügung steht und seine Tätigkeit oder Funktionen ausübt" (D.Lgs. Nr. 66/2003, Art. 1, Abs. 2, Buchstabe a).

5.1 Zugrunde liegende Rechtsvorschriften

Die Verfassung liefert weder eine Definition der Arbeitszeit noch grenzt sie diese ein; Art. 36, Abs. 2 der Verfassung beschränkt sich darauf, hinsichtlich der Festlegung einer täglichen Maximaldauer auf das Gesetz zu verweisen, und Art. 2107 CC verweist seinerseits hinsichtlich der zeitlichen Gestaltung des Arbeitstages und der Arbeitswoche auf die Sondergesetze und Kollektivverträge.

Lange Zeit war die Regelung über die Arbeitszeit vom R.D. Nr. 692/1923 vorgegeben, das für die Erbringung der Arbeitsleistung einen Maximalrahmen mit 8 Stunden täglich und 48 Stunden wöchentlich vorsah. Dieselbe Norm legte auch die Grenzen für Überstunden mit 2 Stunden täglich bzw. 12 Stunden wöchentlich fest. Diese Regelung erfuhr eine teilweise Änderung durch Gesetz Nr. 196/1997, welches im Einklang mit den Leitlinien der Kollektivverträge die wöchentliche Arbeitszeit auf 40 Stunden wöchentlich und 8 Stunden täglich reduzierte und schließlich von Gesetz Nr. 66/2003 abgeändert wurde.

Die neue Regelung gemäß D.Lgs. 66/2003 wird für alle Arten von Arbeitsverträgen einschließlich solcher des öffentlichen Bereichs sowie für volljährige Auszubildende angewendet, wobei es einige Ausnahmen hinsichtlich der Arbeit folgender Personengruppen gibt:

- Seeleute,
- Das fliegende Personal der Zivilluftfahrt,
- Schulpersonal,
- Minderjährige Arbeitnehmer.

R. Dolce, D. de Luca, *Arbeitsrecht in Italien*, DOI 10.1007/978-3-658-12632-2_5

Außerdem sind Arbeitnehmer ausgeschlossen, deren Arbeitszeiten aufgrund der ausgeübten Tätigkeit nicht vorher festgelegt sind oder die der Arbeitnehmer selbst bestimmen kann:

- Leitende Angestellte,
- Führungskräfte der Wirtschaft,
- Arbeitskräfte mit autonomer Entscheidungsbefugnis,
- Arbeitskräfte, die Familienangehörige sind,
- Arbeitnehmer im liturgischen Bereich,
- Heimarbeit,
- Ortsungebundene Arbeit.

5.2 „Normale" Arbeitszeit

Das D.Lgs. Nr. 66/2003 definiert in Annäherung an das Gesetz Nr. 196/1997 *normale Arbeitszeit* als eine Arbeitszeit von höchstens 40 Wochenstunden. Die Kollektivverträge können in Anlehnung an die EU-Richtlinie 93/104/CE und die nachfolgende Änderung 2000/34/CE die wöchentliche Arbeitszeit abändern (sog. *multiperiodale Arbeitszeit*) und diese auf eine Durchschnittsdauer bezüglich eines vorbestimmten Zeitraums von höchstens einem Jahr übertragen.

Weiterhin kann in den Kollektivverträgen nach Art. 4 des D.Lgs. Nr. 66/2003 eine *Höchstdauer* der Arbeitszeit festgelegt werden, die allerdings 48 Stunden wöchentlich (einschließlich Überstunden) in einem Zeitraum von höchstens 4 Monaten (ein Zeitraum, der bei Vorliegen objektiver, technischer oder arbeitsorganisatorischer Gründe auf 6 oder 12 Monate erhöht werden kann) nicht übersteigen darf. Das Überschreiten der Grenze von 48 Stunden verpflichtet den Arbeitgeber einer Produktionseinheit mit mehr als 10 abhängig Beschäftigten dazu, die Provinzialdirektion für Arbeit rechtzeitig darüber in Kenntnis zu setzen.

5.2.1 Definition der Arbeitswoche

Es liegt keine Definition der Arbeitswoche vor, so dass jeder Zeitraum von sieben Tagen als eine solche angesehen werden kann. Die Arbeitgeber haben die Möglichkeit, die Arbeitswoche an einem beliebigen Tag beginnen zu lassen oder als Arbeitswoche die Kalenderwoche – von Montag bis Sonntag – gelten zu lassen. All dies ist von erheblicher Bedeutung für die Berechnung der wöchentlichen Arbeitszeit-Höchstgrenze, vor allem für Schichtarbeiter oder in Branchen, in denen die Kalenderwoche nicht berücksichtigt wird – Tourismus, Grundversorgung, fortlaufende Produktion etc.

5.2.2 Tägliche Arbeitszeit

Eine Höchstgrenze für die tägliche Arbeitszeit ist im neuen Gesetz nicht vorgesehen; die 8 Stunden (plus höchstens zwei Überstunden) täglicher Arbeitspflicht gelten als Durchschnittswert für einen Zeitraum von 4 Monaten. Die tägliche Höchstgrenze unter Einbeziehung von Überstunden wird nur indirekt aus Art. 7 abgeleitet, der festlegt, dass *„der Arbeitnehmer alle 24 Stunden das Recht auf Erholung im Ausmaß von elf zusammenhängenden Stunden"* hat. Diese steigt also von 8 auf 13 Stunden.

Aber auch diese Grenze von 13 Stunden täglicher Arbeitszeit ist nicht bindend. Kollektivverträge, Betriebsvereinbarungen oder ein Dekret des Ministers können die tägliche Grenze von 13 Stunden abändern, falls dies durch eine geringere Arbeitszeit in den Folgewochen oder durch entsprechende Erholungszeiten ausgeglichen wird (Art. 17). Dass eine solche Abänderung vorgesehen ist, stellt eine offensichtliche Verletzung des zweiten Absatzes des Artikels 36 der Verfassung dar, der dem Gesetz die Aufgabe überträgt, die Höchstdauer eines Arbeitstages festzulegen.

5.2.3 Pausen während der Arbeitszeit

Das D.Lgs. Nr. 66/2003 enthält keine Regelung über Pausen während der Arbeitszeit. Die Dauer von 45 Minuten für die Mittagspause bleibt für alle Kategorien von Arbeitnehmern unverändert. Für Arbeitsschichten von mehr als 6 Stunden am Tag ist eine Pause von 10 Minuten für das Abendessen festgelegt (Art. 8), wobei in den Kollektivverträgen vorgesehene günstigere Bedingungen unberührt bleiben.

Der neue **Einheitstext zur Arbeitssicherheit** (D.Lgs. vom 9. April 2008, Nr. 81, Gazzetta Ufficiale Nr. 101 von 2008) sieht in Art. 175 für alle Arbeitnehmer, die an Computern arbeiten, eine Pause von 15 Minuten pro 120 Minuten kontinuierlicher Arbeit vor, sofern kollektivvertraglich keine für den Arbeitnehmer günstigeren Regelungen getroffen wurden. Verstöße werden mit einer Geldbuße und Haft von mindestens drei Monaten (Art. 177, Absatz a) bestraft.

Art. 16 des D.Lgs. Nr. 66/2003 sieht ausdrücklich vor, dass die Regelung der wöchentlichen Arbeitszeit nicht in folgenden Fällen anzuwenden ist:

- Für die in Art. 4 des *regio decreto legge* Nr. 692 vom 15. März 1923 enthaltenen Tatbestände, abgeändert vom Gesetz Nr. 473 vom 17. April 1925 und nachfolgende Änderungen (Tätigkeiten in der Landwirtschaft);
- Für die Tatbestände gemäß *regio decreto legge* Nr. 1957 vom 10. September 1923 und nachfolgende Änderungen, zu den ebendort vorgesehenen Bedingungen, und die Tatbestände gemäß Art. 8 und 10 des *regio decreto legge* Nr. 1955 vom 10. September 1923 (Saisonarbeiten);
- Für Tätigkeiten in der Industrie zur Exploration und Gewinnung von Kohlenwasserstoffen, sowohl im Meer als auch an Land, zum Verlegen von Leitungen und deren Einrichtung im Meer;

- Für Tätigkeiten, die eine Arbeit mit Unterbrechungen oder einfach Bereitschaft oder Überwachung erfordern und in der Tabelle aufgezählt sind, die mit dem *regio decreto legge* Nr. 2657 vom 6. Dezember 1923 und nachfolgenden Änderungen und Ergänzungen genehmigt wurden, zu den ebendort vorgesehenen Bedingungen;
- Für Handlungsreisende oder Handelsvertreter;
- Für reisendes Personal des öffentlichen Verkehrs auf dem Landweg;
- Bei befristet eingestellten landwirtschaftlichen Arbeitern;
- Für bei Verlagen für Zeitungen und Zeitschriften und bei Presseagenturen abhängig beschäftigte professionelle Journalisten, Volontäre und Publizisten sowie solche, die bei öffentlichen und privaten Rundfunkanstalten abhängig beschäftigt sind;
- Für Arbeiter und Angestellte bei Druckereien, die für die Zusammenstellung, den Druck und die Auslieferung von Tages- und Wochenschriften, von Dokumenten, die für das Funktionieren der nationalen und internationalen Gesetzgebungs- und Verwaltungsorgane erforderlich sind, sowie für produktive Tätigkeiten der Presseagenturen zuständig sind;
- Für die für Informationsdienste öffentlich und privat geführter Rundfunkanstalten zuständigen Personen;
- Für Arbeiten gemäß Art. 1 des Gesetzes Nr. 154 vom 20. April 1978 und Art. 2 des Gesetzes Nr. 559 vom 13. Juli 1966;
- Für Arbeitsleistungen von Personen, die für die Sicherung der Kontinuität von Dienstleistungen in den nachfolgend aufgezählten Bereichen zuständig sind:
  - Abhängig Beschäftigte bei konzessionierten Dienstleistungsunternehmen im Bereich der Post, der Autobahnen, der Hafen- und Flughafendienste, sowie abhängig Beschäftigte bei Unternehmen, die öffentliche Transportdienste betreiben, und bei Telekommunikationsunternehmen;
  - Abhängig Beschäftigte bei öffentlichen und privaten Produktions-, Weiterverarbeitungs-, Vertriebs-, Verarbeitungs- und Versorgungsbetrieben für Strom, Gas, Wärme und Wasser;
  - Abhängig Beschäftigte bei ebensolchen für Sammlung, Verarbeitung, Entsorgung und Transport von festen Siedlungsabfällen;
  - Abhängig Beschäftigte bei Bestattungs- und Friedhofsdiensten, allerdings nur in den Fällen, in denen diese Dienste von Justiz- oder Gesundheitsbehörden oder Behörden der öffentlichen Sicherheit verlangt werden;
  - Abhängig Beschäftigte bei Betreibern von Kraftstoffverkaufsstellen, die nicht zu Autobahnen gehören;
  - Nicht angestellte, abhängig Beschäftigte bei Badeanstalten am Meer, an Flüssen, an Seen und bei Schwimmbädern.

5.3 Überstunden

Die ursprüngliche Regelung der Überstunden ist in Art. 2108, Abs. 1 des *Codice Civile* wortreich formuliert: Im Falle der Überschreitung der normalen Arbeitszeit muss der Arbeitnehmer als Ausgleich für die Überstunden eine im Verhältnis zur normalen Arbeit erhöhte Vergütung erhalten. Die zeitlichen Grenzen für Überstunden legte noch das alte *regio decreto legge* Nr. 692/1923 fest, das zwei Stunden täglich oder 12 Stunden wöchentlich vorsah. Die Festlegung dieser Grenzen delegierte das Gesetz Nr. 196/1997 an die Kollektivverträge (wobei die gesetzlichen Vorschriften nur bei Fehlen einer derartigen Regelung angewendet werden sollen) und erlaubte deren Überschreitung nur im Falle höherer Gewalt, Gefahr, Schäden für die Produktion oder Personen. Dies wird im D.Lgs. Nr. 66/2003 allgemein neu geregelt, wobei in jedem Fall die Freiwilligkeit des Arbeitnehmers erhalten blieb.

Achtung: Die für jeden Tätigkeitsbereich unterschiedlichen *Contratti Collettivi Nazionali di Lavoro* (*CCNL*) behandeln diesen Aspekt im Einzelnen, weshalb keine einheitliche Regelung existiert; die kollektivvertraglichen Regelungen sind in der Regel günstiger als die gesetzlichen.

Überstunden werden unter Bezug auf die durchschnittliche Arbeitszeit alle sechs Monate vergütet, wobei geprüft wird, ob die Anzahl der Stunden durchschnittlich mehr als 40 pro Woche beträgt. Falls es keine regelmäßigen Arbeitszeiten von 8 Stunden und keine bindende Grenze für Überstunden (zwei pro Tag) gibt, besteht a priori kein Unterschied zwischen normaler Arbeitszeit und Überstunden mehr, und der betroffene Arbeitnehmer kann dieses Recht auch nicht konkret ausüben.

5.3.1 Maximaler Umfang

Der maximale Umfang von Überstunden bezieht sich heute auf die durchschnittliche Wochenarbeitszeit (die, wie wir gesehen haben, 48 Stunden wöchentlich, auf einen Zeitraum von mindestens 4 Monaten gerechnet, nicht überschreiten darf), bei deren Überschreitung jeder Arbeitgeber mit mehr als 10 abhängig Beschäftigten die Provinzialdirektion für Arbeit informieren muss. Die Regelung des Widerspruchs wird direkt den Kollektivverträgen überlassen, wobei folgende gesetzliche Regelungen nur subsidiär zur Anwendung kommen:

- Vorherige Einigung zwischen Arbeitgeber und Arbeitnehmer;
- Maximaler Umfang von 250 Stunden jährlich.

Überstunden sind, bei Fehlen genauerer kollektivvertraglicher Regelung, nur in folgenden Fällen zulässig:

- Außergewöhnliche technisch-produktive Erfordernisse,
- Höhere Gewalt,
- Besondere Ereignisse.

5.3.2 Vergütung

Art. 2108 CC legt fest, dass Überstunden mit einer im Verhältnis zur normalen Arbeit erhöhten Vergütung ausgeglichen werden müssen. Das *regio decreto legge* 692/1923 sah ursprünglich eine Erhöhung von 10 % vor, während heute deren Ausmaß der Regelung durch die Kollektivverträge überlassen wird, die auch zusätzliche Ruhezeiten (auch alternativ zu eventuellen Erhöhungen der Vergütung) vorsehen können.

5.4 Urlaub

Das Recht auf Urlaub wird von mehreren Vorschriften auf verfassungsrechtlicher, gemeinschaftsrechtlicher und nationaler Ebene geregelt.

Hinsichtlich der internen Vorschriften ist der wichtigste Grundsatz in Art. 36, Abs. 3 der Verfassung geregelt, der das unverzichtbare Recht des Arbeitnehmers auf eine bezahlte jährliche Urlaubszeit vorsieht. Der Grund dafür wird deutlich, wenn man diese Bestimmung in Verbindung mit Art. 32 (Grundrecht auf Gesundheit) und Art. 35 („Die Republik schützt die Arbeit") der Verfassung betrachtet: Der jährliche Urlaub soll danach, wie von den Artikeln 2 und 3 der Verfassung garantiert, der psychischen und physischen Erholung des Arbeitnehmers, der Wiederherstellung seiner Arbeitsenergie sowie der Pflege sozialer, kultureller und persönlicher Kontakte des Einzelnen dienen, wobei es auch im Interesse des Arbeitgebers liegt, dass sich sein Personal vom Arbeitsstress erholt, um danach bessere Arbeitsleistungen zu erbringen.

Diese verfassungsrechtliche Vorschrift greift direkt in das Arbeitsverhältnis ein und beschränkt die Befugnisse des Arbeitgebers, ohne allerdings den zeitlichen Umfang des garantierten jährlichen Urlaubs festzulegen.

Art. 2109 CC erweitert und spezifiziert die verfassungsrechtliche Bestimmung: Die Festlegung der Urlaubsdauer bleibt dem Gesetz, den ständischen Vorschriften sowie Gebräuchen und Billigkeit vorbehalten, während Art. 2109 CC die Modalitäten seiner Inanspruchnahme und des Erwerbs regelt. Er ordnet an, dass das Recht, Art und Zeit der Inanspruchnahme des Urlaubs zu regeln, ausschließlich dem Arbeitgeber zusteht, wobei er auf die Erfordernisse der Produktion und des einzelnen Arbeitnehmers Rücksicht zu nehmen hat. Es ist auch zulässig, den Urlaub in mehreren Teilen zu nehmen, wobei er aber dennoch *„möglichst zusammenhängend"* erfolgen sollte.

Art. 10 des D.Lgs. Nr. 66/2003 – neu gefasst durch das D.Lgs. Nr. 213/2004 – verstärkt das Modell der vorangegangenen nationalen Regelung: In Umsetzung der Richtlinie 93/104/CE verwirklicht es vollständig das, was von der EU vorgesehen wurde, um in der gesamten Union eine einheitliche Anwendung der Regelungen über die Organisation der Arbeitszeiten sicherzustellen.

Die neue Urlaubsregelung hat allgemeine Bedeutung: Die darin enthaltenen Bestimmungen gelten für alle Arbeitnehmer, unabhängig von Branche und Qualifikation, und ersetzen auch die verschiedenen Spezialvorschriften, die in italienischen Rechtsordnungen noch „überlebt" hatten.

Jeder Arbeitnehmer hat das Recht auf einen bezahlten Jahresurlaub von mindestens vier Wochen, der – außer im Falle der Beendigung des Arbeitsverhältnisses – nicht durch eine entsprechende Entschädigung ersetzt werden kann. Das Gesetz legt eine Mindesturlaubsdauer fest, allerdings unter Vorbehalt der kollektivvertraglichen Verhandlungsautonomie, wenn dadurch für die Arbeitnehmer günstigere Konditionen festgelegt werden.

Die Mindestdauer von vier Wochen muss zumindest im Umfang von zwei Wochen während des Jahres, in dem der Anspruch entsteht, in Anspruch genommen werden; die restlichen zwei Wochen innerhalb von achtzehn Monaten nach Ende dieses Jahres. Es ist allerdings hervorzuheben, dass die beiden Wochen, die im Jahr der Anreifung in Anspruch genommen werden, unbedingt zusammenhängend sein müssen, wenn dies der Arbeitgeber verlangt. Dennoch bleibt eine gewisse Kontinuität mit der vorangegangenen Regelung erhalten, wie dies der Verweis auf den Art. 2109 CC zeigt, der von einem möglichst zusammenhängenden Zeitraum unter Beachtung der Bedürfnisse des Unternehmens und der Interessen des Arbeitnehmers spricht.

Die neue Regelung verknüpft die Unabdingbarkeit des Rechts auf Urlaub mit dem Verbot einer Entschädigung für nicht in Anspruch genommene Urlaubszeiten. Der Urlaub muss daher tatsächlich genommen werden und kann nicht durch eine geldwerte Entschädigung ersetzt werden, außer im Falle, dass der Arbeitnehmer selbst kündigt oder entlassen wird. Durch das Verbot, den Urlaub in Geld abzugelten, soll somit die tatsächliche Inanspruchnahme des Urlaubs garantiert werden.

Das D.Lgs. Nr. 213/2004 hat spezifische verwaltungsrechtliche Sanktionen für Arbeitgeber vorgesehen, die die Urlaubsregeln nicht beachten: Deren Höhe beträgt 130 bis 780 Euro für jeden Arbeitnehmer und jeden Zeitraum, auf den sich der Verstoß bezieht. Falls der Verstoß des Arbeitgebers im Zuge einer Inspektion aufgedeckt wird, kann er die zu erwartende Verwarnung nicht umgehen, indem er die Mindeststrafe bezahlt, und wird dem von Gesetz Nr. 689/1981 vorgesehenen Verfahren unterworfen, wobei das Recht des Arbeitnehmers auf Entschädigung für den erlittenen Schaden unbeeinträchtigt bleibt.

Die Urlaubsregelung wird auf alle abhängigen Arbeitsverhältnisse angewendet, also auch auf jene, die von der *Legge Biagi* eingeführt wurden.

Bei der Arbeit auf Abruf und beim Job Sharing entsteht der Urlaubsanspruch proportional zur tatsächlich erbrachten Arbeitsleistung. Beim Teilzeitarbeitsvertrag muss zwischen der sogenannten horizontalen und der vertikalen Form unterschieden werden: Im ersten Fall steht der Urlaub im selben Ausmaß wie für abhängige Vollzeitbeschäftigte zu, während im zweiten Fall der Umfang des Urlaubs im Verhältnis zur Dauer der erbrachten Arbeitsleistung zu bestimmen ist.

Auf Projektarbeit findet die fragliche Norm hingegen keine Anwendung, da es sich dabei um selbstständige Arbeit handelt und die *Legge Biagi* für eine solche keinen Hinweis auf die Urlaubsregelung gibt.

Der Fall, dass der Arbeitnehmer im Urlaub erkrankt, hat die italienische Rechtsprechung lange beschäftigt. Die *Corte Costituzionale* hat mit dem Urteil Nr. 616/1987 eine teilweise Verfassungswidrigkeit des Artikels 2109 CC festgestellt und entschieden, dass eine während des Urlaubs eintretende Erkrankung des Arbeitnehmers zur Unterbrechung des Ablaufs der Urlaubszeit führt.

Diese Frage war Anlass für gegensätzliche juristische Meinungen, so dass die *Corte di Cassazione*[1] eingeschritten ist und klargestellt hat, dass die Regelung über die Unterbrechung des Ablaufs der Urlaubszeit wegen einer plötzlich eintretenden Erkrankung keine absolute Geltung hat. Damit die Urlaubszeit durch die Erkrankung unterbrochen wird, muss vielmehr eine besondere Unvereinbarkeit mit der grundsätzlichen Erholungsfunktion des Urlaubs für die psychische und körperliche Energie bestehen. Daher eignet sich eine Unfähigkeit zur Erbringung der spezifischen Arbeit nicht in jedem Fall zur Unterbrechung der Urlaubszeit, sondern nur dann, wenn diese Unfähigkeit auch die Freizeitgestaltung so beeinträchtigt, dass sie damit dem Zweck eines Urlaubs schadet.

Der Arbeitnehmer ist lediglich dazu verpflichtet, den Arbeitgeber von seiner Erkrankung in Kenntnis zu setzen, so dass die unterbrechende Wirkung der Krankheit auf den Urlaub mit dem Zeitpunkt eintritt, zu dem der Arbeitgeber diese Mitteilung erhält. Dieser kann zur Überprüfung der tatsächlichen Unvereinbarkeit der Erkrankung mit dem Urlaub beim *INPS* oder der *ASL* eine Kontrolle beantragen, wobei er das angestrebte Ziel angeben muss, also die Überprüfung der aufschiebenden Wirkung für den während der Urlaubszeit erkrankten Arbeitnehmer.

5.5 Bezahlte Freistellungen

5.5.1 Freistellungen nach Gesetz Nr. 104/1992

Die ursprüngliche und wichtigste Norm auf dem Gebiet der bezahlten Freistellungen ist die ***legge quadro sull'handicap*** (Gesetz Nr. 104 vom 5. Februar 1992), die in Art. 33 Arbeitsvergünstigungen für Familienangehörige vorsieht, die sich um behinderte Personen kümmern, sowie für behinderte Personen selbst. Für die von Art. 33 vorgesehenen Freistellungen sind hauptsächlich die Versicherungsinstitute (vor allem *INPS*) zuständig, die anzuwendende erklärende Rundschreiben erlassen.

Beurlaubungen für die Pflege von Behinderten werden vom Arbeitgeber vergütet, der den entsprechenden Ausgleich mit den Versicherungsbeiträgen vornimmt.

Berechtigte Personen, die eine bezahlte Freistellung beantragen können, sind:

- Mütter oder Väter innerhalb der ersten drei Lebensjahre des Kindes;
- Mütter oder Väter, nachdem ihr behindertes Kind sein drittes Lebensjahr vollendet hat, bis es die Volljährigkeit erreicht;
- Familienmitglieder oder Verwandte, die sich um eine behinderte Person kümmern; die behinderte Person muss eine von der *Commissione dell'ASL* („*Azienda sanitaria locale*") ausgestellte Bescheinigung über die Behinderung besitzen, in der der Grad der Behinderung angegeben ist (Art. 3, Abs. 3 des Gesetzes Nr. 104/1992); andere Bescheinigungen über die Behinderung sind nicht zugelassen.

[1] Kassationshof vom 10.04.1997, Nr. 3093.

- Bezahlter Urlaub steht auch zu, wenn es sich um Adoptiv- oder Pflegeeltern handelt, bei letztgenannten allerdings nur im Fall von behinderten Minderjährigen. Die Pflegeelternschaft kann sich nämlich nur auf Minderjährige beziehen (Art. 2 des Gesetzes Nr. 149/2001).
- Schließlich haben auch Arbeitnehmer mit Schwerbehinderten-Bescheinigung ein Recht auf Beurlaubung.

5.5.1.1 Freistellung von behinderten Arbeitnehmern

Behinderte Arbeitnehmer haben das Recht auf eine bezahlte Freistellung, deren Umfang in Stunden (zwei pro Tag) oder Tagen (drei im Monat) festgelegt ist. Die Art der Beurlaubung kann jeden Monat geändert werden, vorausgesetzt, der Arbeitnehmer beantragt dies schriftlich bei seinem Arbeitgeber.

5.5.1.2 Freistellung von Eltern behinderter Kinder

Eltern von schwerbehinderten Kindern haben das Recht auf spezielle Vergünstigungen.

Die ersten drei Lebensjahre

Während der ersten drei Lebensjahre eines Kindes mit einer schweren Behinderung, die von der *Commissione dell'ASL* gemäß Gesetz Nr. 104/1992 festgestellt worden ist, hat die arbeitende Mutter oder – alternativ – der arbeitende Vater das Recht, die Dauer des bereits vom Mutterschutzgesetz vorgesehenen Elternurlaubs zu verlängern.

Die Verlängerung des Elternurlaubs wird sozialversicherungstechnisch durch sogenannte Figurativbeiträge (Ersatzbeiträge) auf die Dienstzeit angerechnet. Dem Arbeitnehmer steht eine tägliche Entschädigung in Höhe von 30 % der Vergütung zu.

Wer sich nicht für diese Möglichkeit entscheidet, kann bis zur Vollendung des dritten Lebensjahres des Kindes täglich zwei Stunden bezahlter Beurlaubung in Anspruch nehmen. Eine Beurlaubung wird nur dann bewilligt, wenn der Behinderte nicht in Vollzeit in einem spezialisierten Institut oder einer anderen Einrichtung untergebracht ist.

Von diesen Vergünstigungen sind Frauen ausgenommen, die selbstständig, in Heimarbeit oder als Haushaltshilfe arbeiten (*INPS*-Rundschreiben vom 24. März 1995, Nr. 80, Punkt 4, und 15. März 2001, Nr. 64, Punkt 2; *INPDAP*-Rundschreiben 27. November 2000, Nr. 49). Wenn weniger als sechs Stunden täglich gearbeitet wird, kann nur eine Stunde Beurlaubung gewährt werden.

Nach Vollendung des dritten Lebensjahres

Nachdem das schwerbehinderte Kind das dritte Lebensjahr vollendet hat, stehen der Mutter, oder alternativ dem Vater, nicht mehr täglich zwei Stunden Beurlaubung zu, sondern drei Stunden monatlich. Diese können auch auf einmal genommen werden, auf jeden Fall muss dies aber innerhalb eines Monats erfolgen.

Eine Beurlaubung wird nur dann bewilligt, wenn der Behinderte nicht in Vollzeit bei einer entsprechenden Einrichtung untergebracht ist.

Das Gesetz Nr. 53 (Art. 20) vom 8. März 2000 hat definitiv festgelegt, dass eine Beurlaubung einem Elternteil auch dann zusteht, wenn der andere kein Recht darauf hat. Beispielsweise hat der arbeitende Vater auch dann das Recht auf Beurlaubung, wenn seine Ehefrau Hausfrau oder arbeitslos ist, oder die arbeitende Mutter, wenn der Vater selbstständig arbeitet.

Volljährigkeit
Nachdem das Kind die Volljährigkeit erreicht hat, hat die arbeitende Mutter oder – alternativ – der arbeitende Vater das Recht auf drei Tage monatliche Beurlaubung unter der Bedingung, dass sie bzw. er mit dem Kind im gemeinsamen Haushalt lebt oder, falls diese Voraussetzung nicht gegeben ist, dass sie bzw. er die Pflege dauerhaft und ausschließlich übernimmt, also dass es im Haushalt keine weiteren Personen gibt, die die Pflege übernehmen könnten. Eine Beurlaubung wird nicht bewilligt, wenn der Behinderte in Vollzeit untergebracht ist. Sowohl *INPS* als auch *INPDAP* haben diese Verfügungen in ihre Rundschreiben aufgenommen.

5.5.1.3 Freistellung pflegender Angehöriger

Zur Pflege von schwerbehinderten Personen sieht das Gesetz eine außerordentliche, bezahlte Beurlaubung vor. Als schwer gilt eine Behinderung, wenn die – einfache oder mehrfache – Beeinträchtigung die persönliche Selbstständigkeit der Person so mindert, dass ständige und ununterbrochene Hilfe erforderlich ist.

Das Recht auf diese Beurlaubung haben:

- Der Ehegatte, der mit der schwerbehinderten Person zusammenlebt;
- Die leiblichen oder Adoptiveltern sowie die Pflegeeltern von Behinderten, deren Schwerbehinderung bescheinigt ist, wenn eine der folgenden Bedingungen erfüllt ist:
- Das Kind ist nicht verheiratet oder lebt nicht mit dem Ehepartner zusammen,
- Der Ehepartner des Kindes arbeitet nicht oder ist selbstständig,
- Der Ehepartner des Kindes hat ausdrücklich der Inanspruchnahme einer Beurlaubung für den betreffenden Zeitraum und die betreffende Person widersprochen.

Bei minderjährigen Kindern steht die Beurlaubung auch dann zu, wenn sie nicht im gemeinsamen Haushalt leben. Bei volljährigen Kindern steht die Beurlaubung auch dann zu, wenn sie nicht im gemeinsamen Haushalt leben, aber nur unter der Bedingung, dass die Pflege ständig und ununterbrochen geleistet wird. Die Elternteile können das Recht auf Beurlaubung nicht gleichzeitig in Anspruch nehmen.

- Geschwister (abwechselnd), die mit der schwerbehinderten Person zusammenleben, wenn die beiden folgenden beide Bedingungen erfüllt sind:
  - Beide Eltern sind verstorben oder für die Pflege völlig ungeeignet;
  - Die schwerbehinderte Person ist nicht verheiratet oder lebt nicht mit dem Ehepartner zusammen oder, falls beides nicht zutrifft, wenn eine der folgenden Situationen vorliegt:

Der Ehepartner arbeitet nicht oder ist selbstständig;
Der Ehepartner hat ausdrücklich auf die Inanspruchnahme einer Beurlaubung für denselben Zeitraum und dieselbe Person verzichtet, für die den mit der schwerbehinderten Person zusammenlebenden Kindern das Recht auf Beurlaubung zusteht. In diesem Fall müssen weitere Bedingungen erfüllt sein.

- Verwandte bis zum dritten Verwandtschaftsgrad, bei Ausfall aller näher verwandten Bezugspersonen und unter bestimmten weiteren Voraussetzungen.

5.5.1.4 Voraussetzungen für die Gewährung von Freistellungen nach Gesetz Nr. 104/1992

Für die Genehmigung einer Freistellung sind dieselben Voraussetzungen erforderlich wie für das Recht auf spezielle, gesetzlich vorgesehene Begünstigungen für Behinderungen (bezahlte monatliche Beurlaubungstage, Verlängerung der Elternzeit, bezahlte stundenweise Beurlaubungen).

Dauer
Die Freistellung hat eine Höchstdauer von zwei Jahren im Laufe des Arbeitslebens. Dies ist der Gesamtumfang, den ein Berechtigter für jede schwerbehinderte Person in Anspruch nehmen kann. Die Freistellung kann auf Tage, Wochen, Monate aufgeteilt sein.

Vergütung
Während der Freistellung werden Bezüge in Höhe der letzten zustehenden Entlohnung oder jener, die tatsächlich im letzten Monat vor der Freistellung bezogen wurde, gezahlt. Die Bezüge und die Figurativbeiträge (Ersatzleistungen für die Sozialversicherung) stehen bis zu einem Gesamtbetrag von höchstens € 43.276,13 für 2009 zu.

Im Falle vertikaler Teilzeitarbeit wird eine Freistellung für jene Zeiträume nicht anerkannt, für die keine Arbeitstätigkeit vorgesehen ist, und die Bezüge werden im Verhältnis zum reduzierten Arbeitsumfang berechnet.

5.5.2 Weiterbildungsrecht

Um das eigene kulturelle Niveau zu erhöhen und die beruflichen Fähigkeiten weiterzuentwickeln, können abhängig Beschäftigte Beurlaubungen und spezielle Begünstigungen nutzen (Art. 10 des Gesetzes Nr. 300/1970 und Art. 5 und 6 des Gesetzes Nr. 53/2000).

Außerdem regeln die Kollektivverträge das Weiterbildungsrecht durch die „150-Stunden"-Regelung, die im Jahr 1974 eingeführt wurde. Damit soll allen, die keine *licenza media* (Diplom der Sekundarstufe I) – die in diesen Schuljahren Pflicht geworden ist – besitzen, der Besuch von Kursen zur Erlangung dieses Abschlusses ermöglicht werden.

Allgemein sehen die Kollektivverträge vor, dass Arbeitnehmer, die an (bezahlten) Beurlaubungen zum Besuch von Lehrveranstaltungen interessiert sind, einen schriftlichen Antrag innerhalb der betrieblich festgelegten Zeiträume einreichen.

Die Teilnahme an den Lehrveranstaltungen muss entweder durch eine Anmeldebescheinigung oder eine Kursteilnahmebescheinigung dokumentiert werden. Ansonsten verliert der Arbeitnehmer das Recht auf Bezahlung der Beurlaubungszeit.

Freistellung für fortdauernde Weiterbildung
Art. 6 des Gesetzes Nr. 53/2000 legt das persönliche Recht des Arbeitnehmers fest, fortdauernde Weiterbildungskurse zu besuchen, die vom Betrieb oder von öffentlichen Einrichtungen organisiert sind. Die Kollektivverträge bestimmen den zeitlichen Umfang, in dem solche Freistellungen zu gewähren sind, die Kriterien zur Bestimmung der dazu berechtigten Arbeitnehmer sowie die Modalitäten bezüglich der Zeiten und der Vergütung bei der Teilnahme an Weiterbildungskursen.

Alle Arbeitnehmer, deren Dienstalter mindestens 5 Jahre beträgt, können eine unbezahlte Suspendierung (von bis zu 11 Monaten) vom Arbeitsverhältnis beantragen, um

- die Pflichtschule zu beenden;
- einen Studienabschluss der Oberschule oder der Universität zu erlangen;
- an außerbetrieblichen Bildungsveranstaltungen teilzunehmen.

Beurlaubung für Prüfungen
Alle Arbeitnehmer haben das Recht auf einen Tag bezahlten Urlaubs, um Prüfungen abzulegen (Art. 10 des Gesetzes Nr. 300/1970 und Art. 13 des Gesetzes Nr. 845/1978). Die Beurlaubung wird unabhängig vom genauen Prüfungszeitpunkt gewährt, also auch, wenn die Prüfung nicht innerhalb der Arbeitszeit stattfindet.

5.5.3 Beurlaubung für Wahlen[2]

Alle abhängig Beschäftigten, die als Stimmenzähler, Sekretär, Vorsitzender, Listenvertreter oder Gruppenvertreter bei Wahllokalen anlässlich einer Wahl, welcher Art auch immer (einschließlich Volksabstimmungen und Europawahlen), nominiert wurden, haben das Recht auf Abwesenheit von der Arbeit für die Dauer dieser Tätigkeiten. Die Abwesenheitstage werden vom Gesetz mit allen daran geknüpften Auswirkungen als Arbeitstage angesehen.

Dies bedeutet, dass Arbeitstage, die der Arbeitnehmer im Wahllokal verbringt, vergütet werden, als ob er normal gearbeitet hätte. Feiertage und Tage, an denen nicht gearbeitet wird (beispielsweise der Samstag bei einer Fünftagewoche), werden zusätzlich zur normal gezahlten Vergütung mit einem freien Tag oder durch Entlohnungs-Tagesquoten kompensiert.

Ein Verzicht auf den Ruhetag muss jedenfalls auf gültige Weise vom Arbeitnehmer angenommen werden.

---

[2] Zugrundeliegende Rechtsvorschriften: Gesetze Nr. 69 vom 29. Januar 1992, Nr. 53 vom 21. März 1990 und Art. 119 D.P.R. Nr. 361 vom 30. März 1957.

Nach den Grundsätzen über die wöchentliche Ruhezeit müssen zusätzliche Ruhezeiten unverzüglich, also sofort nach Beendigung der Tätigkeit im Wahllokal, in Anspruch genommen werden.

Gemäß dem Kassationsurteil Nr. 11830 vom 19. September 2001 ist die Abwesenheit vom Arbeitsplatz auch in dem Fall, dass die Tätigkeiten bei der Durchführung von Wahlen nur einen Teil des Tages erfordern, für den gesamten Tag gerechtfertigt, sodass dieser Tag dann vollständig zu vergüten ist.

Im Einzelnen gilt:

- **Tage, die im Wahllokal zugebracht werden** und in die Arbeitszeit fallen, berechtigen zu vergüteter Abwesenheit von der Arbeit, und dem abhängig Beschäftigten muss die normale Vergütung bezahlt werden, so als ob er gearbeitet hätte.
- **An Feiertagen** (Sonntagen) oder Tagen, an denen nicht gearbeitet wird (Samstag im Falle einer Fünftagewoche) hat der Arbeitnehmer das Recht, an anderen Tagen ersatzweise frei zu haben oder zusätzlich zur monatlichen Vergütung weitere Vergütungsteile zu erhalten.
- **Tätigkeit als Stimmenzähler, die bis nach Mitternacht dauert:** Falls die Wahlen, wenn auch nur einige Stunden, an einem Montag länger als bis Mitternacht dauern, haben die Arbeitnehmer das Recht, den ganzen Dienstag dem Arbeitsplatz fernzubleiben und die vollständige Vergütung zu erhalten.

Abwesenheiten aufgrund von Beurlaubungen wegen Wahlen müssen vom Arbeitnehmer durch Vorlage der entsprechenden Unterlagen nachgewiesen werden.

Arbeitnehmer, die zum Dienst im Wahllokal eingeteilt werden, müssen dem Arbeitgeber eine Bescheinigung über die Aufforderung zum Wahlhelferdienst und sodann die vom Wahlvorsteher unterzeichnete Kopie dieser Bescheinigung vorlegen. Diese hat die Angabe der Tage, an denen er tatsächlich im Wahllokal anwesend war, sowie den Zeitpunkt der Schließung desselben zu enthalten.

5.5.4 Heiratsurlaub

Der Heiratsurlaub ist ein Sonderurlaub, der abhängig Beschäftigten anlässlich der Eheschließung gewährt wird. Es handelt sich um eine bezahlte Freistellung, während derer der Arbeitnehmer in jeder Hinsicht so behandelt wird, als würde er tatsächlich arbeiten.

Der Heiratsurlaub ist Ausdruck eines verfassungsrechtlichen Prinzips (Art. 31, Abs. 1 Verf.): Die Beurlaubung hat die Zielsetzung, die Familie in der entscheidenden Phase ihrer Entstehung zu unterstützen.

Die Freistellung steht „anlässlich der Eheschließung" zu. Geschützt wird nur die Eheschließung mit zivilrechtlicher Wirkung. Die kirchliche Eheschließung erzeugt nicht direkt rechtliche Wirkungen, sondern nur dann, wenn sie im Personenstandsregister eingetragen ist. Der Heiratsurlaub **steht beiden Eheleuten zu**, wenn jeder von beiden einen Anspruch darauf hat.

Allgemein kann dieses Recht im Falle mehrerer aufeinanderfolgender Eheschließungen wegen Todes des Ehegatten oder Scheidung **mehrmals im Leben zustehen** (*INPS*, Rundschreiben. Nr. 190/1992).

In der Regel kann der Heiratsurlaub nicht aufgeschoben werden. Die Übereinkunft vom 21. Mai 1941 sieht eine Aufschiebung des Heiratsurlaubs nur bei schwerwiegenden betrieblichen Gründen vor, die eine unverzügliche Inanspruchnahme nicht zulassen, allerdings unter der Bedingung, dass er innerhalb von 30 Tagen nach der Eheschließung genommen wird.

Allgemein muss der Heiratsurlaub auf einmal genommen werden und kann nicht auf mehrere Zeiträume aufgeteilt werden. Ein Aufeinandertreffen mit anderen geschützten Abwesenheiten (beispielsweise Krankheit oder Feiertag) führt zu keiner Unterbrechung mit darauffolgender Verlängerung der Freistellung.

Um die Zulage für die Freistellung zu erhalten, müssen die Arbeitnehmer dem Arbeitgeber innerhalb von 60 Tagen nach der Hochzeit eine Kopie der Heiratsurkunde vorlegen. Falls die Zulage vom INPS bezahlt wird, muss der Antrag auf die Zulage mit der Kopie der Heiratsurkunde innerhalb von 1 Jahr vorgelegt werden.

5.5.5 Beurlaubung für Blutspende

Das Gesetz Nr. 584/1967 sieht vor, dass ein abhängig Beschäftigter, der unentgeltlich Blut spendet, Anspruch auf eine bezahlte Beurlaubung hat.

Er hat das Recht, der Arbeit für 24 Stunden ab dem Zeitpunkt, zu dem er die Arbeit zum Blutspenden verlassen hat, fernzubleiben. Er hat das Recht auf normale Vergütung des Zeitraums, in dem er von der Arbeit abwesend war. Der Arbeitgeber kann vom *INPS* den Ersatz der ausgezahlten Vergütung verlangen.

Der Arbeitgeber ist *verpflichtet, die Beurlaubung zu genehmigen.*

Diese Regelung wird bei direkter oder indirekter Transfusion oder Herstellung von Derivaten aus Blut angewendet, wenn folgende zwei Voraussetzungen vorliegen:

- Es wurden mindestens 250 g Blut entnommen;
- Die Blutentnahme erfolgte bei einer vom Gesundheitsministerium autorisierten Einrichtung.

Damit der Arbeitgeber beim *INPS* die Erstattung der bezahlten Vergütung beantragen kann, muss sich der Arbeitnehmer vom Arzt, der die Blutentnahme vorgenommen hat, eine Bescheinigung auf dem Briefpapier des Zentrums, bei dem dies erfolgte, ausstellen lassen. Aus dieser müssen die persönlichen Daten des Blutspenders, die Daten eines Identitätsnachweises, Datum und Zeit der Blutentnahme sowie die entnommene Menge hervorgehen.

Außerdem muss der Arbeitnehmer dem Arbeitgeber eine Erklärung ausstellen, aus der hervorgeht, dass er den Ruhetag in Anspruch genommen und die entsprechende Vergütung bekommen hat.

5.5.6 Beurlaubung bei Todesfall oder Krankheit von Angehörigen (nach Gesetz Nr. 53/2000)

Arbeitnehmer, die bei privaten und öffentlichen Arbeitgebern beschäftigt sind, haben das Recht auf drei ganze Tage bezahlter Beurlaubung pro Jahr, falls bei einer der folgenden Personen nachgewiesenermaßen ein **Todesfall** oder eine **schwere Krankheit** eingetreten ist:

- Dem Ehepartner, auch bei rechtmäßiger Trennung;
- Einem Verwandten höchstens zweiten Grades (Großelternteil und Enkel, Bruder und Schwester), auch wenn dieser nicht im selben Haushalt lebt(e);
- Einem Mitglied der meldeamtlichen Familie; darunter versteht man eine Gesamtheit von Personen, die durch Eheschließung, Verwandtschaft, Verschwägerung, Adoption, Vormundschaft oder gefühlsmäßige Bindung miteinander verbunden sind, zusammen wohnen und ihren ständigen Wohnsitz in derselben Gemeinde haben.

Um die drei Tage bezahlter Beurlaubung in Anspruch nehmen zu können, muss der Arbeitnehmer dem Arbeitgeber den Grund mitteilen, aus dem er die Beurlaubung beantragt, sowie die Tage, an denen sie in Anspruch genommen werden soll. Die Beurlaubung muss auf jeden Fall innerhalb von sieben Tagen nach dem Tod oder der Feststellung der schweren Krankheit oder der „Notwendigkeit darauffolgender spezieller therapeutischer Maßnahmen“ in Anspruch genommen werden. Zu den drei Beurlaubungstagen werden Feiertage und Tage, an denen nicht gearbeitet wird, nicht hinzugerechnet.

Im Falle schwerer Krankheit der oben genannten Angehörigen sieht das Dekret vor, dass der Arbeitgeber und der Arbeitnehmer anstatt der drei Beurlaubungstage gemeinsam andere Arbeitsbedingungen vereinbaren können. In dieser Vereinbarung, die schriftlich abzuschließen ist, müssen die vom Arbeitnehmer vorgeschlagenen Modalitäten des vereinbarten Arbeitszeitenplans angegeben werden.

Der Beginn des neuen Arbeitszeitenplans muss innerhalb von sieben Tagen ab Feststellung der Erkrankung oder der Notwendigkeit therapeutischer Maßnahmen liegen.

6 Regelungen bei Krankheit, Unfall und Mutterschaft

6.1 Krankheit

6.1.1 Definition

Das italienische Gesetz unterscheidet grundsätzlich nicht zwischen Arbeitsunfähigkeit und Krankheit; jede Krankheit führt zu einer Unterbrechung des Arbeitsverhältnisses und legitimiert die Abwesenheit des Arbeitnehmers (Art. 2110 CC).

Die Zeiten seiner Abwesenheit werden normalerweise auf die Dienstzeit angerechnet, und dem Arbeitnehmer stehen finanzielle Leistungen in der vom Gesetz, den Kollektivverträgen, den Gebräuchen oder nach Billigkeit festgelegten Höhe zu (Art. 2110 CC). Der erkrankte Arbeitnehmer hat das Recht auf Erhaltung seines Arbeitsplatzes für den gesetzlich oder kollektivvertraglich bestimmten Zeitraum.

Art. 6 des *regio decreto legge* vom 13. November 1924, Nr. 1825, sieht für Angestellte folgende Zeiträume für den vom Arbeitgeber hinzunehmenden Krankenstand vor, währenddessen der Arbeitgeber das Arbeitsverhältnis nicht kündigen darf:

- 3 Monate bei einem Dienstalter von weniger als zehn Jahren;
- 6 Monate bei einem höheren Dienstalter.

Allgemein sehen die Kollektivverträge der einzelnen Berufsgruppen längere Zeiträume vor, und zwar sowohl für Angestellte als auch für Arbeiter.

Nach Ablauf dieser Zeiträume für den Krankenstand kann jede der Vertragsparteien gemäß Art. 2118 CC vom Vertrag zurücktreten.

Viele Kollektivverträge sehen für den Arbeitnehmer die Möglichkeit vor, vor Ablauf des Zeitraums einen weiteren Zeitraum unbezahlten Wartestandes zu beantragen, der nicht auf das Dienstalter angerechnet wird. Der Arbeitgeber ist aber nicht verpflichtet, diesen zu genehmigen.

R. Dolce, D. de Luca, *Arbeitsrecht in Italien*, DOI 10.1007/978-3-658-12632-2_6

Nach Ansicht der Rechtsprechung kann der Arbeitnehmer auch den Antritt eines bereits entstandenen Urlaubsanspruchs beantragen, um eine Überschreitung der maximalen Krankheitsdauer zu vermeiden.[1] Der Arbeitgeber ist dennoch nicht verpflichtet, dem Arbeitnehmer aus diesem Grund den Urlaub zu gewähren.[2] Trotzdem hat der Arbeitgeber die Pflicht, das grundlegende Interesse des Antragsstellers gebührend zu berücksichtigen und ihm bei einer Ablehnung des Antrags die Gründe dafür darzulegen.[3]

Eine vor Ablauf des Krankenstandes ausgesprochene Entlassung ist unwirksam.[4]

Krankheit und andere relevante Rechtsinstitute

Der Eintritt einer Erkrankung hat auch Auswirkungen auf andere typische Rechtsinstitute des Arbeitsverhältnisses. Insbesondere unterbricht die Erkrankung den Ablauf:

- des Urlaubs, wenn durch sie die psychische und physische Erholung des Arbeitnehmers nicht möglich ist;[5]
- der Probezeit; viele Kollektivverträge sehen vor, dass die Probezeit nur dann zu einem Ende gebracht werden kann, wenn der Arbeitnehmer seine Tätigkeit innerhalb einer bestimmten Anzahl von Tagen wieder aufnehmen kann;
- der Kündigungsfrist; die Frist läuft ab dem Zeitpunkt weiter, zu dem der Arbeitnehmer seine Tätigkeit wieder aufnimmt.[6]

6.1.2 Ausübung anderer Arbeitstätigkeiten während der Erkrankung

Die Ausübung anderer Arbeitstätigkeiten während der Erkrankung ist prinzipiell unzulässig, da der Arbeitgeber ein Interesse daran hat, dass der Arbeitnehmer gesund wird und anschließend seine Arbeitstätigkeit wieder aufnimmt.

Nach gefestigter Rechtsprechung kann die Ausübung anderer Arbeitstätigkeiten durch den im Krankenstand befindlichen Arbeitnehmer als Verletzung der allgemeinen Pflichten von Fairness, gutem Glauben und der speziellen Vertragspflichten von Fleiß und Loyalität eine Kündigung des Arbeitgebers begründen, und zwar nicht nur, wenn die Tätigkeit außerhalb dieses Arbeitsverhältnisses schon für sich zur Annahme reicht, die Krankheit läge gar nicht vor (und deshalb eine betrügerische Täuschung vermuten lässt), sondern auch, wenn diese Tätigkeit im Hinblick auf die Art der Krankheit und die wahrgenommenen Aufgaben der Genesung und der Wiederaufnahme der Arbeit schaden oder sie verzögern könnte.[7]

---

[1] Kassationshof vom 14.12.2001, Nr. 15954.

[2] Kassationshof vom 04.06.1999, Nr. 5528, und Kassationshof vom 02.11.1999, Nr. 12219.

[3] Kassationshof vom 08.11.2000, Nr. 14490.

[4] Über die Irrelevanz der Mitteilung der Erkrankung vgl. Kassationshof vom 20.06.2003, Nr. 9896.

[5] Kassationshof vom 14.12.2000, Nr. 15768.

[6] Kassationshof vom 27.06.2003, Nr. 10272.

[7] Kassationshof vom 03.12.2002, Nr. 17128.

Mit dem Zustand der Erkrankung kann die Ausübung anderer Arbeitstätigkeiten vereinbar sein, wenn diese nicht zur Beeinträchtigung oder Verzögerung der vollständigen körperlichen Erholung geeignet sind. Der Beweis dieser Vereinbarkeit obliegt dem Arbeitnehmer.[8]

Auf jeden Fall verliert der Arbeitnehmer, der während seiner Erkrankung bezahlte Arbeitstätigkeiten bei Dritten ausübt, das Recht auf Krankengeld.

6.1.3 Pflichten des Arbeitnehmers im Krankheitsfall

Der Arbeitnehmer muss den Arbeitgeber rechtzeitig von seiner krankheitsbedingten Abwesenheit in Kenntnis setzen und ihm für ärztliche Kontrollen die Adresse mitteilen, unter der er erreichbar ist, falls diese von seinem gewöhnlichen Wohnsitz oder Aufenthaltsort abweicht. Diese – im Allgemeinen rein „vorsorgliche" – Mitteilungspflicht ist von der Online-Übermittlung der ärztlichen Bescheinigung (bestehend aus einer Bescheinigung der Diagnose für das INPS sowie einer Bescheinigung der Krankheit, die lediglich eine Prognose enthält, für den Arbeitgeber) zu unterscheiden. Die Mitteilung dient also dazu, die Abwesenheit vom Arbeitsplatz zu belegen, während die Bescheinigung nachweisen soll, dass kein gerechtfertigter Grund für die Auflösung des Arbeitsverhältnisses vorliegt. Die Kollektivverträge regeln folgende Aspekte:

- Die Frist, innerhalb derer die Mitteilung zu erfolgen hat;
- Die Benennung von Gründen für eine ungerechtfertigte Abwesenheit sowie von Gründen, die diese hingegen rechtfertigen.

Alle Arbeitnehmer haben abgesehen davon, dass sie dem Arbeitgeber eine Änderung ihres Gesundheitszustandes rechtzeitig telefonisch mitteilen müssen, ohne Ausnahme die Pflicht, sich vom behandelnden Arzt eine Bescheinigung ihrer Arbeitsunfähigkeit mit Angabe des Beginns und der vermuteten Dauer ausstellen zu lassen und diese innerhalb von zwei Tagen nach Ausstellung beim Arbeitgeber einzureichen.

Die Nichtbeachtung der genannten Vorschriften begründet die Unrechtmäßigkeit der Abwesenheit und führt zum Verlust der finanziellen Zuwendungen. Der Kassationshof sieht in der Verletzung der Mitteilungspflicht auch einen Kündigungsgrund.[9]

Zur Überprüfung der Krankheit kann der Arbeitgeber mit Hilfe der Versicherungsinstitute Ermittlungen zum Gesundheitszustand des Arbeitnehmers vornehmen; diese können am Wohnsitz des Arbeitnehmers erfolgen und innerhalb des Zeitraumes vorgenommen werden, in dem er unabhängig von der Art seiner Krankheit täglich (einschließlich der Feiertage) anzutreffen sein muss: von 10 bis 12 Uhr und von 17 bis 19 Uhr.

Falls der Arbeitnehmer beim Kontrollbesuch ohne gerechtfertigten Grund nicht anwesend sein sollte, verliert er für den gesamten Zeitraum bis zu zehn Tage lang das Recht auf jegliche

---

[8] Kassationshof vom 19.12.2000, Nr. 15916.

[9] Kassationshof vom 07.05.2013, Nr. 10552.

finanzielle Leistung und für die darüber hinausgehende Zeit das Recht auf die Hälfte davon (ausgenommen die Zeiten, in denen er sich im Krankenhaus befindet oder die er bereits bei vergangenen Kontrollbesuchen angekündigt hat) und kann außerdem wegen Verletzung der Loyalitäts- und Sorgfaltspflicht, an die er sowieso gebunden ist, disziplinarisch belangt werden, was bei erheblicher Pflichtverletzung auch zur Auflösung des Arbeitsverhältnisses führen kann.

All dies tritt nicht ein, wenn die Abwesenheit einen gültigen Grund hat, dessen Vorliegen die Rechtsprechung außer in Fällen höherer Gewalt in solchen Situationen sieht, in denen ein anerkannter Hinderungsgrund vorliegt, der notwendige, dringende und unaufschiebbare Maßnahmen erfordert, wobei dem Arbeitnehmer der Beweis für dessen Vorliegen obliegt. Falls der Grund ein notwendiger Arztbesuch war, muss er beweisen, dass es sich nicht um einen normalen Kontrollbesuch wegen der Krankheit handelte, sondern um eine unerwartete und unvorhersehbare Notwendigkeit, die eine ärztliche Behandlung erforderte.

6.1.4 Leistungen des Arbeitgebers bei Krankheit – Krankengeld

Das Krankengeld steht für einen Zeitraum von höchstens 180 Kalendertagen folgenden Personen zu:

- Praktisch allen Arbeitern des privatwirtschaftlichen Bereichs und den Angestellten des Dienstleistungssektors;
- Personen, die arbeitslos oder von der Arbeit suspendiert sind (und zu den oben genannten Kategorien gehören), falls ihr Arbeitsverhältnis zu Beginn der Krankheit seit weniger als 60 Tagen beendet oder suspendiert ist.

Für Personen mit befristetem Arbeitsvertrag endet das Recht auf Krankengeld gleichzeitig mit Beendigung des Arbeitsverhältnisses.

In einigen Fällen ist der Arbeitgeber von der Verpflichtung zur Zahlung der Entlohnung vollständig entbunden (Krankheit ohne Erstattung durch das INPS), während in anderen Fällen das INPS Krankengeld bezahlt, welches vom Arbeitgeber in mehr oder weniger großem Umfang ergänzt wird. Der Großteil der Kollektivverträge legt fest, dass dem Arbeitnehmer eine Ergänzung zu den INPS-Leistungen zusteht, oft bis zum Erreichen der normalen Bezüge. Das Krankengeld wird ab dem 4. Krankheitstag ausgezahlt, gerechnet vom Tag des Krankheitsbeginns an, der vom Arbeitnehmer angegeben und durch das ärztliche Attest bescheinigt wurde. Für die ersten drei Tage, die als „Karenz“ bezeichnet werden, steht keine Krankengeldzahlung durch das INPS zu. Dies erklärt sich durch die kollektivvertragliche Regelung, die vorsieht, dass in beinahe allen Fällen der Arbeitgeber die Vergütung für diese Tage leisten muss.

Höhe des Krankengeldes

Für die meisten Kategorien entspricht das Krankengeld innerhalb der ersten zwanzig Tage der Erkrankung 50 % der durchschnittlichen täglichen Gesamtvergütung; an den folgenden Tagen derselben oder bei einer wiedergekehrten Erkrankung 66,66 %.

Das Krankengeld wird im Allgemeinen vom Arbeitgeber bezahlt, der sodann den entsprechenden Ausgleich mit den dem INPS geschuldeten Beiträgen vornimmt.

Direkt vom INPS wird das Krankengeld hingegen bezahlt:

- An Personen, die arbeitslos oder von der Arbeit suspendiert sind (und keine Lohnergänzungszahlungen erhalten); für diese ist das Krankengeld reduziert;
- An landwirtschaftliche Arbeiter;
- an Arbeitnehmer, die mit einem befristeten Vertrag für Saisonarbeit eingestellt sind.

Das Krankengeld steht nicht zu:

- Bei Fehlen einer entsprechenden Bescheinigung: Krankengeld steht für Tage, für die eine solche nicht vorgelegt wird, nicht zu;
- Bei ungenauer oder unvollständiger Angabe der Adresse des Arbeitnehmers auf der Bescheinigung, so dass deshalb ein Kontrollbesuch nicht möglich ist;
- Wenn der Arbeitnehmer ungerechtfertigt beim – vom *INPS* oder von der *ASL* – angeordneten Kontrollbesuch nicht anwesend ist.

6.2 Berufskrankheiten und Arbeitsunfälle

Die Berufsunfall- und Berufskrankheitenversicherung ist obligatorisch und wird von den Bestimmungen im Einheitstext (Dekret des Präsidenten der Republik Nr. 1124 von 1965), im D.Lgs. Nr. 38/2000 und von Sondervorschriften für spezielle Kategorien von Arbeitnehmern sowie vom *Istituto nazionale per l'assicurazione contro gli infortuni sul lavoro* (*INAIL*) geregelt.

6.2.1 Berufskrankheiten

Ein Schutz bei Berufskrankheiten ist nur unter der Bedingung gegeben, dass auch jener für Unfälle besteht. Geschützt sind nur Personengruppen, die in Art. 4 des Einheitstextes 1124/65 genannt sind, und der Schutz umfasst ausschließlich jene Krankheiten, die sich diese während und aufgrund der Ausübung von Arbeitstätigkeiten zugezogen haben, die als Risikoquelle für den Arbeitnehmer gelten und ausdrücklich in Art. 1 des Einheitstextes 1124/65 angegeben sind.

Berufskrankheiten unterscheiden sich von Unfällen dadurch, dass ihr Entstehungsgrund:

- langsam und über längere Zeit fortschreitend auf den Organismus des Arbeitnehmers einwirkt;
- der ausschließliche oder hauptsächliche Grund für die Entstehung der Krankheit sein kann.

Die Krankheit kann durch die Art der Tätigkeit, die der Arbeitnehmer ausübt, oder durch das Arbeitsumfeld verursacht sein.

Der Schutz bei Berufskrankheiten erfolgt mit einem „gemischten System“, das eine Unterscheidung vorsieht zwischen:

a) aufgelisteten Berufskrankheiten

Für die aufgelisteten Berufskrankheiten ist nach dem Gesetz eine Entschädigung zuzuerkennen, da ihre Ursache in der Arbeit begründet ist (sie sind abschließend in zwei unterschiedlichen Tabellen – Industrie und Landwirtschaft – im Anhang zum Einheitstext 1124/65 aufgezählt).

Für aufgelistete Berufskrankheiten, die innerhalb der Fristen für den Anspruch auf Entschädigung mitgeteilt werden, gilt die gesetzliche Vermutung, dass diese durch die Arbeitstätigkeit entstanden sind. Dies bedeutet, dass der Arbeitnehmer keinen Beweis darüber erbringen muss, außer dafür, dass er der krankheitsverursachenden Arbeit oder Substanz ausgesetzt war.

Auch für den Schutz bei Berufskrankheiten wie Silikose oder Asbestose gilt die gesetzliche Vermutung, dass der Grund in der Arbeitstätigkeit liegt.

b) nicht aufgelisteten Berufskrankheiten

Bei den nicht aufgelisteten (nicht in der Tabelle enthaltenen) Berufskrankheiten muss nach dem Gesetz der betroffene Arbeitnehmer den Beweis erbringen, dass deren Ursache in der Arbeitstätigkeit liegt.

Die Beweislast besteht darin, dem INAIL die Gesundheitsakten und die Akten über die typische Beschaffenheit der im Laufe seines Arbeitslebens ausgeübten Arbeitstätigkeit vorzulegen, um damit den ursächlichen (oder abgeleiteten) Zusammenhang zwischen der gemeldeten Krankheit und der ausgeübten Arbeitstätigkeit darzulegen.

6.2.2 Arbeitsunfälle

In Anlehnung an die von Art. 2 D.P.R. vom 30. Juni 1965 eingeführten Begriffe kann man den Arbeitsunfall als einen Unfall definieren, der durch Gewalteinwirkung bei der Arbeit eintrat. Damit das INAIL dafür Entschädigungszahlungen leistet, ist es erforderlich, dass der Unfall zum Tod, zu einer dauerhaften – völligen oder teilweisen – Arbeitsunfähigkeit oder zu einer vorübergehenden – völligen – Arbeitsunfähigkeit geführt hat, die eine mindestens dreitägige Abwesenheit von der Arbeit zur Folge hat.

Zu unterscheiden sind:

- Dauerhafte völlige Arbeitsunfähigkeit: die Folge eines Unfalls, der zum völligen und lebenslangen Verlust der Arbeitsfähigkeit führt;
- Dauerhafte teilweise Arbeitsunfähigkeit: die Folge eines Unfalls, der die Arbeitsfähigkeit lebenslang um über 15 % mindert;
- Vorübergehende völlige Arbeitsunfähigkeit: die Folge eines Unfalls, der die Ausübung der Arbeitstätigkeit für mehr als drei Tage faktisch völlig verhindert.

6.2.2.1 Die Voraussetzung des Vorliegens einer Arbeitssituation

Die Rechtsprechung erkennt einen Unfall nur dann als Arbeitsunfall an, wenn er dadurch entstanden ist, dass der Arbeitnehmer einem besonderen Risiko (also einem Risiko, dem der Versicherte nur wegen der Besonderheit der von ihm ausgeübten Tätigkeit ausgesetzt ist: z.B. der Arbeiter an einer automatischen Schneidemaschine im Hinblick auf das Risiko, sich dadurch zu verletzen) ausgesetzt ist, das auch in Form eines Umfeldrisikos (also eines Risikos, das ursächlich auf ein dem Arbeitsumfeld innewohnendes Risiko zurückgeführt werden kann und durch den begrenzten Raum, die Menge der darin tätigen Arbeiter und das Vorhandensein von Maschinen oder anderen Risikoquellen begründet ist) oder eines verstärkten allgemeinen Risikos (also eines Risikos, dem alle ausgesetzt sind, aber das durch die Ausübung der Arbeitstätigkeit verstärkt wird: z. B. das Risiko eines Raubüberfalls für einen Bankangestellten) vorliegen kann.

Auf der Grundlage dieser Betrachtungsweise ist die Rechtsprechung deshalb auch der Ansicht, dass diese Voraussetzung (also das Vorliegen einer Arbeitssituation) immer dann erfüllt ist, wenn der Unfall durch einen – sowohl mittelbaren als auch unmittelbaren – Zusammenhang von Ursache und Wirkung mit der Arbeitstätigkeit verbunden ist, weshalb folgende Unfälle als Arbeitsunfälle als betrachtet werden:

- Ein Lastkraftwagenfahrer, der seinen Arbeitgeber transportiert, wird in einem Hinterhalt bei einem Angriff auf den Arbeitgeber selbst verletzt.
- Ein Handwerker wird während der Kontrolle eines Gebäudes, an dem er Arbeiten verrichten sollte, verletzt.
- Ein Arbeitnehmer wird beim Kauf von Produktionsmaterial bei einem Raubüberfall getötet.

6.2.2.2 Wegeunfall

Eine typische Anwendung der oben genannten Prinzipien nimmt die Rechtsprechung hinsichtlich Unfällen auf dem Weg zum oder vom Arbeitsplatz vor.

Die Rechtsprechung des Kassationshofes[10] ist der Ansicht, dass ein Unfall auf dem Arbeitsweg nur dann als Arbeitsunfall gilt, wenn:

- ein Zusammenhang zwischen dem benutzten Weg und der Arbeitstätigkeit in dem Sinne besteht, dass der Weg nicht aus rein privaten Gründen benutzt wird;
- bei einem Unfall während der Verwendung des Privatwagens dessen Gebrauch wegen Unzulänglichkeit anderer Fortbewegungsmittel zwingend erforderlich war.

Umgekehrt hat die Rechtsprechung das Vorliegen eines Arbeitsunfalles bei Unfällen ausgeschlossen:

- die der Arbeitnehmer erleidet, während er auf dem Nachhauseweg von der Arbeit auf dem Weg war, Angehörige zu besuchen, die an einem anderen Ort als an dem

[10] Kassationshof vom 31.07.2007, Nr. 16950, m. w. N.

wohnen, an dem sich die Produktionseinheit befindet, der der Arbeitnehmer angehört;
- die der Arbeitnehmer während eines Streiks oder auf dem Weg von einem solchen erleidet;
- die der Arbeitnehmer auf einer Dienstreise während der Arbeitspause auf dem Weg vom Arbeitsort zum Hotel, in dem er wohnt und das von ihm frei gewählt wurde, erleidet.

6.2.2.3 Voraussetzung der Gewalteinwirkung

Nach Auffassung der Rechtsprechung liegt eine Gewalteinwirkung vor:

- Immer dann, wenn eine bestimmte und zeitlich beschränkte Aktion – obgleich nicht vorhersehbar, außergewöhnlich oder zufällig – dem Körper des Arbeitnehmers Schaden zufügt;
- Auch wenn der Unfall nicht durch eine Kraft außerhalb der Person des Arbeitnehmers oder eine abnormale Handlung des Arbeitnehmers in seinem gewöhnlichen Arbeitsumfeld verursacht wurde, ist die Voraussetzung der Gewalteinwirkung auch dann gegeben, wenn der Arbeitnehmer eine Kraft bei der normalen Ausübung seiner Arbeitstätigkeit ausübte.

Außerdem werden in den Begriff der Gewalteinwirkung auch Aktionen mikrobieller oder viraler Faktoren einbezogen, die, wenn in das Ursache-Wirkung-Verhältnis mit der Arbeitstätigkeit gesetzt, Krankheiten (z. B. Hepatitis) auslösen können.

6.2.3 Meldepflichten

Im Falle einer Berufskrankheit oder eines Arbeitsunfalls entsteht dem Arbeitgeber und/oder dem medizinischen Personal eine Reihe von administrativen Pflichten.

Meldepflichten bei Berufskrankheiten

Der beim INAIL versicherte Arbeitnehmer hat die Pflicht, eine Berufskrankheit seinem Arbeitgeber innerhalb von 15 Tagen ab ihrem Auftreten zu melden, da ansonsten das Recht auf Krankengeld für den der Meldung vorhergehenden Zeitraum verfällt. Der Arbeitgeber muss die Berufskrankheit dem Versicherungsinstitut online innerhalb von fünf Tagen nach dem Tag melden, an dem der Arbeitnehmer dem Arbeitgeber das Auftreten der Krankheit mitgeteilt hat.

Der Arbeitgeber muss die Erkrankung seines abhängig Beschäftigten auch melden, wenn diese durch die Auswirkungen einer früher bei einem anderen Unternehmen ausgeübten Tätigkeit entstanden ist.

Bei den nicht aufgelisteten (nicht in der Tabelle enthaltenen) Berufskrankheiten muss nach dem Gesetz der betroffene Arbeitnehmer den Beweis erbringen, dass deren Ursache in der Arbeitstätigkeit liegt. Die Beweislast besteht darin, dem INAIL die Gesundheitsakten und die Akten über die typische Beschaffenheit der im Laufe seines Arbeitslebens ausgeübten Arbeitstätigkeit vorzulegen, um damit den ursächlichen (oder abgeleiteten) Zusammenhang zwischen der gemeldeten Krankheit und der ausgeübten Arbeitstätigkeit zu zeigen.

Meldepflichten bei Arbeitsunfällen
Das Unfallopfer hat seinen Arbeitgeber oder den Vorgesetzten im Betrieb über jeden ihm zugestoßenen Unfall, auch wenn dieser nur von geringem Ausmaß ist, sofort zu informieren. Der Arbeitgeber muss – in seiner Eigenschaft als Adressat der INAIL-Vorschriften – die Unfälle seiner Arbeitnehmer innerhalb von zwei Tagen ab dem Tag, an dem er davon erfahren hat, der Bezirksabteilung des INAIL, in deren Zuständigkeitsbereich die Arbeit ausgeübt wird, oder der Niederlassung, in deren Zuständigkeitsbereich sich der Wohnsitz des Versicherten befindet, melden, wenn absehbar ist, dass innerhalb von drei Tagen keine vollständige Heilung eintreten wird, unabhängig von jeglicher Wertung der gesetzlichen Voraussetzungen für die Entschädigungsleistungen. Um diese Verpflichtung zu erfüllen, hat der Arbeitgeber die Meldung an die INAIL online zu erstatten. Im Todesfall oder bei Lebensgefahr hat die Meldung innerhalb von 24 Stunden zu erfolgen.

Die Meldung muss eine ärztliche Bescheinigung enthalten, soweit der Arbeitnehmer nicht schon eine vorgelegt hat und das INAIL diese verlangt. Die Meldung muss die meldeamtlichen Daten des Verunfallten, den Tag und die Uhrzeit des Unfalls, die Gründe und Umstände desselben (auch im Hinblick auf eventuelle Mängel bei der Hygiene oder Vorsorge), die Art und genaue Körperstelle der Verletzung und einen Ursachenbericht enthalten.

6.2.4 Leistungen des Arbeitgebers bei Arbeitsunfähigkeit infolge Berufskrankheit oder Arbeitsunfall

6.2.4.1 Krankengeld für vorübergehende völlige Arbeitsunfähigkeit

Der Arbeitgeber muss folgende Leistungen erbringen:

- 100 % der Vergütung für den Tag, an dem der Unfall erfolgte oder die Berufskrankheit eintrat, wenn letztere zur Abwesenheit vom Arbeitsplatz führte.
- 60 % der Vergütung für die darauffolgenden 3 Tage. Daran müssen sich eventuelle Ersatzleistungen anschließen, die der Arbeitsvertrag für die Branche je nach Zugehörigkeit zu den verschiedenen Stufen vorsieht.

Das INAIL muss folgende Leistungen erbringen:

- Ab dem 4. Tag nach dem Unfall oder dem Beginn der Berufskrankheit und bis zur klinischen Genesung (ohne zeitliche Begrenzung) 60 % der durchschnittlichen täglichen Vergütung.
- Ab dem 91. Tag und bis zur klinischen Genesung erhöht sich der Betrag auf 75 % der durchschnittlichen täglichen Vergütung.

Tab. 6.1 Finanzieller Ausgleich für permanente Schädigungen durch die Berufsausübung

Grad der Behinderung	Finanzielle Leistung
Bis einschließlich 5 %	Keine Leistungen
6–15 %	Einmalige Geldzahlung
16 % und Mehr	Rente

6.2.4.2 Permanente finanzielle Leistungen bei Berufskrankheit und Arbeitsunfällen[11]

Die finanziellen Leistungen sehen eine Entschädigung für den biologischen Schaden vor. Der biologische Schaden, unter dem man einen „Schaden für die Gesundheit", d. h. eine durch gerichtsärztliche Untersuchung der Person feststellbare Verletzung der psychischen und physischen Integrität versteht, wurde im Versicherungsbereich des INAIL mit dem Art. 13 des D.Lgs. Nr. 38/2000 eingeführt.

Art. 13 sieht als Ausgleich für permanente Schädigungen, die durch die Berufsausübung entstanden sind, neue finanzielle Leistungen vor (siehe Tab. 6.1).

Die Rente beinhaltet einen zusätzlichen Anteil, der als Ausgleich für den erlittenen Vermögensschaden berechnet wird.

6.2.4.3 Hinterbliebenenrente

Falls der versicherungspflichtige Arbeitnehmer infolge eines Arbeitsunfalls oder einer Berufserkrankung stirbt, zahlt das INAIL eine monatliche Rente an die Hinterbliebenen.

Diese Rente steht seit dem 17. Mai 2006 auch den Verwandten von Personen zu, die gegen Haushaltsunfälle versichert waren. Der Rentenanspruch läuft ab dem Folgetag des Todesfalls.

Das INAIL stellt für die Beerdigungskosten einen Scheck an die Hinterbliebenen oder jeden anderen aus, der beweisen kann, dass er diese übernommen hat. Die Höhe dieses Schecks wird jährlich neu bemessen. Ab dem 1. Juli 2006 hat er den Wert von 1663,34 Euro.

Da die Renten einschließlich der Kapitalauszahlungen für den biologischen Schaden und der Kapitalabfindung die Natur von Ausgleichszahlungen haben, sind diese Leistungen von der Besteuerung befreit und müssen nicht bei der Steuererklärung angegeben werden (Einheitsmodell oder Modell Nr. 730).

6.3 Mutterschaftsschutz

Der gesetzlich vereinbarte Schutz für arbeitende Mütter (D.Lgs. 151/2001 mit den nachfolgenden Änderungen des Gesetzesdekrets 80/2015) fügt sich in den allgemeineren Komplex der Garantien ein, die für Frauen aus dem Grund der Chancengleichheit in der Arbeit

[11] Der nachfolgende Abschnitt gilt für Berufskrankheiten, die nach dem 24.07.2000 festgestellt wurden, oder Berufsunfälle, die sich danach ereignet haben.

einerseits und zur Wahrung ihrer wesentlichen Funktion in der Familie (Art. 29–30 der Verfassung) andererseits vorgesehen sind. Die Bestimmungen zur Mutterschaft und zur Elternzeit finden auf alle abhängig Beschäftigten, einschließlich Auszubildende, Mitglieder von Genossenschaften und leitende Angestellte, Anwendung.

Das Gesetz schützt Mütter in erster Linie dadurch, dass es einer Arbeitnehmerin, die Mutter geworden ist, das tatsächliche Fortbestehen des Arbeitsverhältnisses und den Erhalt ihrer aus diesem Rechtsverhältnis entstandenen Rechte sichert. Vorgesehen sind Zeiträume des Elternurlaubs und Beurlaubungen von der Arbeit während der Schwangerschaft und bei der Geburt des Kindes:

- Obligatorischer Elternurlaub für die Arbeitnehmerin (Mutterschaftsurlaub);
- Vaterschaftsurlaub;
- Fakultativer Elternurlaub (Elternzeit);
- Beurlaubung der werdenden Mutter für Untersuchungen;
- Tägliche Ruhezeiten (Stillpausen);
- Beurlaubung bei Erkrankung des Kindes.

6.3.1 Mutterschaftsurlaub

Eine schwangere unselbstständig Beschäftigte darf in den zwei Monaten vor dem voraussichtlichen Entbindungstermin und in den drei Monaten nach der Geburt nicht arbeiten. Sie muss innerhalb der zwei Monate vor dem voraussichtlichen Entbindungstermin dem INPS und dem Arbeitgeber online den Antrag auf Mutterschaftsgeld schicken sowie die erforderlichen Unterlagen (in Papierform), speziell die ärztliche Bestätigung der Schwangerschaft, vorlegen.

Das Gesetz sieht allerdings die Möglichkeit vor, bis zu einem Monat vor dem Geburtstermin zu arbeiten, wenn die Schwangerschaft normal verläuft und die Arbeitsbedingungen kein Risiko in sich tragen. Um bis zu diesem Zeitpunkt zu arbeiten, muss die Betroffene beim Arbeitgeber und beim INPS einen Antrag zusammen mit einer ärztlichen Bescheinigung aus dem siebten Schwangerschaftsmonat einreichen, aus der ersichtlich ist, dass für Mutter und Kind keine Gesundheitsrisiken vorliegen.

Erfolgt die Geburt vor dem errechneten Geburtstermin, hat die Arbeitnehmerin das Recht, die dann fehlenden Tage der Wartezeit der Schutzfrist hinzuzufügen, auch wenn die Gesamtdauer des Mutterschaftsurlaubs dann fünf Monate übersteigt (eine Verbesserung für die Arbeitnehmerin im Mutterschutz, die durch das Gesetzesdekret 80/2015 eingeführt wurde).

Sollte der Säugling in einem öffentlichen oder privaten Krankenhaus oder einer entsprechenden Einrichtung stationär aufgenommen worden sein, hat die Mutter das Recht, eine Unterbrechung der Schutzfrist zu erwirken, die ganz oder teilweise, je nach Antrag, bei Entlassung des Kindes aus dem Krankenhaus wieder zu laufen beginnt, soweit eine ärztliche Bescheinigung vorliegt, dass die Mutter wieder arbeitsfähig ist.

Die Arbeitnehmerin erhält nach Gesetz in der Mutterschaft 80 % der Vergütung (vom INPS gezahlt, aber vom Arbeitgeber vorgestreckt), allerdings sehen fast alle Kollektivverträge vor, dass die Vergütung in voller Höhe weitergezahlt wird (der restliche Teil wird vom Arbeitgeber übernommen).

Der Mutterschaftsurlaub wird vom Gesetz in jeder Hinsicht, auch bezüglich der Gehaltserhöhungen nach Dienstjahren, als Zeit der Arbeitstätigkeit gewertet.

Von Beginn der Schwangerschaft an bis zu dem Zeitpunkt, an dem das Kind das erste Lebensjahr vollendet hat, darf die Arbeitnehmerin nicht entlassen werden. Ausnahmen sind die Schließung des Betriebs, in dem sie beschäftigt ist, ein schweres Verschulden bei der Ausübung der Arbeitstätigkeit und die Auflösung des Arbeitsverhältnisses wegen vertraglich vorgesehenen Zeitablaufs. Gemäß Gesetzesdekret 80/2015 erhält die Arbeitnehmerin aber auch im Falle der Beendigung des Arbeitsverhältnisses noch das Mutterschaftsgeld bis zum Ablauf der Schutzfrist.

Die Arbeitnehmerin hat auch dann Anspruch auf Mutterschaftsurlaub, wenn das Kind tot geboren wird oder nach der Geburt stirbt.

Die schwangere Arbeitnehmerin hat schließlich das Recht auf bezahlte Beurlaubungen für Arztbesuche oder spezielle Untersuchungen. Sie muss dafür Bescheinigungen vorlegen, die Datum und Uhrzeit der Arztbesuche belegen.

Frauen, die selbstständig, als Handwerkerinnen und Kaufleute, selbstbewirtschaftende Bäuerinnen oder Landwirtinnen arbeiten, können den Mutterschaftsurlaub in Anspruch nehmen und erhalten in den zwei Wochen vor dem voraussichtlichen Geburtstermin und in den drei Monaten nach der Geburt Mutterschaftsgeld auf Tagesbasis. Dieses entspricht 80 % der normalen Vergütung. In diesen Fällen wird das Mutterschaftsgeld den Arbeitnehmerinnen, die vor der Zeit der Mutterschaft bei Vorsorgeverzeichnissen oder -kassen eingetragen waren, direkt vom INPS bezahlt.

Eine Freiberuflerin, die in eine der Vorsorge- und Fürsorgekassen eingetragen ist, die in der Tabelle des D.Lgs. 151/2001 genannt sind, hat in den zwei Wochen vor dem voraussichtlichen Geburtstermin und in den drei Monaten nach der Geburt das Recht auf Mutterschaftsgeld in Höhe von 80 % von fünf Zwölftel des angegebenen Einkommens.

6.3.2 Vaterschaftsurlaub

Ein abhängig Beschäftigter, der Vater geworden ist, kann nach der Geburt des Kindes für höchstens drei Monate nur in folgenden Fällen der Arbeit fern bleiben: wenn die Kindesmutter selbstständig tätig ist, wenn sie gestorben ist oder an einer schweren Krankheit leidet, bei Vernachlässigung des Kindes durch die Mutter, bei ausschließlich durch den Vater ausgeübte Pflegeelternschaft oder Anerkennung des Kindes durch nur einen Elternteil. In diesen Fällen werden die für arbeitende Mütter vorgesehenen Rechte, wie das Recht auf Vergütung, die Anrechnung auf das Dienstalter und das Verbot der Entlassung, während des ersten Lebensjahres des Kindes auf den Vater übertragen.

Der Antrag für den auf die Geburt folgenden Urlaub muss innerhalb von 30 Tagen nach Geburt des Kindes gestellt werden. Danach eingereichte Anträge führen nicht zum Verlust des Rechtes auf Mutterschaftsgeld, auch wenn sie Konsequenzen hinsichtlich des Arbeitsvertrags nach sich ziehen können.

6.3.3 Elternzeit

Als Elternzeit definiert das Gesetz den Zeitraum, in dem die abhängig Beschäftigte oder der abhängig Beschäftigte die Möglichkeit, aber nicht die Pflicht hat, der Arbeit fernzubleiben.

Die Mutter und der Vater haben während der ersten zwölf Lebensjahre des Kindes das Recht auf Elternzeit für eine Höchstdauer von sechs Monaten.

Für Mütter, die zum Zeitpunkt der Beantragung unverheiratet sind, erhöht sich dieser Zeitraum auf zehn Monate.

Unverheiratete oder getrennt lebende Väter haben nur dann das Recht auf Elternzeit von zehn Monaten, wenn die Kindesmutter schwer krank oder verstorben ist, oder im Falle der Vernachlässigung oder der Übertragung der Pflegeelternschaft auf den Kindesvater.

Mutter und Vater können die Elternzeit auch gleichzeitig in Anspruch nehmen, wobei die Höchstdauer von 10 Monaten für das Paar nicht überschritten werden darf. Diese kann auf 11 Monate erhöht werden, wenn der Vater mindestens 3 Monate in Anspruch nimmt (z. B. 5 Monate die Mutter, 6 Monate der Vater).

Um das Recht auf Elternzeit in Anspruch zu nehmen, muss dem Arbeitgeber und dem INPS ein Antrag mit einer Ankündigungsfrist von 15 Tagen vorgelegt werden, sofern nicht gewichtige oder unvorhergesehene Gründe gegeben sind, die ein sofortiges Fernbleiben vom Arbeitsplatz ohne Einhaltung einer Ankündigungsfrist erforderlich machen.

Dem Antrag, der den genauen Zeitraum der Abwesenheit vom Arbeitsplatz zu enthalten hat, müssen folgende Dokumente beigefügt werden: eine Ersatzerklärung für die Geburtsurkunde mit Bestätigung der Vater- und Mutterschaft; die Erklärung des anderen Elternteils, aus der eventuelle bereits in Anspruch genommene Zeiten des Mutter- bzw. Vaterschaftsurlaubs für dasselbe Kind sowie der Arbeitgeber hervorgehen; die Erklärung des Elternteils, der den Antrag stellt, aus der eventuelle bereits in Anspruch genommene Zeiten des Mutter- oder Vaterschaftsurlaubs für dasselbe Kind hervorgehen; die Verpflichtung beider Elternteile, eventuelle Änderungen mitzuteilen.

Während der Elternzeit besteht das Recht auf eine Vergütung in Höhe von 30 % des Gehalts (das vom INPS bezahlt, aber vom Arbeitgeber vorgestreckt wird) für eine Höchstdauer von insgesamt sechs Monaten innerhalb der ersten sechs Lebensjahre des Kindes. (Innerhalb der ersten 8 Lebensjahre besteht der Anspruch darauf nur dann, wenn die Höhe des Jahreseinkommens weniger als € 14.891,50 beträgt.) Der Arbeitgeber ist zu keinen zusätzlichen Leistungen verpflichtet.

Das Gesetzesdekret 80/2015 hat die Möglichkeit der Elternzeit auf Stundenbasis eingeführt. Soweit keine entgegenstehenden kollektivvertraglichen Vereinbarungen bestehen, können die Eltern diese in der Dauer der Hälfte der täglichen Arbeitszeit, wie sie sich aus dem monatlichen Durchschnitt des Monates ergibt, in dem der Anspruch auf Elternzeit entsteht, mit einer Mindestvorankündigungsfrist von zwei Tagen beanspruchen.

6.3.4 Sonderfälle

6.3.4.1 Adoption oder Pflegeelternschaft

Adoptiv- oder Pflegeeltern stehen dieselben Rechte und derselbe Schutz bei Beurlaubungen wie leiblichen Eltern zu. Der Mutterschaftsurlaub kann in den ersten drei Monaten ab Aufnahme des Kindes in die Familie und bis zu dessen 6. Lebensjahr in Anspruch genommen werden, während der Vaterschaftsurlaub bis zum 12. Lebensjahr des Kindes zu denselben Bedingungen wie für die leiblichen Eltern beansprucht werden kann. Wenn das Kind zwischen 6 und 12 Jahre alt ist, kann der Mutter- bzw. Vaterschaftsurlaub in den ersten sechs Jahren ab Aufnahme des Kindes in die Familie in Anspruch genommen werden.

6.3.4.2 Eltern behinderter Kinder

Hierzu wird auf Abschn. 5.5.1, Freistellungen nach Gesetz Nr. 104/1992, verwiesen.

6.3.4.3 Abbruch der Schwangerschaft

Bei abhängig Beschäftigten wird eine Beendigung der Schwangerschaft nach dem 180. Tag mit allen Wirkungen wie eine Geburt behandelt, während eine Beendigung vor dem 180. Tag (Fehlgeburt) einer Krankheit gleichgestellt ist und die Arbeitnehmerin kein Recht auf Mutterschaftsgeld, sondern eventuell auf Krankengeld hat. Freiberuflerinnen erhalten bei Beendigung der Schwangerschaft zwischen dem dritten Monat und dem 180. Tag für 30 Tage finanzielle Leistungen.

6.3.4.4 Tägliche Ruhezeiten

Während des ersten Lebensjahres ihres Kindes haben abhängig Beschäftigte das Recht auf tägliche Ruhezeiten. Das Gesetz sieht zwei Stunden täglich bei einer Arbeitszeit von mehr als 6 Stunden vor, eine Stunde täglich bei einer Arbeitszeit von weniger als 6 Stunden (zu Lasten des INPS).

Der Vater kann die täglichen Ruhezeiten nur dann in Anspruch nehmen, wenn die Mutter darauf verzichtet, schwer krank oder tot ist, wenn dem Vater die Pflege für das Kind übertragen wurde oder die Mutter keine Ruhezeiten in Anspruch nehmen kann, weil sie kein Recht darauf hat (wenn sie z. B. Freiberuflerin ist).

Bei Zwillingsgeburten werden die täglichen Ruhezeiten verdoppelt und können auch gleichzeitig von beiden Elternteilen in Anspruch genommen werden.

Der Antrag der Mutter auf Ruhezeiten muss dem Arbeitgeber vorgelegt werden, ein Antrag des Vaters muss dem INPS und dem Arbeitgeber vorgelegt werden.

6.3.4.5 Abwesenheit wegen Krankheit des Kindes

Beide Elternteile können bei Krankheit des Kindes jeweils alternativ der Arbeit fernbleiben, auch wenn die Elternzeit schon aufgebraucht ist. In den ersten drei Lebensjahren des Kindes ist die Dauer unbegrenzt, während bei 3- bis 8-jährigen Kindern jedem Elternteil jeweils 5 Tage pro Jahr dafür zustehen. Abwesenheiten wegen Krankheit des Kindes sind gerechtfertigt, werden aber nicht vergütet. Sehr oft sehen Kollektivverträge günstigere Bedingungen vor.

Der Antrag ist dem Arbeitgeber zusammen mit einer ärztlichen Bescheinigung vorzulegen, die von einem Kinderarzt des örtlichen Gesundheitsamtes oder einem vertraglich dem Nationalen Gesundheitsdienst unterstehenden Arzt ausgestellt wurde und die Krankheit des Kindes bestätigt.

7 Sonstige Regelungen

7.1 Versetzung

Die Versetzung des Arbeitnehmers von einem Arbeitsort an einen anderen ist vom *Codice Civile* im Art. 2103 CC – abgeändert vom Art. 13 des Gesetzes Nr. 300/1970 oder *Statuto dei lavoratori* – geregelt.

Dieses verfügt, dass eine Versetzung, also der Wechsel des Arbeitnehmers von einer Produktionseinheit in eine andere desselben Betriebs, vom Arbeitgeber nur dann durchgeführt werden kann, wenn „nachweisbare technische, organisatorische oder produktive Gründe" vorliegen.

Dies bedeutet nach ständiger Rechtsprechung, dass ein abhängig Beschäftigter nur dann versetzt werden kann, wenn der Arbeitgeber nachweisen kann, dass:

- die Gründe für die Versetzung zum Zeitpunkt der Entscheidung vorliegen, und nicht erst danach;
- die Gründe für die Versetzung objektiver Natur und nicht durch persönliche Wertungen bestimmt sind;
- eine kausale Verbindung zwischen den organisatorischen Gründen und dem Arbeitnehmer, der versetzt werden soll, besteht;
- die Versetzung mit dem Ziel einer besseren Funktionsfähigkeit des Betriebes erfolgt und der Arbeitnehmer aufgrund seiner besonderen Fähigkeiten zum Einsatz am neuen Arbeitsplatz ausgewählt wurde.

Der Richter hat allerdings kein Recht, das Vorliegen der oben genannten Gründe zu kontrollieren; vielmehr muss er die zuständige Gewerkschaft dazu auffordern, das tatsächliche Vorliegen der Gründe und des Kausalzusammenhanges zwischen diesen und der ergriffenen Maßnahme zu überprüfen. Ein Beweis der Unvermeidbarkeit der Versetzung wird nicht verlangt.

R. Dolce, D. de Luca, *Arbeitsrecht in Italien*, DOI 10.1007/978-3-658-12632-2_7

Die Versetzung kann auch mündlich veranlasst werden; die kollektivvertragliche Regelung schreibt in den meisten Fällen allerdings die Schriftform vor.

Mit Ausnahme anderslautender Regelungen in den Kollektivverträgen hat der Arbeitgeber nicht die Pflicht, bei Veranlassung der Versetzung die technischen, organisatorischen und produktiven Gründe anzugeben, die die Grundlage dafür waren. Die Verpflichtung, diese Gründe anzugeben, entsteht nur dann, wenn der Arbeitnehmer dies beantragt. In diesem Falle muss er, bei sonstiger Unwirksamkeit der Versetzung, die Gründe für die Versetzung innerhalb von 5 Tagen nach Antrag des Arbeitnehmers mitteilen.

Wenn der Arbeitnehmer die Mitteilung der Gründe, die die Arbeitgeberseite betreffen, nicht beantragt, bedeutet das dennoch nicht sein Einverständnis mit der Versetzung. Deshalb kann der Arbeitnehmer im nächsten Schritt die Unrechtmäßigkeit dieser Versetzung beim *Giudice del lavoro* (Arbeitsgericht) geltend machen.

Der Arbeitnehmer kann sich der Versetzung innerhalb von 60 Tagen ab Empfang der Versetzungsmitteilung mit beliebiger schriftlicher Erklärung – auch außergerichtlich – widersetzen, die seinen Willen erkennen lassen muss. Dies ist allerdings wirkungslos, wenn er innerhalb der folgenden 180 Tage nicht Klage bei der Kanzlei des Gerichts, das die Funktion des Arbeitsgerichts hat, einlegt bzw. die Gegenpartei nicht von seinem Antrag auf einen Schlichtungsversuch oder ein Schiedsverfahren in Kenntnis setzt.

Für einige Kategorien hat der Gesetzgeber aufgrund ihrer Besonderheit der Befugnis des Arbeitgebers zur Versetzung zusätzliche Grenzen gesetzt:

- Leitende Gewerkschaftsangestellte: Art. 22 des *Statuto dei lavoratori* verlangt vor der Versetzung des Arbeitnehmers eine Unbedenklichkeitserklärung (*nulla osta*) der Gewerkschaft, der er angehört.
- Arbeitnehmer/-in, der/die Mutterschafts- oder Vaterschaftsurlaub in Anspruch nimmt: Art. 56 des D.Lgs. Nr. 151/2001 gibt diesen Arbeitnehmern das Recht, in dieselbe Produktionseinheit oder in eine andere derselben Gemeinde versetzt zu werden.
- Behinderter Arbeitnehmer und Familienangehörige, die diesen betreuen (auch wenn sie nicht mit diesem im gemeinsamen Haushalt wohnen): Art. 33 des Gesetzes Nr. 104/1992 sieht die Zustimmung des Arbeitnehmers zur Versetzung und, sofern dies möglich ist, das Recht vor, den seinem Wohnsitz am nächsten liegenden Arbeitsort zu wählen.

7.2 Dienstreise

Die Dienstreise ist im Unterschied zur Versetzung durch die Vorläufigkeit charakterisiert, mit der der Arbeitnehmer von einer Produktionseinheit in eine andere desselben Betriebes wechselt.

Bei unvorhergesehenen und vorübergehenden Erfordernissen kann der Arbeitgeber im Rahmen der ihm zustehenden Befugnisse zur Organisation der Produktionsfaktoren vorläufig eine Änderung des zugewiesenen Arbeitsortes veranlassen.

Die Vorläufigkeit ist daher eine unabdingbare Voraussetzung für die Dienstreise, weshalb der Arbeitnehmer an den vorherigen Arbeitsort zurückkehrt, sobald die Erfordernisse, die zu seiner Dienstreise geführt haben, nicht mehr vorliegen.

Ein sehr wichtiges Element für die Feststellung, ob es sich um eine Dienstreise oder eine Versetzung handelt, ist daher die Tatsache, dass für den Wechsel des Arbeitnehmers an einen anderen als den üblichen Arbeitsort eine Befristung vorgesehen ist. Die Voraussetzung der Vorläufigkeit impliziert aber dennoch nicht, dass die Dauer der Dienstreise vorherbestimmt ist, da sich die Vorläufigkeit des Wechsels an einen Arbeitsort auch aus anderen Gründen ergeben kann (z. B. Verweis auf Gründe für den Wechsel an einen anderen Arbeitsort).

Kollektivvertraglich werden die Auswirkungen der Dienstreise auf die Entlohnung geregelt, indem eine entsprechende Ausgleichszahlung und/oder eine eventuelle Erstattung der Ausgaben des Arbeitnehmers aufgrund der Entsendung im Interesse des Arbeitgebers vorgesehen sind.

Der Begriff des Arbeitnehmers „auf Dienstreise“ darf nicht mit jenem des so genannten „Dienstreisenden“ verwechselt werden. Während der Arbeitnehmer auf Dienstreise seine Arbeitstätigkeit nämlich nur vorübergehend an einem anderen Ort als dem vertraglich festgelegten erbringt, verpflichtet sich der „Dienstreisende“, seine Arbeitstätigkeit stets an unterschiedlichen Orten auszuüben. Der Unterschied zeigt sich hauptsächlich bei der Entlohnung und der Höhe der vom Arbeitgeber übernommenen Beitragszahlungen.

Die Geldbeträge, die der „Dienstreisende“ als Ausgleich dafür erhält, dass er seine Arbeitstätigkeit an jeweils unterschiedlichen Orten erbringen muss, gelten – anders als die Erstattung bei Dienstreise – als Vergütung, da sie darauf gerichtet sind, die angefallenen Ausgaben und Unannehmlichkeiten durch die Besonderheiten der Arbeitserbringung auszugleichen.

7.3 Entsendung

Eine Entsendung liegt dann vor, wenn ein Arbeitgeber – *distaccante* genannt – einem anderen Arbeitgeber – *distaccatario* genannt – vorübergehend einen oder mehrere Arbeitnehmer zur Ausübung einer bestimmten Arbeitstätigkeit zur Verfügung stellt. Dieses Rechtsinstitut hat mit dem Art. 30 des D.Lgs. Nr. 276/2003 (sogenannte *Legge Biagi*) eine gesetzliche Regelung gefunden.

7.3.1 Allgemein

Die Entsendung ist so, wie sie vom D.Lgs. Nr. 276/2003 konzipiert ist, eine spezielle Form einer vom Arbeitgeber durchgeführten Dezentralisierung, um ein Eigeninteresse zu befriedigen. Das oben genannte Gesetzesdekret wird nur auf private Arbeitgeber angewendet (Art. 1, Abs. 2 des D.Lgs. 276/2003). Für die öffentlichen Verwaltungen und die damit verbundenen Unternehmen gibt es nicht die Entsendung, sondern die sogenannte „*applicazione*“.

Eine „Entsendung“ eines Arbeitnehmers durch den Arbeitgeber zu einem anderen Rechtssubjekt, für den die Arbeitsleistung bestimmt ist, darf nur dann erfolgen, wenn drei Bedingungen erfüllt sind:

- Ein Interesse des Arbeitgebers des Entsendebetriebes daran, dass der Arbeitnehmer seine Arbeitsleistung beim Arbeitgeber des Zielbetriebes erbringt, wobei dieser nicht derjenige ist, für den diese Arbeitsleistung ausschließlich bestimmt ist;
- Eine begrenzte Dauer, worunter nicht eine kurze, sondern eine „nicht endgültig festgelegte“ Dauer der Arbeitsleitung beim Zielbetrieb zu verstehen ist;
- Dass das Vertragsverhältnis weiterhin mit dem Arbeitgeber des Entsendebetriebes besteht und dieser zur Zahlung der Vergütung und der Beiträge verpflichtet bleibt, obwohl Weisungs-, Kontroll- und Disziplinierungsrecht auf den Arbeitgeber des Zielbetriebes übergehen.

Deshalb ist der Arbeitgeber des Entsendebetriebes für die wirtschaftliche und normative Behandlung der entsendeten Arbeitnehmer verantwortlich, die deshalb in seiner Abhängigkeit (oder im speziellen Fall Gesellschafter mit Arbeitsleistung) bleiben (Art. 30, Abs. 2, D.Lgs. Nr. 276/2003).

Für die Rechtmäßigkeit der Entsendung ist eine vertragliche Klausel, die diese erlaubt, nicht erforderlich; trotzdem muss bei einer Versetzung des entsendeten Arbeitnehmers an eine über 50 km vom vorherigen Arbeitsplatz entfernte Produktionseinheit nachweisbar sein, dass technische, organisatorische, produktive Gründe oder der Ersatz eines Mitarbeiters dies erfordern (Art. 30, Abs. 3, D.Lgs. Nr. 276/2003). Außerdem ist die vorherige Zustimmung des betroffenen Arbeitnehmers, der seine Arbeitsleistung unter Einhaltung seiner Gehorsamspflicht gemäß Art. 2104 CC an einem anderen Ort erbringt, nicht notwendig, außer wenn diese Entsendung zu einer Veränderung der Aufgabenbereiche führt (Art. 30, Abs. 3 des D.Lgs. Nr. 276/2003, Kassationshof vom 21.03.1998, Nr. 5102, Kassationshof vom 07.11.2000, Nr. 14458, Rundschreiben Nr. 5/25814/70/VA des Arbeitsministeriums vom 8. März 2001).

Dieses Rechtsinstitut unterscheidet sich also dadurch von der reinen Arbeitnehmerüberlassung (ausnahmslos über die privaten Arbeitnehmerüberlassungsagenturen möglich), dass sich das Interesse des Arbeitgebers des Zielbetriebes nicht nur auf die Arbeitsleistung beschränkt, sondern die Rechtfertigung und Begründung dafür weiter gefasst sind.

Der Arbeitgeber des Zielbetriebes muss nach Art. 3 des D.Lgs. Nr. 152 vom 26. Mai 1997 den Arbeitnehmer über Änderungen der in Art. 1 des D.Lgs. Nr. 152/1997 genannten Bestandteile des ursprünglichen Arbeitsvertrags informieren; tut er das nicht, so droht ihm gemäß Art. 4 des genannten Dekrets eine Verwaltungsstrafe in Höhe von 255 Euro bis 1290 Euro. Außerdem muss der Arbeitgeber des Zielbetriebes gemäß der Art. 4-bis des D.Lgs. Nr. 181 vom 21. April 2000 in der vom D.Lgs. Nr. 297 vom 19. Dezember 2002 und vom Gesetz Nr. 296, Art. 1, Abs. 1183 vom 27. Dezember 2006 geänderten Fassung dem für die Provinz zuständigen *Centro per l'impiego* online die Entsendung des Arbeitnehmers an den neuen Arbeitgeber mitteilen. Die Nichteinhaltung dieser Verpflichtung führt zu einer Verwaltungsstrafe in Höhe von Euro 100 bis Euro 500 pro Arbeitnehmer.

7.3.2 EU-Entsendung

Die grenzüberschreitende Entsendung ist durch die EU-Richtlinie 96/71 geregelt. Sie hat einen Grundbestand an Normen ermittelt, um die Gesetzgebung aller Mitgliedstaaten zu koordinieren, den entsendeten Arbeitnehmer zu schützen und zu garantieren, dass nationalen Arbeitnehmern und entsendeten Arbeitnehmern aus einem anderen Mitgliedsland gleiche Mindeststandards bei der Behandlung zuteilwerden. Diese Richtlinie wurde in Italien mit dem D.Lgs. Nr. 72 vom 25. Februar 2000 umgesetzt.

Die Verwaltungskommission für die soziale Sicherheit der Wanderarbeitnehmer (ein Organ der Europäischen Union, das in diesem Bereich Interpretationsrichtlinien und Anwendungsmodalitäten für die Regelungen vorgibt) benennt zwei Tatbestände der grenzüberschreitenden Entsendung:

- Der erste Tatbestand besteht in der „Entsendung von gewöhnlichem Personal" und liegt dann vor, wenn der Arbeitnehmer des entsendenden Unternehmens gewöhnlich bereits vor der Entsendung als abhängig Beschäftigter dieses Unternehmens im Herkunftsland arbeitet. In diesem Fall sind die Tatbestandselemente, die diese Art der Entsendung von einer regulären Entsendung unterscheiden, das Fortbestehen des Abhängigkeitsverhältnisses gegenüber dem entsendenden Unternehmen und der Umstand, dass der entsendete Arbeitnehmer seine Tätigkeit weiterhin auf Rechnung desselben ausübt.
- Der zweite Tatbestand ist dann erfüllt, wenn der Arbeitnehmer von einem Unternehmen, das in einem Mitgliedstaat tätig ist, eingestellt wird, „um auf Rechnung dieses Unternehmens unmittelbar in das Gebiet eines anderen Mitgliedstaates entsendet zu werden", unter der Bedingung, dass
  - der Arbeitnehmer vor dem Zeitpunkt der Einstellung, der sich mit dem der Entsendung deckt, seit mindestens einem Monat beim Versicherungssystem des Mitgliedstaates eingeschrieben ist, aus dem er kommt;
  - für die gesamte Dauer der Entsendung eine arbeitsrechtliche Bindung zwischen dem genannten Unternehmen und dem Arbeitnehmer besteht;
  - das genannte Unternehmen seine Aktivitäten normalerweise auf dem Gebiet des ersten Mitgliedstaates ausübt, also dass es sich nicht um eine „Scheinfirma" handelt.

Im Hinblick auf das Versicherungssystem wird darauf hingewiesen, dass für von EU-Unternehmen entsendete Arbeitnehmer das Persönlichkeitsprinzip angewendet wird und nicht das in der Regel für Arbeitsbedingungen geltende, gegenteilige „Territorialitätsprinzip".

Das entsendende EU-Unternehmen ist also im Bestimmungsstaat tätig, wobei das (Vorsorge- und Fürsorge-)Beitragssystem des Herkunftslandes mit Hilfe der vom zuständigen Institut ausgestellten Formulare A1 (ehemals E101) beibehalten wird; der Arbeitgeber (Entsender) bleibt in jeder Hinsicht für die wirtschaftliche und normative Behandlung des Arbeitnehmers verantwortlich.

Im Falle einer EU-Entsendung ist es deshalb zur Bestimmung der Beitragsbemessungsgrundlage erforderlich, sich auf das Beitragssystem zu beziehen, das das Herkunftsland des Arbeitnehmers vorgesehen hat. Analog wird auch das vom Herkunftsland gesetzlich vorgesehene Versicherungssystem für Berufsunfälle und -krankheiten beibehalten.

Seit dem 1. März 2010 sind neue Regelungen darüber in Kraft getreten, welche Gesetzgebung auf Arbeitnehmer anzuwenden ist, die sich innerhalb der EU bewegen. Sie sind in Titel II der Verordnung (EG) Nr. 883/2004 (Art. 11 bis 16) und in Titel II der Durchführungsverordnung Nr. 987/2009 (Art. 14 bis 21) enthalten.

Durch die neuen Regelungen (Art. 12) wurde die Höchstdauer für eine Entsendung von 12 Monaten auf 24 Monate ausgeweitet und das Formular E101 durch das Formular A 1 ersetzt.

Zusätzlich zu der normalen ihm zustehenden Vergütung vereinbart der ins Ausland entsendete Arbeitnehmer mit dem Arbeitgeber üblicherweise eine spezielle Ausgleichszahlung für die zusätzliche persönliche und familiäre Belastung aufgrund der Entsendung. Diese Ausgleichszahlung dient der Deckung von Ausgaben, die dem Arbeitnehmer entstehen durch:

- die außergewöhnliche Situation des Arbeitnehmers, dem aufgrund der Tatsache, dass er in einem fremden Land lebt, eine Reihe von Belastungen entstehen;
- Eingewöhnungs- und Anpassungsschwierigkeiten;
- das Erfordernis, in seiner repräsentativen Funktion einen anständigen Lebenswandel zu führen.

7.4 Kurzarbeit

Die Kurzarbeit (CIG – *Cassa Integrazione Guadagni*) ist ein Rechtsinstitut, das aus einer finanziellen Leistung (des INPS) zu Gunsten jener Arbeitnehmer besteht, die von der Pflicht zur Erbringung ihrer Arbeitsleistung vorübergehend befreit sind oder deren Arbeitszeit reduziert ist.

Dieses Rechtsinstitut wurde zum ersten Mal mit dem D.Lgs. Nr. 869 vom 12. August 1947 des provisorischen Staatsoberhauptes in die Rechtsordnung eingeführt, das Regelungen über Lohnergänzungen enthielt und später mit Änderungen durch das Gesetz Nr. 498 vom 21. Mai 1951 ratifiziert wurde. Schließlich hat das Gesetz Nr. 223 von 1991 einige Parameter modifiziert und die Zeiträume der Bewilligung von Kurzarbeit eingeschränkt, um eventuelle Missbräuche zu vermeiden.

Die *ratio legis* besteht darin, Betrieben mit vorübergehenden Schwierigkeiten entgegenzukommen, indem sie teilweise von den Kosten der zeitweilig nicht gebrauchten Arbeitskräfte entlastet werden.

7.4.1 Normative Voraussetzungen

Der Art. 1 des Gesetzes Nr. 164 vom 20. Mai 1975 aktualisierte die Voraussetzungen für den Einsatz von Kurzarbeit in unsicheren sozio-ökonomischen Situationen und sieht Maßnahmen der Lohnergänzung zugunsten von Arbeitnehmern in Industriebetrieben vor, die von der Arbeit suspendiert sind oder ihre Arbeitsleistung in einem reduzierten Zeitrahmen erbringen, genauer:

- Ordentliche Lohnergänzung bei Rückgang oder Einstellung der Produktion wegen betrieblicher Situationen, die durch vorübergehende Ereignisse verursacht wurden und dem Unternehmer oder den Arbeitern nicht zur Last gelegt werden können, oder die durch vorübergehende Marktsituationen bedingt sind;
- Außerordentliche Lohnergänzung bei branchenspezifischen oder örtlichen Wirtschaftskrisen wegen Umstrukturierung, Umgestaltung oder Betriebsumstellung.

Die Kurzarbeit kann „mit null Stunden" (bei vollständiger Freistellung von der Arbeit) oder mit teilweiser Freistellung von der Arbeit angewendet werden. Ebenso kann das angewendete Verfahren ordentlich oder außerordentlich sein, je nach Art der vorliegenden Gründe.

7.4.2 Ordentliche Kurzarbeit (CIGO – Cassa Integrazione Guadagni Ordinaria / Lohnausgleichskasse)

Die ordentliche Kurzarbeit kann bei vorübergehenden Ereignissen angewendet werden, die nicht dem Unternehmer oder den Arbeitern zur Last gelegt werden können, wie beispielsweise bei einer temporären Krise des Marktes.

Die Höchstdauer für ordentliche Kurzarbeit beträgt 52 Wochen innerhalb eines Zeitraums von zwei Jahren (mit variablem Beginn) und 13 aufeinanderfolgende Wochen, die um weitere 13 Wochen verlängert werden können. Dabei wird zu Lasten des INPS innerhalb festgelegter Höchstgrenzen ein Betrag in Höhe von 80 % der tatsächlichen Gesamtvergütung bezahlt.

Die ordentliche Kurzarbeit wird von jedem Unternehmen mit einem ordentlichen Beitrag für den Bruttovergütungsbetrag und mit einem Zusatzbeitrag für die vorgezogenen Lohnergänzungszahlungen vergütet. Der ordentliche Beitrag beträgt 2,2 % bzw. 1,9 % des Bruttovergütungsbetrags, je nachdem, ob das Unternehmen mehr als oder bis zu 50 Arbeitnehmer beschäftigt. Der Zusatzbeitrag beträgt 8 % bzw. 4 % der zu entrichtenden Lohnergänzungszahlungen.

Verfahren

Der Arbeitgeber wendet sich, sobald er sich zur Beantragung von ordentlicher Kurzarbeit entschlossen hat, an die gewerkschaftliche Vertretung im Betrieb; sollte eine solche nicht vorhanden sein, an die repräsentativste lokale Gewerkschaft. Die Mitwirkung der Gewerkschaft ist eine zwingende Voraussetzung für die Bewilligung von Kurzarbeit.

Die Mitteilung an die Gewerkschaft muss Folgendes enthalten:

- Die Gründe für die Arbeitszeitverkürzung;
- Das Ausmaß und die voraussichtliche Dauer der Gründe, die zur Kurzarbeit führen;
- Anzahl und Auswahlkriterien der betroffenen Arbeitnehmer;
- Dauer der Kurzarbeit.

Die Parteien (Arbeitgeber und Gewerkschaft) müssen innerhalb von drei Tagen nach Erhalt der Mitteilung die gemeinsame Überprüfung („*Esame congiunto*") beantragen, wenn sie ein solches Verfahren durchführen wollen. Innerhalb von 25 Tagen muss der Arbeitgeber den Antrag auf Kurzarbeit online an die INPS stellen.

Die Auswahl der Arbeitnehmer, die in Kurzarbeit versetzt werden sollen, ist eine in sozialer Hinsicht sehr heikle Angelegenheit und wird nach Anhörung und Beratung mit der Gewerkschaft vom Arbeitgeber beschlossen. Dieser kann das ihm am geeignetsten erscheinende Auswahlsystem anwenden, sofern die Kriterien objektiv, überprüfbar und nachweisbar sind, diese das *Statuto dei lavoratori* nicht verletzen und dem Unternehmensinteresse dienen. Das am häufigsten gewählte System ist jenes der zeitlichen Rotation.[1]

7.4.3 Außerordentliche Kurzarbeit (CIGS – Cassa Integrazione Guadagni Straordinaria / Sonderlohnausgleichskasse)

Die außerordentliche Kurzarbeit kann hingegen in folgenden Fällen beantragt werden:

- Umstrukturierung, Umgestaltung oder Betriebsumstellung;
- Fälle von Betriebskrisen mit besonderer branchenspezifischer oder örtlicher Relevanz;
- Unternehmen, das einem Insolvenz- oder Konkursverfahren, einem Zwangsvollstreckungsverfahren etc. unterworfen ist;
- Beendigung der betrieblichen Tätigkeit.

Die Möglichkeit zum Einsatz der außerordentlichen Kurzarbeit haben nur Unternehmen, die im Halbjahr vor dem Antrag mehr als 15 Arbeitnehmer beschäftigt hatten. Wenn das Unternehmen von diesem Verfahren Gebrauch macht, muss es bereits im Vorfeld den gewerkschaftlichen Vertretungen davon Mitteilung machen. Dieser Mitteilung können eine gemeinsame Überprüfung und die Schaffung eines Programms zur Bewältigung von dessen Auswirkungen auf den Gewerkschaftsplan folgen.

[1] Vor der Reform 1991 war die Gesetzeslage dergestalt, dass ein Arbeitgeber, der die Arbeitnehmer willkürlich nach persönlichen Kriterien (Rasse, Geschlecht etc.) auswählte, die nicht deren berufliche Fähigkeiten berücksichtigten, oder der ohne einen objektiven Grund gegen gewerkschaftliche Vereinbarungen verstieß, lediglich zu einer Entschädigungsleistung verpflichtet war.

Begünstigte

Da die außerordentliche Kurzarbeit die Funktion eines sozialen Ausgleichs erfüllen soll, indem sie einen Überschuss an Personal – bei dem man davon ausgeht, dass es nach Ende derselben wieder seinen ursprünglichen Arbeitsplatz einnehmen kann – abdeckt, wurde der Anwendungsbereich der Vorschriften hinsichtlich der Unternehmen, die dieses Rechtsinstitut einsetzen können, beträchtlich erweitert.

Auf der Seite der Arbeitnehmer kann sie von Arbeitern, Angestellten und mittleren Führungskräften in Anspruch genommen werden. Ausgenommen davon bleiben Auszubildende und Gelegenheitsarbeiter.

Dauer

Während die außerordentliche Kurzarbeit vor 1991 von der öffentlichen Verwaltung in der Praxis ohne zeitliche Beschränkungen gestattet wurde, indem Fristverlängerungen für die Bezugsdauer immer gewährt wurden – was Missbräuche und Unregelmäßigkeiten in beträchtlichem Ausmaß verursachte – wurden nach der Reform feste Fristen eingeführt, die nur in Ausnahmefällen verlängert werden können; Ausnahmen können heute unter folgenden Umständen gewährt werden:

- Bei Umstrukturierung, Umgestaltung oder Betriebsumstellung: maximal 2 Jahre in Folge, jeweils zwei Mal um 1 Jahr verlängerbar;
- Bei Krisen des Marktes: maximal 1 Jahr in Folge, um 1 weiteres Jahr verlängerbar;
- Bei Konkursverfahren: maximal 1 Jahr, um 6 Monate verlängerbar.

Der Arbeitsminister kann diese Fristen dann noch weiter in Ausnahmefällen verlängern, wenn die soziale Absicherung den Arbeitnehmern konkret ermöglicht, einen neuen Arbeitsplatz zu finden.

Die Höchstgrenze für die Gesamtdauer beträgt 3 Jahre innerhalb eines Zeitrahmens von 5 Jahren.

Verfahren

Das Verfahren entspricht in vielerlei Hinsicht dem der ordentlichen Kurzarbeit; zusätzlich hat der Arbeitgeber einen begründeten Antrag an das Arbeitsministerium zu stellen. Der Vorgang endet mit einem vom Arbeitsministerium erlassenen Bewilligungsdekret.

Vergütung

Der Arbeitgeber zahlt wie bei der ordentlichen Kurzarbeit die Vergütung und streckt die Beträge vor, die dann von der INPS erstattet werden. Wenn die Zahlung der Beträge wegen fehlender Liquidität objektiv unmöglich ist, übernimmt dies direkt die INPS.

Die Arbeitnehmer beziehen so viel, wie ihnen für die geleisteten Arbeitsstunden vertraglich zusteht, zuzüglich 80 % des Gesamtbetrags für die Arbeitsstunden, die sie hätten ableisten sollen. In Bezug auf die nach Zugehörigkeit berechnete Gehaltsstufe werden zustehende Bruttobeträge in Höhe von zwei Gehaltsstufen anerkannt; Feiertage oder

Krankheitstage werden in den bezahlten Betrag einbezogen, während Mutterschaft angerechnet wird.

Auf die Vergütung wird jeder anderweitige Verdienst aus Arbeitstätigkeit angerechnet, die der Arbeitnehmer in der Zwischenzeit erwirtschaftet. Er muss die Aufnahme einer Arbeitstätigkeit der Landesstelle des INPS mitteilen, andernfalls wird die Ergänzungszahlung verringert. Kurzarbeiter verlieren außerdem das Recht auf diese Vergünstigungen, wenn sie:

- nicht an beruflichen Umschulungs- oder Fortbildungskursen teilnehmen;
- Angebote für eine Arbeit, die gegenüber der vorhergehenden besser oder gleichwertig ist, nicht annehmen;
- sich weigern, vom Staat angebotene Arbeitstätigkeiten im Bereich des Allgemeinwohls auszuüben. Diese Tätigkeiten sind soziale Wohlfahrtsmaßnahmen des Staates mit einer Arbeitszeit, die mit nicht weniger als 20 Stunden wöchentlich und nicht mehr als 8 Stunden täglich verbunden sind. Diese Tätigkeiten werden auch an Feiertagen und bei Krankheit bezahlt, nicht aber bei sonstigen Abwesenheiten, auch wenn diese gerechtfertigt sind. Sie begründen kein Arbeitsverhältnis zwischen dem Staat und dem Arbeitnehmer und dürfen nicht länger als sechs Monate dauern.

Die Kasse, aus der die Leistungen für die außerordentliche Kurzarbeit gewährt wird, wird von den Arbeitsvertragsparteien finanziert; der Arbeitgeber zahlt 0,6 % des Bruttogehaltes und führt für den Arbeitnehmer weitere 0,3 % ab. Auch bei der außerordentlichen Kurzarbeit gibt es überdies eine Belastung für das Unternehmen in Höhe von 4,5 % bzw. 3 % der vorgezogenen Lohnergänzungszahlungen, je nachdem, ob es mehr als oder bis zu 50 Arbeitnehmer beschäftigt. Der Zusatzbeitrag wird im Falle der Nichtbeachtung des Ministerialerlasses verdoppelt. Außerdem wird er um 50 % erhöht, wenn die Bezahlung über den Zeitraum von 24 Monaten hinaus erfolgt.

7.5 Solidaritätsverträge

Solidaritätsverträge sind zwischen dem Betrieb und den gewerkschaftlichen Vertretungen geschlossene Vereinbarungen über die Reduzierung der Arbeitszeit, um im Falle einer Betriebskrise die Beschäftigung aufrechtzuerhalten und dadurch einen Personalabbau zu verhindern (defensive Solidaritätsverträge, Art. 1 des Gesetzes 863/84).

Alle Betriebe, die in den Anwendungsbereich der Regelung für die außerordentliche Kurzarbeit (CIGS) fallen und die im Halbjahr vor der Antragstellung durchschnittlich mehr als 15 Arbeitnehmer beschäftigt haben, können auf diese Solidaritätsverträge zurückgreifen.

Auf Arbeitnehmerseite sind die Solidaritätsverträge auf folgende Personen anzuwenden: alle abhängig Beschäftigten mit Ausnahme von: leitenden Angestellten; Auszubildenden; Heimarbeitern; Arbeitnehmern mit weniger als 90 Tagen Betriebszugehörigkeit; befristet für saisonale Tätigkeiten eingestellten Arbeitnehmern. Teilzeitarbeiter sind nur dann zugelassen, wenn der Betrieb „in der bereits bestehenden Arbeitsorganisation den strukturellen Charakter der Teilzeitarbeit" nachweisen kann.

Höhe des Anspruchs

Die allgemeine Regelung sieht für die reduzierten Arbeitsstunden eine Ergänzungszahlung in Höhe von 60 % der entgangenen Vergütung vor. Das Gesetzesdekret Nummer 78 aus dem Jahr 2009, umgewandelt in das Gesetz 102 aus dem Jahr 2009, hat für die Jahre 2009 und 2010 den Betrag der Ergänzungszahlungen für jene Arbeitnehmer erhöht, die von defensiven Solidaritätsverträgen betroffen sind, welche auf der Grundlage des Art. 1, Abs. 1 des Gesetzes 863/1984 abgeschlossen wurden. Die Höhe der Ergänzungszahlung ist auf 80 % der entgangenen Vergütung angestiegen.

Dauer

Solidaritätsverträge können für eine Dauer von höchstens 24 Monaten abgeschlossen werden, wobei eine Verlängerung für weitere 24 Monate (36 Monate für Arbeitnehmer, die im *Mezzogiorno* beschäftigt sind) möglich ist. Hat der Solidaritätsvertrag seine vorgesehene Höchstdauer erreicht, kann für dieselben Betriebsabteilungen erst nach Ablauf von zwölf Monaten ab Beendigung des vorigen Vertrags ein neuer Vertrag abgeschlossen werden.

Verfahren

Nach Abschluss des Solidaritätsvertrags mit den auf nationaler Ebene hauptsächlich repräsentativen gewerkschaftlichen Verbänden muss der Arbeitgeber die Ergänzungszahlung mit dem Formular CIGS SOLID1 online beim Arbeits- und Sozialministerium – „*Direzione generale per gli ammortizzatori sociali ed incentivi all'occupazione*" (Generaldirektion für Sozialmaßnahmen und Beschäftigungsanreize) beantragen. Dem Antrag, der innerhalb von 30 Tagen nach Abschluss des Solidaritätsvertrages gestellt werden muss, muss das Original des Solidaritätsvertrags und eine namentliche Auflistung der betroffenen Arbeitnehmer beigefügt werden. Das Dekret des Ministeriums zur Bewilligung der Zahlung wird innerhalb von 60 Tagen nach Erhalt des Antrags erlassen.

7.6 Veräußerung des Betriebes (Betriebsübergang)

7.6.1 Kenntnis von der Veräußerung des Betriebes

Nach Art. 2555 CC ist ein Betrieb die Gesamtheit der Güter, die vom Unternehmer zur Führung des Unternehmens eingesetzt werden; ein Betriebszweig kann als ein Teil des Betriebes, der aus einer Gesamtheit von Gütern besteht, welche für eine bestimmte Produktionsfunktion eingesetzt wird, definiert werden.

In arbeitsrechtlicher Hinsicht wird die Veräußerung des Betriebes oder eines seiner Betriebszweige durch Art. 2112 CC in der von Art. 47 des Gesetzes 428/90 novellierten Form, die auch die Vorgehensweise für den Zeitpunkt der Veräußerung bestimmt, geregelt.

Der Tatbestand der „Veräußerung des Betriebes" bezieht sich nicht nur auf die ausdrücklich im Gesetz angegebenen Fälle – also Verkauf, Pacht und Nießbrauch der Güter, die den Betrieb ausmachen, sofern bei diesem Wechsel die Gesamtheit der Güter, die zur Führung des Unternehmens eingesetzt werden, erhalten bleibt. Eine extensive Auslegung des Tatbestands „Veräußerung des Betriebes" steht sowohl im Einklang mit der *ratio* der staatlichen und EU-Vorschrift als auch mit den Richtlinien und Weisungen des Gerichtshofs der Europäischen Union; mit dieser Interpretation fällt unter diesen Tatbestand auch die Fusion oder Inkorporation von Gesellschaften, auch wenn dadurch ein völlig neues Rechtssubjekt entsteht (wie dies bei einer Fusion der Fall ist).

Wechseln lediglich ein Aktienpaket oder Anteile an einer Gesellschaft mit beschränkter Haftung den Eigentümer und führt dies zu keinem neuen Inhaber des Betriebes (welcher weiterhin diese Gesellschaft bleibt), so handelt es sich um keine Veräußerung des Betriebes.

7.6.2 Der neue Art. 2112: Wegfall der „Kündigung" und Fortführung des Arbeitsverhältnisses

Die wichtigste durch das Gesetz 428/90 eingeführte Neuerung – die auch eine radikale Änderung der gesetzlichen Ordnung in diesem Bereich mit sich bringt – besteht im Wegfall der „Kündigung", also der Möglichkeit, die laufenden Arbeitsverträge mit dem zu veräußernden Unternehmen zu kündigen, wenn dies den Arbeitnehmern rechtzeitig vorangekündigt wird. Mit der neuen Formulierung legt Abs. 1 des Artikels 2112 fest, dass im Falle einer Veräußerung des Betriebes (oder eines Betriebszweiges) die Arbeitsverhältnisse mit dem Erwerber fortbestehen und die Arbeitnehmer alle bereits erworbenen Rechte behalten (z. B. Dienstalter, personalisierte Vergütungsleistungen und, allgemeiner, jedes Rechtsinstitut, das aus dem individuellen Arbeitsvertrag hervorgeht).

Die Veräußerung eines Betriebes darf also nicht per se Grund für eine Entlassung sein; deshalb ist die noch immer weit verbreitete betriebliche Praxis, im Falle einer Veräußerung des Betriebes die Arbeitnehmer noch beim Veräußerer zu entlassen und sie beim Erwerber wieder einzustellen, ganz offensichtlich *contra legem.*

7.6.3 Beiträge und Abfindung

Im Unterschied zu den anderen Ansprüchen des Arbeitnehmers gibt es hinsichtlich von Beitragszahlungen und Abfindung keine Vorteile durch die besondere Regelung der solidarischen Verantwortung zwischen Veräußerer und Erwerber.

Falls Pflichtbeiträge nicht gezahlt wurden, ist nur der Veräußerer Schuldner: Die zum Zeitpunkt der Übergabe bestehenden Schulden, die der Veräußerer bei den Versicherungsinstituten eingegangen ist, betreffen die Führung des Betriebes und bleiben der Regelung des *Codice Civile* (Art. 2560 CC.) unterworfen, ohne dass hier die automatische

Löschung der Verantwortung des Erwerbers greift (Art. 2112 Ziffer 2 CC). Dies ist darin begründet, dass:

- die Solidarität auf die arbeitsrechtlichen Ansprüche des Arbeitnehmers beschränkt ist und keine Ansprüche Dritter (also der Versicherungsinstitute) umfasst;
- der Arbeitnehmer hinsichtlich der nicht gezahlten Pflichtbeiträge keine Ansprüche gegen den Arbeitgeber hat und somit außerhalb des Beitragsverhältnisses steht, das zwischen dem Versicherungsinstitut und dem Arbeitgeber besteht.

Bezüglich der Abfindung gibt es zwei gegensätzliche Sichtweisen:

- Die erste besagt, dass auch für den Zeitraum der Beschäftigung beim vorherigen Arbeitgeber derjenige alleiniger Schuldner ist, der zum Zeitpunkt der Auflösung des Arbeitsverhältnisses Inhaber des Unternehmens ist, da erst dann der Anspruch des Arbeitnehmers auf die Abfindung entsteht (und bezüglich der Höhe genau bestimmt werden kann) und für diesen Anspruch die Beendigung des Arbeitsverhältnisses ein konstitutives Tatbestandsmerkmal ist (Cass. 13. September 2000, Nr. 15687).
- Die zweite besagt, dass der Veräußerer dem Arbeitnehmer hinsichtlich jenes Anteils der Abfindung verpflichtet bleibt, der bis zum Tag der Veräußerung des Betriebes entstanden ist, während der Erwerber für denselben Anteil – nach dem Prinzip der Solidarität – gesamtschuldnerisch und für den nach der Veräußerung des Betriebes entstandenen Anteil ausschließlich verpflichtet ist (Cass. 22. September 2011, Nr. 19291).

7.6.4 Wirtschaftliche Verhältnisse der Arbeitnehmer

Die vom nationalen Kollektivvertrag und von den eventuell ergänzenden betrieblichen Verträgen festgelegte wirtschaftliche und normative Behandlung muss vom Erwerber bis zum Auslauf dieser Verträge gewährleistet werden, vorbehaltlich der Möglichkeit, andere Vereinbarungen im Laufe einer gemeinsamen Überprüfung mit den Gewerkschaften zu treffen.

Ein nicht unbedeutendes Problem ergibt sich in dem Fall, dass sowohl im erwerbenden als auch im veräußerten Unternehmen ein ergänzender betrieblicher Vertrag angewendet wird, was die Möglichkeit eines „Konflikts" von Kollektivverträgen mit sich bringt, welche sich sicherlich voneinander unterscheiden und auf bestimmte Gruppen von Arbeitnehmern anwendbar sind (also die Regeln, die bereits im Betrieb des Erwerbers in Kraft sind, und jene, die im veräußerten Betrieb gelten). Eine nachvollziehbare Regelung könnte bestimmen, dass im eben beschriebenen Fall nur einer der betrieblichen Verträge angewendet werden dürfte, nämlich der des erwerbenden Unternehmens, auch wenn er im Vergleich nachteiliger ist – dem Erwerber soll nicht durch die „automatische" Ausweitung eines nur für den veräußerten Betrieb abgeschlossenen betrieblichen Vertrags auf seine eigene Belegschaft eine weitere Verpflichtung aufgebürdet werden.

7.6.5 Mitteilung und gemeinsame Überprüfung

Das Gesetz verpflichtet Arbeitgeber mit mehr als 15 Beschäftigten, mindestens 25 Tage vor dem vorgesehenen Veräußerungstermin den Betriebsgewerkschaftsvertretungen und den innerbetrieblichen Arbeitnehmervertretungen oder, falls solche nicht gebildet wurden, den repräsentativsten Gewerkschaften den Betriebsübergang mitzuteilen.

Innerhalb von 7 Tagen ab Erhalt der Mitteilung müssen der Veräußerer und der Erwerber auf schriftlichen Antrag der gewerkschaftlichen Organisationen des Betriebes oder der Berufsgenossenschaften der Arbeitnehmer eine gemeinsame Überprüfung mit den beantragenden Gewerkschaften in den darauffolgenden 7 Tagen einleiten.

Diese gemeinsame Überprüfung, die analogen Versuchen in anderen europäischen Ländern nachempfunden ist, soll die Rechte der Arbeitnehmer mit einer eingehenden Untersuchung der Veräußerungsmodalitäten, der technisch-wirtschaftlichen Fähigkeiten des Erwerbers, der Projekte für die künftige Weiterentwicklung usw. durch die Gewerkschaften garantieren und schützen. Dennoch gilt dieser Versuch als ausgeschöpft, wenn 10 Tage nach seinem Beginn kein Ergebnis erzielt wurde. Jedenfalls gilt dadurch das Erfordernis einer Überprüfung der Veräußerungsmodalitäten unter Einbeziehung der betroffenen Parteien als erfüllt. Wird dieser Vorgang nicht durchgeführt, kann dies Sanktionen nach Art. 28 *Statuto dei lavoratori* (Arbeitnehmerstatut) wegen gewerkschaftsfeindlichen Verhaltens auslösen.

7.6.6 Veräußerung des Betriebes in einer Krise

Bei Betriebsübergang werden Arbeitnehmerschutzrechte teilweise abgeschwächt, wenn Betriebe oder Produktionseinheiten veräußert werden, bei denen das CIPI (*Comitato interministeriale per il coordinamento della politica industriale* – Interministerieller Ausschuss zur Koordinierung der Industriepolitik) betriebliche Krisensituationen festgestellt hat oder für die ein Konkursverfahren (Konkurserklärung, behördliche Zwangsabwicklung, Vergleich mit Vermögensabtretung, außerordentliche Verwaltung in den Fällen, in denen kein vorläufiger Weiterbetrieb erlaubt wurde) eröffnet wurde.

Da es sich um Betriebe handelt, die sich in einem klaren Krisenzustand befinden, kann die gewerkschaftliche Vereinbarung in den oben genannten Fällen vorsehen, dass – auch nur teilweise – das Beschäftigungsniveau des veräußerten Betriebes aufrechterhalten wird; außerdem findet der Art. 2112 CC keine Anwendung, gemäß dem zwischen den vertragsschließenden Parteien keine nachteiligeren wirtschaftlichen Konditionen für die Angestellten vereinbart werden können. Die *ratio* der Norm besteht darin, dass die Problematik der Beibehaltung der Beschäftigung und der Bewahrung des Betriebsvermögens im Vergleich zum Schutz der wirtschaftlichen Konditionen für die einzelnen Arbeitnehmer stärker berücksichtigt werden soll.

Die nicht aufgrund der gewerkschaftlichen Vereinbarung auf den neuen Betrieb übergegangenen Arbeitnehmer haben ein Vorrecht bei den Einstellungen, die innerhalb des ersten Jahres ab dem Tag der Übertragung des Betriebes vorgenommen werden; auch auf diese sind die Garantien des Art. 2122 CC nicht anzuwenden.

Beendigung des Arbeitsverhältnisses 8

Das italienische Arbeitsrecht unterscheidet begrifflich die Kündigung des Arbeitnehmers – „*dimissione*" – von der Kündigung des Arbeitgebers – „*licenziamento*" –, was auch als Entlassung übersetzt werden kann. Im nachfolgenden Text wird für die arbeitgeberseitige Kündigung sowohl der Terminus „Entlassung" wie auch „Kündigung" verwendet.

8.1 Kündigung durch den Arbeitnehmer

Die Kündigung ist der Rechtsakt, mit dem ein abhängig Beschäftigter einseitig vom Vertrag zurücktritt, der ihn an den Arbeitgeber bindet.

8.1.1 Gültigkeit und Wirksamkeit

In der italienischen Rechtsordnung ist die Kündigung eine Rechtshandlung des Arbeitnehmers, welche – abgesehen von der einzigen Verpflichtung, die kollektivvertraglich vorgesehene Kündigungsfrist einzuhalten – ohne Einschränkungen ausgeübt werden kann. Während der Kündigungsfrist muss noch gearbeitet werden; ansonsten wird ein Teil der Vergütung als Entschädigungsleistung für die nicht eingehaltene Kündigungsfrist vom Arbeitgeber einbehalten.

Die Kündigung ist eine freiwillige Handlung des Arbeitnehmers. Deshalb kann sie bei Beeinträchtigung der Freiwilligkeit (beispielsweise durch Drohung, Betrug, Irrtum oder Handlungsunfähigkeit) als nichtig erklärt werden.

Die Handlung erlangt zu dem Zeitpunkt Wirksamkeit, zu dem der Arbeitgeber davon Kenntnis erlangt. Eine eventuelle fehlende Zustimmung des Arbeitgebers hat keinerlei Relevanz. Ein eventueller Widerruf der Kündigung ist nach den allgemeinen Vorschriften

R. Dolce, D. de Luca, *Arbeitsrecht in Italien*, DOI 10.1007/978-3-658-12632-2_8

(Art. 1328 CC) nur dann wirksam, wenn er dem Arbeitgeber mitgeteilt wurde, bevor dieser von der Kündigung Kenntnis erlangt hat.

Das italienische Recht sah keine besonderen Formvorschriften für die Kündigung vor, die deshalb auch mündlich erfolgen konnte. Oft ist jedoch in den Kollektivverträgen die Einhaltung bestimmter Formen vorgeschrieben, die zum Schutz des Arbeitnehmers eine Verpflichtung zur Schriftform vorsehen können. Mit dem Gesetz 92/2012 wurde ein Verfahren eingeführt, das eine Nachweispflicht des „wahren Willens des Arbeitnehmers zur Auflösung des Arbeitsverhältnisses" einführt. Damit sollen „Blankokündigungen" verhindert werden, d. h. undatierte unterzeichnete Eigenkündigungen, deren Vorlage der Arbeitgeber vom Arbeitnehmer bei Einstellung verlangt, um sich dann damit jederzeit wieder lösen zu können. Deshalb ist eine Kündigung nur rechtswirksam, wenn der Arbeitnehmer:

- entweder diese bei der für die Region zuständigen DTL (*Direzione territoriale del lavoro* – lokale Arbeitsverwaltung), dem für die Region zuständigen *Centro per l'Impiego* oder den Stellen, die von den Kollektivverträgen benannt werden, welche die auf nationaler Ebene vergleichsweise repräsentativsten Organisationen abgeschlossen haben, ausdrücklich bestätigt,
- oder eine entsprechende Erklärung auf der Übermittlungsbestätigung des Kündigungsschreibens unterzeichnet, das der Arbeitgeber dem zuständigen *Centro per l'Impiego* übersandt hat.

Bei Fehlen einer solchen Bestätigung bzw. einer Unterzeichnung der Erklärung muss der Arbeitgeber, der die Gültigkeit der Kündigung aufrechterhalten möchte, dem Arbeitnehmer – innerhalb von 30 Tagen ab der Kündigung – eine schriftliche Aufforderung schicken, bei der zuständigen Stelle wegen der Bestätigung vorzusprechen oder seine Unterschrift dort zu leisten. Falls der Arbeitgeber dies unterlässt, gilt die Kündigung als wirkungslos.

Wenn die Aufforderung rechtzeitig zugestellt wird, hat der Arbeitnehmer ab deren Zugang 7 Tage Zeit, die Kündigung zu bestätigen und/oder seine Unterschrift zu leisten. Tut er dies, so ist das Arbeitsverhältnis endgültig aufgelöst. In der genannten 7-Tages-Frist kann der Arbeitnehmer aber auch beschließen, seine Kündigung zurückzunehmen; damit ist das vorher unterbrochene Arbeitsverhältnis wiederhergestellt.

8.1.2 Kündigung aus wichtigem Grund

Bei Vorliegen eines schweren Fehlverhaltens des Arbeitgebers, das eine – wenn auch nur vorübergehende – Fortsetzung des Arbeitsverhältnisses unmöglich macht (z. B. Nichtbeachtung der Sicherheitsvorschriften, für den Arbeitnehmer schwer rufschädigendes Verhalten, wiederholtes Nichtbezahlen der Vergütung usw.), kann der Arbeitnehmer aus wichtigem Grund fristlos kündigen.

Einem Arbeitnehmer, der aus wichtigem Grund kündigt, steht eine Entschädigungsleistung für die Nichteinhaltung der Kündigungsfrist zu, so als ob er entlassen wurde. Er kann außerdem die allgemeine Arbeitslosenunterstützung beantragen, da ihm sein Arbeitslosenstatus nicht angerechnet werden kann.

8.1.3 Freiwilliges Ausscheiden

Der Arbeitgeber kann eine Kündigung durch den Arbeitnehmer fördern, indem er ihm einen finanziellen Anreiz für das Aufgeben seines Arbeitsplatzes anbietet. Diese Vorgehensweise gilt als zulässig, da die Entscheidungsfreiheit des Arbeitnehmers dadurch nicht beeinträchtigt wird.

Das Arbeitsverhältnis endet zu dem Zeitpunkt, an dem der Arbeitgeber nach Erhalt der Kündigung – in Erfüllung seiner Verpflichtung – dem Arbeitnehmer neben den anderen entstandenen Vergütungsansprüchen die angebotene Summe überweist.

8.1.4 Eigenkündigung im Verhältnis zur Entlassung durch den Arbeitgeber

Sowohl die Eigenkündigung als auch die Entlassung durch den Arbeitgeber führen zur Beendigung des Arbeitsverhältnisses.

Die rechtlichen Folgen dieser beiden Rechtsakte weisen aber grundlegende Unterschiede auf, insbesondere hinsichtlich des Schutzes für den Arbeitnehmer. Im Falle einer Eigenkündigung hat der Arbeitnehmer weder das Recht auf eine eventuelle Entschädigungsleistung für die Nichteinhaltung der Kündigungsfrist (Ausnahme: Kündigung aus wichtigem Grund), noch ist für ihn ein spezieller Schutz gegen unrechtmäßige Entlassung vorgesehen. Außerdem zahlt das INPS bei einer Eigenkündigung keine Arbeitslosenunterstützung.

8.2 Entlassung (Kündigung durch den Arbeitgeber)

Die Entlassung ist der Rechtsakt, mit dem der Arbeitgeber einseitig vom Arbeitsvertrag mit einem seiner abhängig Beschäftigten zurücktritt.

In der italienischen Rechtsordnung kann das Recht zur Entlassung nur dann ausgeübt werden, wenn bestimmte Bedingungen sowohl hinsichtlich der Gründe für den Rücktritt als auch hinsichtlich des Verfahrens beachtet werden.

8.2.1 Gründe für die Entlassung

In den meisten Fällen ist die Entlassung des abhängigen Arbeitnehmers nur bei Vorliegen bestimmter sozial gerechtfertigter Gründe (Art. 1 des Gesetzes Nr. 604 vom 15. Juli 1966; Art. 18 des *Statuto dei lavoratori*) möglich, die im Verhalten des Arbeitnehmers (Entlassung aus disziplinarischen Gründen, aus wichtigem Grund oder aus einem gerechtfertigten subjektiven Motiv) oder in der Situation des Betriebes (Entlassung aus einem gerechtfertigten objektiven Motiv) liegen können.

Die Bezugsnormen sind:

- Art. 2118 und 2119 CC;
- Gesetz Nr. 604 vom 15. Juli 1966 (Art. 1, 3,5);
- Gesetz Nr. 300 vom 20. Mai 1970 (Art. 28, 35).

8.2.1.1 Vom Arbeitnehmer verschuldete Entlassung – Entlassung aus disziplinarischen Gründen

Der häufigste Grund für eine Entlassung betrifft schuldhaftes und vorsätzliches Verhalten des Arbeitnehmers, dessen Schwere wegen des Vertrauensbruchs eine Weiterführung des Arbeitsverhältnisses unmöglich macht. Je nach Schwere der Verfehlung unterscheidet man im italienischen Recht traditionell zwischen Entlassungen „aus wichtigem Grund" und „aus gerechtfertigtem Motiv".

8.2.1.1.1 Der wichtige Grund

„Wichtiger Grund" ist ein vom italienischen *Codice Civile* (Art. 2119 CC) verwendeter Begriff für eine Verfehlung, die so schwerwiegend ist, dass sie eine Weiterführung des Arbeitsverhältnisses, sogar auch nur vorübergehend (im Wesentlichen bedeutet das: schon für die Dauer der vorgesehenen Kündigungsfrist) unmöglich macht.

Seit es das Rechtsinstitut des Arbeitsvertrages gibt, gilt das Vertrauenselement in diesem Rechtsverhältnis als Grundlage für die Rücktrittsmöglichkeit aus wichtigem Grund. Das Fehlen des Vertrauens verhindert die wenn auch nur vorübergehende Weiterführung des Arbeitsverhältnisses, wenn Tatsachen besonderer Schwere vorliegen, die sich unumkehrbar auf die Erwartungen des zurücktretenden Teils auswirken.

Eine der möglichen Folgen dieser Konstruktion besteht – nach der herrschenden Lehre – darin, als wichtigen Grund für den Rücktritt Tatsachen zuzulassen, die nicht zu den vertraglichen Verpflichtungen gehören, aber dennoch geeignet sind, das Vertrauen zu mindern. Im Wesentlichen könnte man aus wichtigem Grund auch wegen Gegebenheiten zurücktreten, die für sich keine Vertragsbrüche enthalten. Wichtige Gründe für eine Entlassung können beispielsweise sein:

- Ungerechtfertigte und wiederholte Weigerung, die Arbeitsleistung zu erbringen;
- Nichtunterordnung;
- Weigerung, nach einer ärztlichen Untersuchung die Arbeit wiederaufzunehmen, wenn diese ergeben hat, dass keine Krankheit vorliegt;
- Arbeit zugunsten Dritter während Abwesenheit aus Krankheitsgründen, wenn diese Tätigkeit die schnelle Heilung und die Rückkehr an den Arbeitsplatz beeinträchtigt;
- Veruntreuung von Betriebseigentum bei Ausübung der Arbeitstätigkeit (insbesondere, wenn es sich um eine Vertrauensstellung handelt);

- Strafrechtlich relevantes Verhalten außerhalb der Arbeit, das geeignet ist, das Vertrauensverhältnis zu beeinträchtigen (z. B. von einem Bankangestellten verübter Raubüberfall).

Diesbezüglich hat die höchstrichterliche Rechtsprechung festgelegt, dass sich der wichtige Grund in einer Verhaltensweise manifestiert, die so schwerwiegend ist, dass jede andere Sanktion außer einer Entlassung für den Schutz des Arbeitgebers nicht ausreichen würde (Ultima-Ratio-Prinzip[1]), so dass von diesem nicht verlangt werden kann, den Arbeitnehmer an anderer Stelle einzusetzen[2].

8.2.1.1.2 Das gerechtfertigte subjektive Motiv

Das „gerechtfertigte (subjektive) Motiv" ist eine weniger schwerwiegende Form der Nichterfüllung der vertraglichen Verpflichtungen, welche zwar eine Entlassung rechtfertigt, den Arbeitgeber aber zur Einhaltung der Kündigungsfrist (oder zur Zahlung des entsprechenden Betrags) verpflichtet. Gerechtfertigte subjektive Motive können beispielsweise sein:

- Ungerechtfertigtes Verlassen des Arbeitsplatzes;
- Drohungen, Gewalt;
- Wiederholte Verletzung der Disziplinarordnung, die so schwer ist, dass sie zur Entlassung führt.

8.2.1.1.3 Unterschiede zwischen den beiden Begriffen

Über die auch von den Kollektivverträgen vorgeschlagenen, beispielhaften Aufzählungen hinaus muss der Arbeitgeber bei der Beurteilung des Verhaltens des Arbeitnehmers sowohl die konkreten Umstände des Verhaltens (Art des Verhältnisses, Grad des Vertrauens, Schwere des Fehlverhaltens usw.) als auch das subjektive Element (Grad des Vorsatzes, Verschuldensgrad, Motivation, Umstände des Sachverhalts, Auswirkungen des Verhaltens) berücksichtigen.

Die Zuordnung einer Verhaltensweise zum einen oder zum anderen Begriff ist, falls dieses angerufen wird, Aufgabe des Arbeitsgerichts, das bei dieser Entscheidung einen großen Ermessensspielraum hat.

In praktischer Hinsicht stützt sich der Unterschied zwischen den beiden Begriffen auf größere oder geringere Schwere des Fehlverhaltens und wirkt sich folgendermaßen aus: Bei Entlassung aus gerechtfertigtem Motiv muss der Arbeitgeber eine Kündigungsfrist, die von den Kollektivverträgen festgelegt wird, einhalten oder, wenn er den Arbeitnehmer sofort aus dem Unternehmen ausschließen möchte, ihm eine Entschädigung für die Nichteinhaltung der Kündigungsfrist bezahlen. Diese entspricht der gesamten Vergütung, die ihm zugestanden hätte, wenn er während dieser Frist gearbeitet hätte. Bei Entlassung aus wichtigem Grund endet das Arbeitsverhältnis hingegen sofort, und der Arbeitgeber muss keine Entschädigung für die Nichteinhaltung der Kündigungsfrist bezahlen.

---

[1] Kassationshof vom 24.07.2003, Nr. 11516.

[2] Kassationshof vom 19.01.1989, Nr. 244.

8.2.1.2 Entlassung aus einem gerechtfertigten objektiven Motiv

Gelegentlich ist eine Entlassung wegen Neuorganisierung der Arbeit, aus Gründen der Produktionstätigkeit (technologische Innovationen, Änderung des Produktionsablaufs, usw.) oder wegen einer betrieblichen Krise erforderlich. In diesen Fällen kann der Betrieb aus verschiedenen Gründen keinen Nutzen mehr aus der Tätigkeit des Arbeitnehmers oder, allgemein, einer Kategorie von Arbeitnehmern ziehen. Aus wirtschaftlichen oder technischen Gründen kann der Arbeitgeber dann beschließen, einen oder mehrere Arbeitnehmer zu entlassen. Wenn die Entlassung fünf oder mehr Arbeitnehmer innerhalb eines Zeitraums von 120 Tagen betrifft, muss der Arbeitgeber die speziellen Vorschriften für Massenentlassungen einhalten. Werden diese Schwellen nicht überschritten, so sind die allgemeinen, hier dargelegten Regelungen für Entlassungen anzuwenden.

Fälle gerechtfertigter objektiver Motive

Gerechtfertigte objektive Motive können sein – stets vorausgesetzt, dass nicht der Tatbestand der Massenentlassung erfüllt ist:

- Die Einstellung der Produktionstätigkeit;
- Der Wegfall des Arbeitsplatzes;
- Die Einführung neuer Maschinen, die dazu führen, dass weniger menschliche Arbeitskräfte benötigt werden;
- Betrauung externer Unternehmen mit bestimmten Leistungen (*outsourcing*).

Zu dieser Aufzählung kommen noch zwei Fälle, die die Person des Arbeitnehmers betreffen und den ordentlichen Ablauf der betrieblichen Tätigkeit beeinträchtigen.

Der erste Fall ist die „Fristüberschreitung", also die Überschreitung der kollektivvertraglich festgelegten Krankheitsdauer, während derer der Arbeitnehmer nicht entlassen werden kann. Der zweite Fall betrifft eine eingetretene Nichteignung des Arbeitnehmers für den Arbeitsbereich.

Es ist hervorzuheben, dass die oben angeführten betrieblichen Gründe zum Zeitpunkt der Entlassung – bei sonstiger Nichtigkeit derselben – tatsächlich vorliegen müssen. Der Richter kann das tatsächliche Vorliegen der technischen oder organisatorischen Gründe prüfen, auch wenn er deren reale Angemessenheit und Zweckmäßigkeit nicht beurteilen kann. Eine Vermutung für die Unrechtmäßigkeit der Entlassung ist gegeben, wenn der Arbeitgeber in den auf die Entlassung folgenden Monaten neue Arbeitnehmer (auch befristet) einstellt, um genau die Arbeitsbereiche abzudecken, in denen zuvor die entlassenen Arbeitnehmer tätig waren.

Im Falle einer gerichtlichen Anfechtung trägt stets der Arbeitgeber die Beweislast für:

- das tatsächliche Vorliegen der technischen oder organisatorischen Gründe zu dem Zeitpunkt, zu dem die Beendigung des Arbeitsverhältnisses mitgeteilt wird;
- die Unmöglichkeit, den Arbeitnehmer für eine gleichwertige Arbeit im Betrieb einzusetzen, beispielsweise, weil zum Zeitpunkt der Entlassung im Betrieb kein dem weggefallenen gleichwertiger Arbeitsplatz vorhanden war, an dem man den entlas-

senen Arbeitnehmer – unter Beachtung seiner beruflichen Fähigkeiten – für von ihm bereits in der Vergangenheit ausgeübte Tätigkeiten hätte einsetzen können (Pflicht zur Repêchage, d. h. zur anderweitigen Beschäftigung);
- den Zusammenhang zwischen den betrieblichen Erfordernissen und der ausgesprochenen Entlassung.

Die Wahl, welcher Arbeitnehmer entlassen werden soll, hat nach den Grundsätzen von Treu und Glauben und den guten Sitten zu erfolgen: Dienstalter, Familienunterhaltspflichten und Alter müssen berücksichtigt werden. Auf jeden Fall ist es selbstverständlich untersagt, den zu entlassenden Arbeitnehmer nach diskriminierenden Gründen (Rasse, Geschlecht, sexuelle Orientierung usw.) auszuwählen.

8.2.2 Die Fälle der freien Beendigungsmöglichkeit (arbeitgeberseitige Beendigung)

Eine Ausnahme von der Regel, dass für die Entlassung ein notwendiger Grund vorliegen muss, bilden nur wenige Arbeitsverhältnisse. Bei diesen kann der Rücktritt vom Vertrag frei ausgesprochen werden. (Man spricht bei solchen Verträgen von freier Rücktrittsmöglichkeit oder Rücktritt „*ad nutum*“). Dazu gehören:

- Haushaltshilfen;
- Arbeitnehmer während der Probezeit;
- Arbeitnehmer über 65 Jahre, die Anspruch auf Altersrente haben;
- Leitende Angestellte, mit Ausnahme eventueller kollektivvertraglich vorgesehener Beschränkungen;
- Berufssportler.

Eine besondere Regelung gilt schließlich für Heimarbeiter.

8.2.3 Verfahren bei Entlassung (arbeitgeberseitige Kündigung)

Bezüglich des einzuhaltenden Verfahrens ist die Entlassung aus disziplinarischen Gründen (aus wichtigem Grund oder wegen eines gerechtfertigten subjektiven Motivs) von der Entlassung, die nicht aus disziplinarischen Gründen erfolgt (gerechtfertigtes objektives Motiv), zu unterscheiden.

8.2.3.1 Entlassung, die nicht aus disziplinarischen Gründen erfolgt

Diese muss schriftlich erfolgen, sonst ist sie nichtig. Nach ständiger Rechtsprechung ist die Schriftform der Entlassung nämlich *ad substantiam* vorgeschrieben; die Grundlage dafür bildet Art. 2 des Gesetzes Nr. 604/1966, auch nach der Umformulierung dieser Vorschrift mit Gesetz Nr. 108/1990.

Die Entlassung entfaltet ihre Wirksamkeit, sobald sie dem Arbeitnehmer zur Kenntnis gelangt ist. Insbesondere fordert Art. 2 des Gesetzes Nr. 604/1966, dass das Schriftstück als Mittel der Kommunikation nicht nur ausdrücklich an den Betroffenen zu richten ist, sondern ihm auch ausgehändigt werden muss. Wenn demzufolge der Arbeitnehmer auf andere Weise von der Entlassung Kenntnis erlangt hat, ist das gesetzliche Erfordernis der Schriftform nicht erfüllt.

Dies führt dazu, dass in den meisten Fällen das Entlassungsschreiben in Form eines eingeschriebenen Briefes dem Betroffenen direkt (persönlich zugestellter Brief) oder auf dem Postweg (Einschreiben mit Rückschein) an seinem Aufenthaltsort oder Wohnsitz ausgehändigt wird. Solange diese Mitteilung nur mündlich erfolgt ist, bleibt der Arbeitnehmer weiterhin als aktiver Mitarbeiter beim Arbeitgeber beschäftigt und hat sich am Arbeitsplatz einzufinden, wobei ungerechtfertigte Abwesenheiten (ohne ärztliche Bescheinigungen) ein gerechtfertigtes Motiv für eine Entlassung begründen.

Der Arbeitgeber muss, bei sonstiger Unwirksamkeit der Entlassung, in dem Entlassungsschreiben die Gründe angeben, die zur Entlassung führten.

Mit dem Gesetz 92/2012 (sog. *Legge Fornero*) hat der Gesetzgeber geregelt, dass im Falle von Einzelentlassungen aus gerechtfertigtem objektiven Motiv der Arbeitgeber, der mehr als 15 Arbeitnehmer in derselben Produktionseinheit oder Gemeinde oder insgesamt mehr als 60 Arbeitnehmer beschäftigt, ein bestimmtes Verfahren einhalten muss. Dieses Verfahren, auf das im neuen Text des Art. 7 des Gesetzes 604/1966 hingewiesen wird, sieht vor, dass:

a) der Arbeitgeber, der eine Entlassung des Arbeitnehmers aus objektiven Gründen beabsichtigt, vor der förmlichen Beendigung des Arbeitsverhältnisses der *Direzione territoriale del lavoro* (*DTL*) des Ortes, an dem der Arbeitnehmer seine Tätigkeit ausübt, sowie dem Arbeitnehmer zur Kenntnisnahme eine schriftliche Mitteilung zukommen lassen muss, in der anzugeben ist:

- Die Absicht, aus objektiven Gründen eine Entlassung vorzunehmen;
- Die speziellen Gründe für die Entlassung;
- Eventuelle Hilfsmaßnahmen zur Wiedereingliederung des betroffenen Arbeitnehmers;

b) die DTL innerhalb der siebentägigen Ausschlussfrist, die ab dem Erhalt der Mitteilung zu laufen beginnt, den Arbeitgeber und den Arbeitnehmer zu einem Treffen einladen muss, das im Wesentlichen aus einem Schlichtungsversuch besteht und vor einer Schlichtungskommission, wie von Art. 410 des *Codice di procedura civile* (Zivilprozessordnung) vorgesehen, zu erfolgen hat;

c) das Treffen innerhalb von zwanzig (Kalender-)Tagen ab dem Zeitpunkt stattfinden und auch beendet werden muss, an dem die DTL die Einladung versandt hat (es sei denn, dass die Parteien nach übereinstimmendem Willen keine weiteren Kontakte zum Versuch einer Einigung wünschen). Während des Treffens können Arbeitgeber und Arbeitnehmer die Unterstützung von Verbandsorganisationen, bei denen sie Mitglied sind oder denen sie eine Vertretungsbefugnis erteilt haben, eines Mitglieds der gewerkschaftlichen Arbeitnehmervertretung, eines Anwalts oder eines Sozialrechtsberaters in Anspruch nehmen.

d) falls am Ende der zwanzigtägigen Frist (oder eines längeren, zwischen den Parteien vereinbarten Zeitraums oder einer Verschiebung aufgrund einer gerechtfertigten und nachgewiesenen Verhinderung des Arbeitnehmers) keine Einigung erzielt wurde, kann der Arbeitgeber die Entlassung unter Einhaltung der folgenden Bedingungen aussprechen:

- Schriftform;
- Genaue Beschreibung der Gründe für die Entlassung;
- Berücksichtigung des Rechts des Arbeitnehmers auf Einhaltung des vertraglich vereinbarten Kündigungszeitraums oder aber auf die entsprechende Entschädigungszahlung.

8.2.3.2 Entlassung aus disziplinarischen Gründen

Im Falle einer Entlassung aus disziplinarischen Gründen ist die einzuhaltende Vorgehensweise vom *Statuto dei lavoratori* für eine korrekte Ausübung des Disziplinierungsrechts vorgesehen (Art. 7 des Gesetzes Nr. 300 von 1970). Dem Arbeitgeber werden unterschiedliche Verpflichtungen auferlegt, unter denen folgende zentrale Bedeutung haben:

- Die Erstellung einer Disziplinarordnung, die Verfehlungen und die damit verbundenen Sanktionen angibt; üblicherweise handelt es sich dabei um einen Auszug aus dem branchenspezifischen Kollektivvertrag. Es ist nicht erforderlich, Verhaltensweisen anzuführen, die gemeinhin als unsozial gelten und/oder vom Gesetz als Delikt eingestuft werden, da bei dem Arbeitnehmer die Kenntnis vermutet werden kann, dass schwere außerbetriebliche Verfehlungen auch innerhalb des Betriebes nicht zulässig sind;
- Die Veröffentlichung der Disziplinarordnung, die ausschließlich durch Aushang an einem für alle Beschäftigten zugänglichen Ort zu erfolgen hat;
- Eine schriftliche Ermahnung.

Bei der Ermahnung sind folgende Prinzipien zu beachten:

- *Unmittelbarkeit*: Die Ermahnung muss so bald wie möglich erfolgen, auf jeden Fall aber innerhalb des kollektivvertraglich festgelegten Zeitraums. Für den Kassationsgerichtshof ist die Unmittelbarkeit Voraussetzung für die Rechtmäßigkeit der Maßnahme.
- *Spezifität*: Die Tatbestandsmerkmale werden exakt bestimmt, um eine genaue Verteidigung zu gewährleisten.
- *Unveränderbarkeit:* Der in der Ermahnung enthaltene Tatbestand kann nachträglich nicht mehr geändert werden.

Nach Ausspruch der Ermahnung muss der Arbeitgeber die Ausübung des Verteidigungsrechts durch den Arbeitnehmer gewährleisten, welcher angehört werden muss, wann immer er dies verlangt. Die Entlassung aus disziplinarischen Gründen darf erst nach Ablauf von *fünf Tagen* ab der Ermahnung erfolgen.

8.2.4 Rechtsmittel des Arbeitnehmers gegen die Entlassung

Eine Entlassung, die sich weder auf einen wichtigen Grund noch auf ein gerechtfertigtes Motiv stützt oder ohne Einhaltung der vorgeschriebenen Vorgehensweise oder unter Missachtung der Vorschriften (z.B. aus diskriminierenden Gründen oder während des Zeitraums, in dem ein Rücktritt vom Vertrag aus Gründen des Mutterschutzes nicht möglich ist) ausgesprochen wurde, kann gegenüber dem Arbeitgeber angefochten werden.

Die Anfechtung erfolgt durch den Arbeitnehmer persönlich, oder aber durch die Gewerkschaft, deren Mitglied er ist, oder durch einen mit besonderer Vollmacht ausgestatteten Anwalt. Zur Anfechtung der Entlassung ist es ausreichend, dass der Arbeitnehmer dem Arbeitgeber in einem Schriftstück, egal welcher Art (üblicherweise ein Brief), sein Vorhaben mitteilt, die Rechtmäßigkeit der Maßnahme zu beanstanden, mit der er aus dem Betrieb ausgeschlossen werden soll.

Diese Anfechtung muss innerhalb von **60 Tagen** ab dem Zeitpunkt der Entlassung bzw. ab dem – späteren – Zeitpunkt der Mitteilung der Gründe dafür, falls eine solche beantragt wurde (Art. 61 des Gesetzes Nr. 604/66), erfolgen. Bei diesem Zeitraum handelt es sich um eine Ausschlussfrist: Falls die Entlassung nicht angefochten wird, verfällt die Möglichkeit zur Beantragung einer Überprüfung durch das Arbeitsgericht, ob die Arbeitgebermaßnahme rechtswidrig ist, und somit zur nachfolgenden Verurteilung des Arbeitgebers zum Ausgleich des Schadens.

Nach rechtzeitiger Anfechtung der Entlassung hat der Arbeitnehmer **180 Tage** Zeit (Verjährungsfrist), um ein Verfahren gegen den Arbeitgeber in Gang zu bringen, also um die Entlassung gerichtlich anzufechten. Berufung kann beim Gericht, das dann die Funktion eines Arbeitsgerichts übernimmt, erhoben werden. Auf das Verfahren werden die Vorschriften über die Arbeitsgerichtsbarkeit angewendet.

8.2.5 Entlassungsschutz (Kündigungsschutz) gegen die mangelbehaftete Kündigung

Die Unwirksamkeit einer Entlassung, die der Arbeitsrichter feststellt, löst je nach der Art des **Entlassungsmangels**, der **Betriebsgröße** und des **Einstellungsdatums** des Arbeitnehmers unterschiedliche Rechtsfolgen aus.

Es können drei Arten von Mängeln festgestellt werden, die zur Feststellung der Unwirksamkeit der Kündigung führen:

- Eine Kündigung, die aus diskriminatorischen Gründen oder aus Gründen erfolgt ist, die jedenfalls zur **Nichtigkeit** der Kündigung führen;
- Fehlen eines wichtigen Grundes oder eines gerechtfertigten Grundes; in diesem Fall ist die Kündigung **anfechtbar**;
- Kündigung, die mündlich erfolgt ist und/oder die vorgeschriebenen gesetzlichen Formvorschriften nicht eingehalten hat; in diesem Fall ist die Kündigung **unwirksam.**

Die Rechtsfolgen reichen von einer reinen wirtschaftlichen Entschädigungsleistung bis zur tatsächlichen Wiedereinsetzung in den gekündigten Arbeitsplatz.

8.2.5.1 Anwendbare Vorschriften

Der Kündigungsschutz für den zu Unrecht gekündigten Arbeitnehmer folgt zwei unterschiedlichen Rechtsgrundlagen, die parallel Anwendung finden, je nach Beginn des Arbeitsverhältnisses:

- wenn der Arbeitnehmer bereits am **6. März 2005** in einem Arbeitsverhältnis stand (im Folgenden werden diese Arbeitnehmer als „**Altarbeitnehmer**" bezeichnet);
- wenn der Arbeitnehmer ab dem 7. März 2015 mit einem unbefristeten Arbeitsverhältnis eingestellt wurde oder wenn bei einem Arbeitnehmer, der in einem befristeten Arbeitsverhältnis tätig war, sich das Arbeitsverhältnis erst nach dem 6. März 2015 in ein unbefristetes Arbeitsverhältnis umgewandelt hat, oder wenn dieser sich vor dem 7. März 2015 in einem Ausbildungsverhältnis befand, das erst danach als unbefristetes Arbeitsverhältnis fortgeführt wurde (diese Arbeitnehmer werden im Folgenden als „**Neuarbeitnehmer**" bezeichnet).

Wenn die Einstellung vor dem 7. März 2015 vorgenommen wurde, ist die sogenannte Reform „*Fornero*" (Art. 1, Abs. 42, Gesetz zu 92/2012) anzuwenden, für danach erfolgte Einstellungen gilt das System der sogenannten „*tutele crescenti*" (wachsender Schutz), nach dem die Entschädigungsleistung, die dem Arbeitnehmer anerkannt wird, mit dem Betriebsalter anwächst (Gesetzesdekret 23.015, Ausführungsdekret des sogenannten Jobs Act).

Ausgenommen hiervon sind die Betriebe, die am 6. März 2015 bis zu 15 Arbeitnehmer beschäftigten und die aufgrund der Einstellungen in unbefristete Arbeitsverhältnisse nach diesem Datum eine Betriebsgröße von mehr als 15 Arbeitnehmer erreichen; für diese Betriebe gelten die neuen Vorschriften zum" wachsenden Schutz" auch für Arbeitnehmer, die vor dem 7. März 2015 eingestellt wurden.

8.2.5.2 Diskriminatorische, nichtige oder mündliche Kündigungen

Die Rechtswidrigkeit der diskriminatorischen, nichtigen oder mündlichen Kündigung führt unabhängig von der Betriebsgröße zur gleichen Rechtsfolge. Die anzuwendenden Vorschriften ändern sich nur in Bezug auf das Einstellungsdatum des Arbeitnehmers.

8.2.5.2.1 Altarbeitnehmer

Kündigungstatbestände

- Kündigungen aus diskriminatorischen Gründen, d. h. aus Gründen, die sich aus der politischen oder religiösen Überzeugung, der Mitgliedschaft in einer Gewerkschaft, der Teilnahme an gewerkschaftlichen Tätigkeiten, der Rasse, der Sprache, des Geschlechts, des Alters, der Behinderung, der sexuellen Orientierung oder der persönlichen Überzeugung (Art. 4 Gesetz 604/66 und Art. 15 Gesetz 300/70) ergeben;

- Kündigungen, die aus Vergeltung, d. h. infolge von Verhaltensweisen, die der Arbeitnehmer in Wahrnehmung seiner Rechte vorgenommen hat und die dem Arbeitgeber unangenehm sind, erfolgt sind (beispielsweise die Einleitung von Rechtsverfahren gegen den Arbeitgeber)[3];
- Kündigungen, die im Zusammenhang mit der Inanspruchnahme von Leistungen des Mutterschutzes und des Elterngeldes stehen (Art. 54 c, 1,6, 7, 9, Gesetzesdekret 151/2001);
- Kündigungen, die mündlich erfolgt sind;
- Kündigungen, die aus einem unerlaubten Beweggrund gemäß Art. 1345 CC erfolgt sind;
- Kündigungen aus Gründen der Eheschließung des Arbeitnehmers (Art. 35 Gesetzesdekret 198/2006);
- Kündigungen in allen anderen Fällen, für die das Gesetz die Nichtigkeit als Rechtsfolge vorsieht.

Rechtsfolgen

Der Arbeitgeber wird durch Befehl des Richters zu folgenden Leistungen verpflichtet (es sei denn, dass der Arbeitnehmer seinen Arbeitsplatz aufgeben möchte):

- Zur Weiterbeschäftigung des Arbeitnehmers im Betrieb;
- Zum Ersatz des Schadens, den der Arbeitnehmer erlitten hat;
- Zu der nachträglichen Abführung der geschuldeten Sozialversicherungsabgaben.

Die Weiterbeschäftigung hat so zu erfolgen, dass dem Arbeitnehmer der Arbeitsplatz, den er vor der Entlassung innehatte, zugewiesen werden muss, d. h. er muss am selben Arbeitsplatz mit den ursprünglichen Funktionen wieder beschäftigt werden.

Der zu leistende Schadensersatz erfolgt in Höhe einer Entschädigung, die der Gesamtvergütung entspricht, die der Arbeitnehmer vom Tage der Entlassung bis zur effektiven Wiederbeschäftigung hätte erzielen können; eventuell anderweitigen Verdienst, den er in diesem Zeitraum möglicherweise erwirtschaftet hat, muss er sich anrechnen lassen. In jedem Fall darf die Entschädigung nicht weniger als fünf Bruttomonatsgehälter betragen.

Da das Arbeitsverhältnis nicht unterbrochen wird, muss der Arbeitgeber die Sozialversicherungsbeiträge vom Zeitpunkt der Entlassung bis zur effektiven Wiederbeschäftigung leisten. Der Arbeitgeber muss auch die Bußgelder zahlen, die sich aus der Nichtabführung der Beiträge ergeben.

Wahlmöglichkeit des Arbeitnehmers, nicht in den Betrieb zurückzukehren

Wenn der Arbeitnehmer im Anschluss an die richterliche Weiterbeschäftigungsverfügung dafür optiert, nicht in den Betrieb zurückzukehren, gilt das Arbeitsverhältnis als aufgelöst. Diese Wahl kann wie folgt getroffen werden:

---

[3] Kassationshof vom 08.08.2011, Nr. 17087; Kassationshof vom 01.12.2010, Nr. 24347.

- Durch ausdrücklichen Antrag auf eine die Wiederbeschäftigung ersetzende Entschädigungsleistung (*indennità sostitutiva della reintegrazione*), der innerhalb von 30 Tagen nach Mitteilung der Verkündung des Urteils oder der Aufforderung des Arbeitgebers, die Arbeit wieder aufzunehmen (falls diese vor der Verkündung zugestellt worden ist), zu stellen ist;
- Durch schlüssiges Handeln, einfach indem er innerhalb von 30 Tagen nach Aufforderung des Arbeitgebers, die Arbeit wiederaufzunehmen, diese nicht aufnimmt; es sei denn, der Arbeitnehmer hat bereits einen Antrag auf Entschädigungsleistung gestellt.

Auch wenn der Arbeitnehmer es vorzieht, nicht in den Betrieb zurückzukehren, schuldet ihm der Arbeitgeber über die Entschädigungsleistung als Ersatz für die Wiederbeschäftigung hinaus den Schadensersatz für den entgangenen Zwischenverdienst wie auch die Abführung der Sozialversicherungsbeiträge.

Die Höhe der Entschädigungsleistung als Ersatz für die Wiederbeschäftigung beträgt 15 Bruttomonatsgehälter, ausgehend von der Vergütung, die der Arbeitnehmer im letzten Monat der Beschäftigung faktisch erhalten hat.

8.2.5.2.2 Neuarbeitnehmer

Kündigungstatbestände

- Kündigungen aus diskriminatorischen Gründen, d. h. aus Gründen, die sich aus der politischen oder religiösen Überzeugung, der Mitgliedschaft in einer Gewerkschaft, der Teilnahme an gewerkschaftlichen Tätigkeiten, der Rasse, der Sprache, des Geschlechts, des Alters, der Behinderung, der sexuellen Orientierung oder der persönlichen Überzeugungen (Art. 4 Gesetz 604/66 und Art. 15 Gesetz 300/70) ergeben;
- Kündigungen im Zusammenhang mit der Inanspruchnahme von Leistungen des Mutterschutzes und des Elterngeldes (Art. 54 c, 1,6, 7, 9 Gesetzesdekret 151/2001);
- Kündigungen, die mündlich erfolgt sind;
- Kündigungen aus Gründen der Eheschließung (Art. 35 Gesetzesdekret 198/ 2006);
- Kündigungen in alle anderen Fällen, für die das Gesetz die Nichtigkeit als Rechtsfolge vorsieht.

Rechtsfolgen

Auch bezüglich der Neuarbeitnehmer wird der Arbeitgeber durch Befehl des Richters zu folgenden Leistungen verpflichtet (es sei denn, dass der Arbeitnehmer seinen Arbeitsplatz aufgeben möchte):

- Zur Weiterbeschäftigung des Arbeitnehmers im Betrieb;
- Zum Ersatz des Schadens, den der Arbeitnehmer erlitten hat;
- Zur nachträglichen Abführung der geschuldeten Sozialversicherungsabgaben.

8.2.5.3 Unbegründete Kündigungen

Unbegründete Kündigungen liegen dann vor, wenn der Richter feststellt, dass weder ein wichtiger Grund noch ein rechtfertigender subjektiver Grund noch ein rechtfertigender objektiver Grund vorliegt.

8.2.5.3.1 Altarbeitnehmer

Fehlen des wichtigen Grundes und des rechtfertigenden subjektiven Grundes in Großbetrieben

Stellt der Arbeitsrichter fest, dass weder ein wichtiger Grund noch ein rechtfertigender Grund vorliegt („*insussistenza del fatto contestato*" – der zugrundeliegende Sachverhalt liegt nicht vor) oder ist er der Auffassung, dass die Verletzung mit einer leichteren Sanktion als mit einer Kündigung hätte belegt werden müssen, gelten folgende Rechtsfolgen:

- Recht des Arbeitnehmers auf Wiederbeschäftigung auf seinem alten Arbeitsplatz.
- Eine Schadensersatzleistung in Höhe einer Entschädigung für den Verdienstausfall für den Zeitraum vom Tag der Entlassung bis zur tatsächlichen Wiederbeschäftigung. Der Arbeitnehmer muss sich anrechnen lassen, was er möglicherweise in diesem Zeitraum anderweitig verdient hat, sowie das, was er bei Anwendung der nötigen Sorgfalt in dem Zeitraum hätte verdienen können. In jedem Fall kann die Entschädigungsleistung zwölf Monatsgehälter nicht übersteigen.
- Die nachträgliche Abführung der Sozialversicherungsbeiträge vom Tag der Entlassung bis zu dem Tag der tatsächlichen Wiedereinstellung; der Betrag ist nach dem gesetzlichen Zinssatz zu verzinsen, Bußgelder für die unterlassene oder verspätete Abführung fallen nicht an.

In den **anderen Fällen** in Großbetrieben, in denen das dem Arbeitnehmer zur Last gelegte Verhalten für die Annahme eines wichtigen Grundes oder eines rechtfertigenden subjektiven Grundes nicht ausreicht, stellt der Richter die Rechtswidrigkeit dieser verhaltensbedingten Kündigung fest und verfügt folgende Rechtsfolgen:

- Die Auflösung des Arbeitsverhältnisses zum Zeitpunkt des Datums der Kündigung;
- Die Verurteilung des Arbeitgebers zur Zahlung einer Gesamtentschädigungsleistung („*indennità risarcitoria onnicomprensiva*") in einer Höhe zwischen 12 und maximal 24 Bruttomonatsgehältern, ausgehend von der letzten erhaltenen faktischen Vergütung; bei der Bemessung sind das Betriebsalter des Arbeitnehmers, die Anzahl der beschäftigten Arbeitnehmer im Betrieb, die wirtschaftliche Stärke des Betriebs, das Verhalten und die Bedingungen der Parteien zu berücksichtigen und dies entsprechend zu begründen.

Fehlen des wichtigen Grundes und des rechtfertigenden subjektiven Grundes in Kleinbetrieben

Für die Arbeitnehmer in Kleinbetrieben hat der Arbeitgeber im Falle einer rechtswidrigen Kündigung wegen Fehlens des wichtigen Grundes oder des rechtfertigenden subjektiven

Grundes ein **Wahlrecht** zwischen der Wiedereinstellung des Arbeitnehmers und der Zahlung einer Entschädigungsleistung; das ursprüngliche Arbeitsverhältnis wird durch die Kündigung in jedem Fall beendet.

Wiedereinstellung: Wenn der Arbeitgeber für die Wiedereinstellung optiert, muss diese innerhalb von drei Tagen nach Verkündung der Entscheidung des Arbeitsrichters erfolgen. Auch wenn die Kündigung rechtswidrig ist, führt sie zur Beendigung des Arbeitsverhältnisses, sodass die Ausübung der Option der Wiedereinstellung, so wie vom Gesetz vorgesehen, die Begründung eines neuen Arbeitsverhältnisses zur Folge hat (der Arbeitnehmer fängt daher ohne Anrechnung seines Betriebsalters aus dem gekündigten Arbeitsverhältnisses bei dem Arbeitgeber wieder von vorne an).

Entschädigungsleistung: Alternativ zu der Wiedereinstellung kann der Arbeitgeber dem Arbeitnehmer eine wirtschaftliche Ersatzleistung leisten, ohne dies begründen zu müssen. Diese Entschädigung beträgt zwischen 2,5 und maximal 6 Bruttomonatsgehälter; bei der Bemessung hat der Richter die Anzahl der beschäftigten Mitarbeiter, die Betriebsgröße, das Betriebsalter des Arbeitnehmers, das Verhalten und die Bedingungen der Parteien zu berücksichtigen. Der Höchstbetrag dieser Entschädigungsleistung kann bis auf 10 Monatsgehälter erhöht werden, wenn der Arbeitnehmer ein Betriebsalter von mehr als 10 Jahren aufweist, und bis auf 14 Bruttomonatsgehälter bei einem Betriebsalter von über 20 Jahren.

Fehlen des rechtfertigenden objektiven Motivs in Großbetrieben
Soweit der Richter feststellt,

- dass im Falle, dass die Kündigung mit einem objektiven Grund begründet wurde, der in der physischen oder psychischen Nichteignung des Arbeitnehmers bestehen sollte, ein solcher aber nicht besteht,
- die Kündigung die Pflicht zu Erhalt des Arbeitsplatzes bei Berufsunfall oder Berufskrankheit verletzt (Art. 2110 CC),

erklärt er die Kündigung für nichtig und verurteilt den Arbeitgeber:

- Zur Wiedereinstellung des Arbeitnehmers an seinen Arbeitsplatz sowie darüber hinaus;
- Zur Zahlung einer Entschädigungsleistung, die den Verdienstausfall des Arbeitnehmers für den Zeitraum von der Kündigung bis zur tatsächlichen Wiederbeschäftigung, ausgehend von dem letzten tatsächlich erhaltenen Gehalt, umfasst. Der Arbeitnehmer muss sich anderweitigen Verdienst anrechnen lassen, den er in diesem Zeitraum in anderen Arbeitsverhältnissen erzielt hat, sowie auch den Verdienst, den er bei Anwendung der gebotenen Sorgfalt auf dem Arbeitsmarkt hätte erzielen können. Die Entschädigungsleistung kann 12 Monatsgehälter nicht übersteigen;
- Zur nachträglichen Abführung der Sozialversicherungsbeiträge vom Tag der Entlassung bis zum Tag der tatsächlichen Wiederbeschäftigung, die entsprechend dem gesetzlichen Zinssatz zu verzinsen sind, ohne dass Bußgelder für die unterlassene oder verspätete Beitragsleistung zu zahlen sind.

Der Richter kann darüber hinaus die gleichen Vorschriften anwenden, wenn er das evidente Nichtvorhandensein des Sachverhalts feststellt, der eine Kündigung aus rechtfertigenden objektiven Gründen begründen soll.

In anderen Fällen, bei denen das Fehlen der Voraussetzung eines rechtfertigenden objektiven Grundes festgestellt wird, verfährt der Richter wie folgt:

- Er erklärt das Arbeitsverhältnis zum Zeitpunkt der Kündigung als aufgelöst.
- Er verurteilt den Arbeitgeber zu einer Gesamtentschädigungsleistung („*indennità risarcitoria onnicomprensiva*") in Höhe von 12 bis maximal 24 Bruttomonatsgehältern, ausgehend von dem letzten tatsächlich gezahlten Gehalt; die Bemessung erfolgt unter Berücksichtigung des Betriebsalters des Arbeitnehmers und der im Betrieb beschäftigten Arbeitnehmer, der wirtschaftlichen Stärke des Betriebs, des Verhaltens und der Bedingungen der Parteien und muss entsprechend ausdrücklich begründet werden.

Fehlen des rechtfertigenden objektiven Motivs in Kleinbetrieben

Die Vorschriften, die bei Kleinbetrieben im Falle des Fehlens einer Begründung in einer verhaltensbedingten Kündigung angewandt werden, finden auch bei mangelhaften Kündigungen, die sich auf ein rechtfertigendes objektives Motiv stützen, Anwendung.

8.2.5.3.2 Neuarbeitnehmer

Im Falle der Kündigung aus rechtfertigendem subjektivem Grund, wichtigem Grund oder rechtfertigendem objektivem Grund richten sich die anzuwendenden Vorschriften nach der Größe des Betriebs.

Großbetriebe

In der Mehrzahl der Fälle löst der Richter das Arbeitsverhältnis zum Zeitpunkt der Entlassung auf und verurteilt den Arbeitgeber zur Zahlung einer Entschädigung, die zwei Bruttomonatsgehälter in der Höhe, wie sie der Berechnung für die Abfindung (TFR) zu Grunde liegen, für jedes Jahr der Betriebszugehörigkeit, insgesamt aber nicht unter 4 und nicht über 24 Bruttomonatsgehälter beträgt. Die Entschädigungsleistung ist nicht sozialversicherungspflichtig.

Sollte in Fällen einer Kündigung aus rechtfertigendem subjektiven Grund oder aus wichtigem Grund festgestellt werden, dass der Sachverhalt, der dem Arbeitnehmer angelastet wird, sich nicht ereignet hat bzw. nicht existiert, wird der Richter die Unwirksamkeit der Kündigung erklären und den Arbeitgeber wie folgt verurteilen:

- Zur Wiedereinstellung des Arbeitnehmers in den Betrieb;
- zur Zahlung eines Schadensersatzes für den Verdienstausfall, den der Arbeitnehmer vom Tag der Kündigung bis zum Tag der tatsächlichen Wiederbeschäftigung erlitten hat. Anderweitig erzielten Verdienst für diesen Zeitraum muss er sich anrechnen lassen, sowie auch den Verdienst, den er bei gebotener Sorgfalt auf dem Arbeitsmarkt bei der Suche nach einer neuen Beschäftigung hätte erzielen können. Die Entschädigungsleistung kann 12 Monatsgehälter nicht übersteigen;

- Zur nachträglichen Abführung der Sozialbeiträge vom Tag der Entlassung bis zum Tag der tatsächlichen Wiederbeschäftigung, die in Höhe des gesetzlichen Zinssatzes zu verzinsen sind, ohne dass Bußgelder für die unterlassene Leistung zu entrichten sind.

Der Arbeitnehmer kann auch hier für die Gesamtersatzentschädigung optieren (15 Bruttomonatsgehälter, s. o.).

Kleinbetriebe
Hier löst der Richter in allen Fällen das Arbeitsverhältnis zum Zeitpunkt der Kündigung auf und verurteilt den Arbeitgeber zur Zahlung einer Entschädigung in Höhe eines Bruttomonatsgehalts, wie es für das TFR berechnet wird, für jedes Jahr der Betriebszugehörigkeit, jedenfalls aber nicht weniger als zwei und nicht mehr als sechs Bruttomonatsgehälter. Die Entschädigungsleistung ist nicht sozialversicherungspflichtig.

8.2.5.4 Kündigungen, die Form- und Verfahrensmängel aufweisen

Ist die Kündigung aufgrund von Form- oder Verfahrensmängeln für unwirksam erklärt worden, hängt der dem Arbeitnehmer zustehende Schutz von der Betriebsgröße ab und davon, ob es sich bei ihm um einen Altarbeitnehmer oder um einen Neuarbeitnehmer handelt.

Der Arbeitgeber ist dann frei, ein neues Kündigungsverfahren – gegebenenfalls ohne Form- und Verfahrensfehler – in Gang zu setzen, das gegenüber dem ersten Kündigungsverfahren autonom behandelt wird.

8.2.5.4.1 Altarbeitnehmer

Die Kündigung ist unwirksam, wenn sie wie folgt ausgesprochen wurde:

- Ohne eine Begründung (Art. 2, Abs. 2, Gesetz 604/66);
- Unter Nichtbeachtung der vorgeschriebenen Disziplinarverfahren (Art. 7, Gesetz 300/70);
- Ohne dass bei Kündigungen, die mit rechtfertigendem objektiven Grund (= betriebsbedingt) erfolgten, das obligatorische Schlichtungsverfahren für Großunternehmen durchgeführt wurde (Art. 7, Gesetz 604/66).

Im Folgenden werden die **Rechtsfolgen** einer solchen Kündigung je nach Größe des Betriebs dargelegt.

Großbetriebe
Bei einer form- und verfahrenswidrigen Kündigung

- löst der Richter das Arbeitsverhältnis zum Zeitpunkt der Kündigung auf,
- und verurteilt den Arbeitgeber zur Zahlung einer Gesamtentschädigungsleistung, die zwischen 6 und 12 Bruttomonatsgehälter auf der Grundlage des zuletzt tatsächlich erzielten Gehalts beträgt, wobei er die Schwere des Form- oder Verfahrensfehlers, die der Arbeitgeber begangen hat, berücksichtigt. Sollte der Arbeitnehmer aber Mängel

bei der Begründung der Kündigung vortragen und stellt der Richter diese fest, gelten die hierfür anzuwendenden Rechtsfolgen (siehe oben).

Kleinbetriebe
Im Falle eines Form- oder Verfahrensmangels bei einer verhaltensbedingt begründeten Kündigung gelten die dargelegten Rechtsfolgen für eine ohne wichtigen Grund oder ohne subjektiv rechtfertigenden Grund ausgesprochene Kündigung[4].

Im Falle einer nicht verhaltensbedingten Kündigung führt eine fehlende Begründung dazu, dass die Kündigung den Bestand des Arbeitsverhältnisses nicht beeinträchtigt; der Arbeitnehmer hat einen Schadensersatzanspruch, der den allgemeinen Regeln der Nichterfüllung von Schuldverhältnissen folgt.[5]

8.2.5.4.2 Neuarbeitnehmer

Die Kündigung gilt als unwirksam, wenn sie wie folgt ausgesprochen wurde:

- Ohne eine Begründung anzugeben (Art. 2, Abs. 2, Gesetz 604/66);
- In Verletzung der Verfahrensvorschriften für eine verhaltensbedingte Kündigung (Art. 7, Gesetz 300/70).

Die unwirksame Kündigung führt zu folgenden **Rechtsfolgen**:

Der Richter löst das Arbeitsverhältnis zum Zeitpunkt der Kündigung auf und verurteilt den Arbeitgeber zu einer nicht sozialversicherungspflichtigen Entschädigungsleistung in folgender Höhe:

- Wenn es sich um Großbetriebe handelt: ein Monatsgehalt in der Höhe, in der es zur Berechnung des TFR herangezogen wird, für jedes Jahr der Betriebszugehörigkeit, in jedem Fall aber nicht weniger als zwei und nicht mehr als zwölf Monatsgehälter;
- Wenn es sich um Kleinbetriebe handelt: ein halbes Bruttomonatsgehalt, so wie es zur Berechnung des TFR herangezogen wird, für jedes Jahr der Betriebszugehörigkeit, mindestens aber zwischen einem Bruttomonatsgehalt und sechs Bruttomonatsgehältern.

8.2.6 Vergleichsangebot

Für die Neuarbeitnehmer, für die die Regeln des „wachsenden Schutzes" (*tutele crescenti*) gelten, kann der Arbeitgeber in den 60 Tagen, die der Kündigung folgen, in eigener Initiative einen Abfindungsbetrag anbieten, der steuer- und sozialversicherungsfrei ist, in Höhe von einem Bruttomonatsgehalt pro Beschäftigungsjahr, insgesamt aber nicht weniger als 2 und nicht mehr als 18 Bruttomonatsgehälter. Dies erfolgt durch Übergabe eines bankbestä-

[4] Kassationshof vom 18.04.2000, Nr. 5038.

[5] Kassationshof vom 30.08.2010, Nr. 18844.

tigten Schecks in einem Gewerkschaftsbüro oder in einem anderen vom Gesetz bezeichneten besonderen Ort (*sede protetta*)[6]. Die Annahme des Schecks hat zwei Rechtsfolgen: die Auflösung des Arbeitsverhältnisses und den Verzicht auf jede Anfechtung der Kündigung, auch wenn eine solche bereits eingeleitet worden ist.

8.2.7 Entlassung von leitenden Angestellten

Für die Entlassung von leitenden Angestellten gelten die allgemeinen Vorschriften für Arbeitnehmer wie Art. 18 des *Statuto dei lavoratori* nicht; sie wird daher durch die Vorschriften des *Codice Civile* und durch die Kollektivverträge geregelt.

Legitimation der Entlassung
Die für leitende Angestellte anwendbaren Kollektivverträge haben den Begriff der Legitimation der Entlassung eingeführt, ein Begriff, der sich nicht mit dem von Gesetz Nr. 604/1966 vorgesehenen Begriff des gerechtfertigten Motivs deckt.

In zivilrechtlicher Hinsicht gilt eine Entlassung als nicht legitim, wenn:

- sie unter Missachtung der allgemeinen Grundsätze von Treu und Glauben und der guten Sitten erfolgte,
- sie diskriminierend ist oder sich auf einen sonstigen unerlaubten Grund stützt (nichtige Entlassung).

Falls als Grund eine notwendige Neuorganisation zum Zweck der wirtschaftlicheren Betriebsführung – die eine unanfechtbare Entscheidung des Unternehmers darstellt – angegeben wird, so ist die Entlassung legitim. Als nicht legitim kann eine Entlassung nur dann angesehen werden, wenn sie auf einem Grund beruht, der sich als vorgeschoben und nicht der Realität entsprechend erweist, oder wenn sich als einziger Grund dafür die Absicht des Arbeitgebers herausstellt, sich der Person des leitenden Angestellten zu entledigen, und nicht, um der gerechtfertigten Ausübung der dem Unternehmer zustehenden Befugnis nachzukommen, eine Umstrukturierung des Personals vorzunehmen, um eine Betriebsführung ohne Verluste zu ermöglichen.

Form
Kollektivvertraglich ist die Pflicht zur Schriftform und zu einem in zeitlichem Zusammenhang stehenden Grund für die Entlassung des leitenden Angestellten vorgeschrieben.

Nach einer in der Rechtsprechung[7] vertretenen Auffassung muss der Arbeitgeber bei einer Entlassung die von Art. 7 des *Statuto dei lavoratori* vorgesehenen Verfahrensgarantien beachten, zumindest dann, wenn die Sanktion leitenden Angestellten, die nicht zur „Unternehmensspitze" gehören, angedroht wird.

---

[6] Beispielsweise das Büro der Gewerkschaft oder ein Amt der Arbeitsverwaltung.

[7] Kassationshof vom 21.03.2011, Nr. 6367.

Folgen einer nicht legitimen Entlassung

Im privatwirtschaftlichen Bereich ist der Anspruch auf Wiederbeschäftigung/Wiedereinstellung in das Arbeitsverhältnis ausgeschlossen, mit Ausnahme des im Art. 3 des Gesetzes Nr. 108/90 vorgesehenen Falls der diskriminierenden Entlassung und in allen anderen Fällen einer Nichtigkeit der Entlassung gemäß Art. 18, Ziffern 1 und 2 des Gesetzes 300/70 in der durch die *Legge Fornero* und die neue Reform des *Jobs act* abgeänderten Form.

Leitenden Angestellten, die unrechtmäßig entlassen wurden, steht daher in der Regel ausschließlich eine zusätzliche Zahlung in dem Ausmaß zu, das von den anzuwendenden Kollektivverträgen vorgesehen ist (üblicherweise von einem Mindestbetrag in Höhe der Vergütung der Kündigungsfrist bis zu einem Höchstbetrag von 18–24 Bruttomonatsgehältern, je nach Kollektivvertrag). Diese muss der Arbeitgeber als Schadensersatz zahlen.

Die Wiederaufnahme des unrechtmäßig entlassenen leitenden Angestellten in das Arbeitsverhältnis ist hingegen kraft des Verweises in Art. 51, Abs. 2 des D.Lgs. Nr. 165 vom 30. März 2001 im Bereich des öffentlichen Dienstes vorgesehen.

8.3 Massenentlassungen

Bei einer Massenentlassung handelt es sich um eine Entlassung, die eine Vielzahl von Arbeitnehmern gleichzeitig betrifft, wobei die Reduzierung, Umwandlung oder Beendigung der Arbeitstätigkeit zu einem Wegfall von Arbeitsplätzen führt.

Dieser Bereich ist durch Gesetz Nr. 223 vom 23. Juli 1991 geregelt; er wurde dann durch das Gesetz 92/2012 abgeändert und durch das Dekret des „wachsenden Schutzes", 23/2015, erneut verändert.

8.3.1 Voraussetzungen

Falls der Arbeitgeber (auch wenn er kein Unternehmer ist), der einen Überschuss an Arbeitskräften geltend macht, das überschüssige Personal entlassen möchte, ohne im Vorfeld auf außerordentliche Kurzarbeit zurückzugreifen, oder falls er nicht zu den Begünstigten der außerordentlichen Kurzarbeit gehört, kann er das Verfahren der Massenentlassung einleiten, falls folgende Voraussetzungen erfüllt sind:

- Es sind mehr als 15 abhängige Arbeitnehmer beschäftigt.
- Es ist für Betriebe desselben Unternehmens auf dem Gebiet derselben Provinz eine Reduzierung, Umwandlung oder Beendigung der Arbeitstätigkeit beabsichtigt, die zu mindestens fünf Entlassungen in einem Zeitraum von 120 Tagen führen soll.

8.3.2 Verfahren

Vorsorgliche Mitteilung
Das Verfahren wird durch eine schriftliche Mitteilung eingeleitet, mit der der Betrieb die Gewerkschaften, die Berufsgenossenschaften und die DTL von seiner Absicht in Kenntnis setzt, eine Massenentlassung vorzunehmen. Darin ist anzugeben:

- Gründe dafür, dass ein Überschuss an Arbeitskräften herrscht;
- Technische, organisatorische oder mit der Produktion zusammenhängende Gründe dafür, dass das Ergreifen anderer Maßnahmen unmöglich ist;
- Anzahl, betrieblicher Einsatzort und Berufsbild des überschüssigen Personals;
- Zeitlicher Rahmen für die Durchführung der Mobilität;
- Eventuelle Maßnahmen zur Abschwächung der sozialen Folgen.

Versuch einer Einigung
Innerhalb von sieben Tagen nach Erhalt der Mitteilung und auf Antrag der Gewerkschaften wird eine gemeinsame Prüfung durchgeführt, bei der nach einer alternativen Lösung gesucht wird. Diese Phase darf eine Dauer von 45 Tagen (23 Tagen bei Entlassung von weniger als 10 Arbeitnehmern) nicht überschreiten. Dann muss der Arbeitgeber der DTL das Ergebnis der gemeinsamen Prüfung mit einer Begründung mitteilen. Diese kann die Parteien erneut einberufen, damit sie innerhalb von 30 Tagen (15 Tagen bei Entlassung von weniger als 10 Arbeitnehmern) eine neue Einigung finden.

Kommt keine Einigung zustande, nimmt der Arbeitgeber die Entlassungen vor, wobei er die Maßnahme jedem betroffenen Arbeitnehmer schriftlich mitteilt.

Die Entlassung
Die Liste der betroffenen Arbeitnehmer (Namen, Wohnort, Ausbildung, Einstufung, Alter, Familienunterhaltspflichten, angewendete Kriterien für seine Auswahl) ist an die für die Region zuständigen Arbeitsämter und die Berufsgenossenschaften zu senden.

Bei der Auswahl der zu entlassenden Arbeitnehmer muss der Arbeitgeber technisch-produktive und organisatorische Kriterien und Erfordernisse des Betriebs sowie jene, die von Gewerkschaften und Berufsgenossenschaften angegeben werden, berücksichtigen (Art. 5 des Gesetzes 223/91). Bei Fehlen dieser Angaben muss auf Familienunterhaltspflichten, Alter sowie technisch-produktive und organisatorische Erfordernisse Bezug genommen werden.

Die zu entlassenden Arbeitnehmer mit befristetem Vertrag werden in Mobilität überstellt und haben einen Anspruch auf Mobilitätsgeld, falls sie die Alterskriterien erfüllen.

Die Liste der Arbeitnehmer ist innerhalb von sieben Tagen ab dem Zeitpunkt, an dem jeder einzelne Arbeitnehmer über seine Entlassung informiert wird, zu übermitteln.

Rechtswidrigkeit
Die Entlassung kann innerhalb von 60 Tagen ab ihrer Mitteilung in beliebiger Schriftform angefochten werden, wobei innerhalb der 180 darauffolgenden Tage der Widerspruch an

das Arbeitsgericht bei der Geschäftsstelle einzureichen oder der Antrag auf Schlichtung an die Gegenpartei zu senden ist.

Das sogenannte Dekret zum „wachsenden Schutz“ (23/2015) führt bei der Verletzung des Verfahrens zu verschiedenen Rechtsfolgen, je nach Einstellungsdatum des gekündigten Arbeitnehmers.

Bei „Altarbeitnehmern“ (d. h. alle, die vor dem 7. März 2015 unbefristet eingestellt wurden) ergeben sich folgende Sanktionen für ungerechtfertigte und unwirksame Kündigungen:

- Kündigungen unter Verletzung der Schriftform: Wiederbeschäftigung auf dem Arbeitsplatz und eine Entschädigungsleistung, die sich nach der letzten erzielten Gesamtvergütung bemisst und die nicht unter fünf Bruttomonatsgehälter beträgt;
- Kündigung unter Verletzung der Auswahlkriterien in Bezug auf den Arbeitnehmer, der in Mobilität gesetzt wird, gemäß Art. 5, Gesetz 22371991: Wiederbeschäftigung auf dem Arbeitsplatz und eine Entschädigungsleistung, die sich nach der letzten erzielten Gesamtvergütung bemisst und die nicht über zwölf Bruttomonatsgehälter beträgt;
- Kündigungen, die ohne gewerkschaftliche Beteiligung erfolgt sind, so wie sie von Art. 4, Abs. 12 des Gesetzes 233/1991 vorgesehen ist: Entschädigungsleistung, die sich nach der letzten erzielten Gesamtvergütung bemisst und 12 bis 24 Bruttomonatsgehälter beträgt.

Für Arbeitnehmer, die nach dem 6. März 2015 eingestellt wurden („Neuarbeitnehmer“) gilt Folgendes: Wenn die Kündigung im Rahmen der Massenentlassung unter Verletzung der Schriftform erfolgt ist, hat der Arbeitnehmer Anspruch auf Wiederbeschäftigung und auf eine Entschädigungsleistung in Höhe des Verdienstausfalles zwischen dem Zeitpunkt der Kündigung und dem Zeitpunkt der Wiedereinstellung. Demgegenüber hat der Arbeitnehmer in den anderen Fällen, und zwar wenn die Massenentlassung eine der Verfahrensregeln verletzt, die das Gesetz 223/1991 vorsieht oder wenn die Auswahlkriterien verletzt wurden, nur einen Schadensersatzanspruch in Höhe von zwei Bruttomonatsgehältern pro Beschäftigungsjahr, von einem Mindestbetrag von vier bis zu einem Maximalbetrag von 24 Bruttomonatsgehältern; ein Anspruch auf Wiederbeschäftigung steht ihm nicht zu.

8.4 Mobilität

Als „Mobilität“ wird ein Verfahren bezeichnet, das am Ende des kollektiven Personalabbaus steht und das sowohl Förderleistungen für die Wiedereingliederung des Arbeitnehmers in den Arbeitsmarkt wie auch finanzielle Unterstützungsleistungen, die sogenannte Mobilitätsentschädigung, vorsieht.

Mobilitätsentschädigung

Die Mobilitätsentschädigung ist eine finanzielle Leistung für Arbeitnehmer, die von ihrem Betrieb in Mobilität überstellt wurden, nachdem:

Tab. 8.1 Bezugsdauer für die Mobilitätsentschädigung in den Jahren 2015/2016

Jahr	Alter des Arbeitnehmers	Betriebe im Zentrum/Norden	Betriebe im Mezzogiorno
2015	Bis 39 Jahre	12 Monate	12 Monate
	Von 40 bis 50 Jahre	18 Monate	24 Monate
	Über 50 Jahre	24 Monate	36 Monate
2016	Bis 39 Jahre	12 Monate	12 Monate
	Von 40 bis 50 Jahre	18 Monate	18 Monate
	Über 50 Jahre	18 Monate	24 Monate

- die Leistungen der außerordentlichen Kurzarbeit ausgeschöpft sind;
- eine Entlassung wegen Personalreduzierung oder Umwandlung der Arbeitstätigkeit erfolgte;
- eine Entlassung wegen Einstellung der betrieblichen Tätigkeit seitens des Unternehmens erfolgte.

Voraussetzungen
Der Arbeitnehmer hat auf die Leistung einen Rechtsanspruch, wenn:

- er in den von den *Centri per l'impiego* geführten Mobilitätslisten eingetragen ist;
- sein Dienstalter im Betrieb insgesamt mindestens 12 Monate beträgt;
- er mindestens 6 Monate effektiver Arbeit, einschließlich Urlaub, Feiertage, Unfälle geltend machen kann.

Die Dauer variiert je nach Alter des Arbeitnehmers zum Zeitpunkt der Entlassung und dem Ort, an dem sich der Betrieb befindet (siehe Tab. 8.1).

Allgemein kann die Mobilitätentschädigung nicht länger als für einen Zeitraum gezahlt werden, der dem Dienstalter des Arbeitgebers im Betrieb entspricht.

Bei Vorliegen bestimmter Voraussetzungen bezüglich des Alters und der Beitragszahlungen wird die Leistung bis zum Erreichen des Rentenanspruchs gewährt.

Antragstellung und Frist
Der Antrag auf Mobilitätsentschädigung ist an das INPS zu richten und dem *Centro per l'impiego* innerhalb von 68 Tagen ab der Entlassung vorzulegen. Die Zahlung der Mobilitätsentschädigung erfolgt ab:

- dem 8. Tag nach der Entlassung, wenn der Antrag innerhalb der ersten 7 Tage eingereicht wurde;
- dem 5. Tag nach der Antragstellung in allen anderen Fällen.

Höhe des Anspruchs

In den ersten 12 Monaten: 100 % des Betrages, der für außerordentliche Kurzarbeit bezogen wird oder der für den der Entlassung unmittelbar vorangegangenen Zeitraum zugestanden hätte, innerhalb einer monatlichen Höchstgrenze.

Für die nachfolgenden Zeiträume: 80 % des genannten Betrages.

Die Mobilitätsentschädigung wird dem Arbeitnehmer monatlich direkt vom INPS gezahlt und ruht, wenn der Betroffene mit einem befristeten Vertrag oder in Teilzeit eingestellt wird, solange er beschäftigt ist.

Der Anspruch geht unter, wenn der Betroffene:

- von der Mobilitätsliste gestrichen wird;
- mit einem unbefristeten Vertrag eingestellt wird;
- den Anspruch auf Altersrente erreicht oder Empfänger eines vorgezogenen Ruhegehalts oder aber einer Erwerbsunfähigkeitsrente oder einer Invaliditätszulage wird, ohne sich für die Mobilitätsentschädigung entschieden zu haben.

8.5 Arbeitslosenunterstützung

Ab dem 1. Mai 2015 ist die Arbeitslosenunterstützung, die aus „Aspi“ und „Mini Aspi“ bestand, durch das **NASpI** ersetzt worden („*Nuova Assicurazione Sociale per l'Impiego*“). NASpI ist die allgemeine Arbeitslosenunterstützung, die von der INPS in Fällen von unfreiwilliger Arbeitslosigkeit geleistet wird, die nach dem 1. Mai 2015 eingetreten sind.

Die Dauer der Bezugsleistung der NASpI wird auf der Grundlage der vom Arbeitnehmer gezahlten Beiträge errechnet. Die Bezugshöchstdauer beträgt 24 Monate, die bei einem Einzahlungszeitraum von mindestens vier Jahren gewährt wird.

Begünstigte

Die Leistungen der NASpI richten sich an alle Arbeitnehmer, die unfreiwillig ihren Arbeitsplatz verlieren. Ausgeschlossen vom Bezug sind Mitarbeiter der öffentlichen Verwaltung, die in einem unbefristeten Arbeitsverhältnis stehen, und Arbeitnehmer in der Landwirtschaft, gleich ob mit befristetem oder unbefristetem Arbeitsverhältnis; für diese Kategorien von Arbeitnehmern existieren Sondervorschriften.

Arbeitnehmer, die ihr Arbeitsverhältnis aus wichtigem Grund gekündigt haben, können ebenfalls Leistungen in Anspruch nehmen.

Voraussetzungen

Arbeitnehmer, die Leistungen der NASpI in Anspruch nehmen möchten, müssen folgende Voraussetzungen erfüllen:

- Sich in Arbeitslosigkeit befinden;
- Für mindestens 13 Wochen in einem Zeitraum von vier Jahren vor Beginn der Arbeitslosigkeit Beiträge geleistet haben;

- In den zwölf Monaten, die der Arbeitslosigkeit vorausgehen, 30 Tage effektiv gearbeitet haben, wobei die Mindestvergütungsgrenze zur Entrichtung von Beiträgen nicht erreicht worden sein muss.

Bezugsdauer[8]

Die Dauer des Leistungsbezugs ergibt sich aus den geleisteten Beiträgen und kann eine Höchstdauer von 24 Monaten für Arbeitnehmer erreichen, die mindestens vier Jahre vor Eintritt der Arbeitslosigkeit in einem sozialversicherungspflichtigen Beschäftigungsverhältnis standen.

Leistungshöhe

Die Höhe der Leistung wird errechnet, indem der Gesamtwert der beitragspflichtigen Vergütung der letzten vier Jahre durch die Anzahl der beitragspflichtigen Wochen dividiert wird. Das Ergebnis wird dann mit dem Faktor 4,33 multipliziert.

Wenn die monatliche Leistung, die sich aus dieser Formel errechnet, gleich oder weniger als 1195 € ergibt, wird die monatliche Auszahlung 75 % dieses Betrages betragen, wenn der errechnete Betrag 1195 € übersteigt, werden zu den 75 % noch 25 % des Differenzbetrages zwischen dem errechneten Betrag und der monatlichen Vergütung addiert. In jedem Fall darf die gewährte Leistung 1300 € im Monat nicht übersteigen.

Die Leistung wird in den ersten vier Monaten ungekürzt gewährt, ab dem fünften Monat erfolgt eine Reduktion von 3 % monatlich.

[8] Bezieht sich auf das Jahr 2015.

Printed by Amazon Italia Logistica S.r.l.
Torrazza Piemonte (TO), Italy

11549193R00096